Aprendiendo con Freud

Lou Andreas-Salomé

Aprendiendo con Freud

Diario de un año, 1912-1913

Prólogo y notas de Ernst Pfeiffer

LAERTES

Título original: *In der Schule bei Freud*
Traducción: L. Lalucat y J. Vehil

Quinta edición y primera en esta colección: octubre 2020

© de esta edición: Laertes S.L. de Ediciones, 2020
www.laertes.es

ISBN: 978-84-18292-11-8

Depósito legal: B 15381-2020

Fotocomposición y diseño cubierta: JSM

Impreso en: ULZAMA

Impreso en la UE

Índice

Prólogo

En *Mein Dank an Freud,* que apareció en 1931 como carta abierta dirigida a Sigmund Freud en su 75 aniversario, menciona Lou Andreas-Salomé, recordando conversaciones con él sostenidas en tardes del invierno de 1912, «un pequeño librito de cuero rojo» que las conserva fielmente.

Ese librito es el presente diario, que Lou Andreas-Salomé escribió durante el invierno de 1912-13 en Viena, cuando asistía al curso de Sigmund Freud «Einzelne Kapitel aus der Lehre von der Psychoanalyse» [Algunos capítulos de la doctrina psicoanalítica], a las discusiones vespertinas de los miércoles del círculo interno de los psicoanalistas vieneses, e inicialmente también a los encuentros del grupo opuesto a Freud reunido en torno a Alfred Adler; durante el medio año siguiente continuó consignando sus colaboraciones con destacados psicoanalistas no pertenecientes a la asociación vienesa, su encuentro con Max Scheler y, especialmente, su reencuentro con Rainer Maria Rilke en Gotinga, Múnich y Dresde-Riesengebirge, en los que continuó predominando el tema fundamental del psicoanálisis. Las anotaciones del segundo medio año tienen un especial interés para la historia del psicoanálisis por contener las impresiones de Lou A.-S. sobre el Congreso Psicoanalítico de Múnich; concluyen también sus reflexiones sobre C. G. Jung, por entonces claramente enfrentado a Freud, que se habían iniciado con las primeras notas escritas en su diario vienés.

El diario permite seguir, pues, la manera cómo realizó Lou Andreas-Salomé el propósito enunciado en su primera carta a Freud —el «único motivo» de su estancia en Viena— de consagrarse por completo a la «labor». Junto a las anotaciones en el libro rojo, Lou Andreas-Salomé tomó breves notas diarias en otro cuaderno, con el único objeto de que le sirvieran de recordatorio y que sólo ocasionalmente se amplían hasta convertirse en una exposición (no de contenido psicoanalítico, sino, por ejemplo, con descripciones de paisajes). Allí anotó también, inicialmente, las impresiones de la visita de Rilke a Gotinga en julio de 1913, pasándolas más tarde, como recuerdos, de forma independiente y más sujeta a los hechos, al diario donde constaban los recuerdos de

Freud. Con esta incorporación acentuó la pertenencia de sus comentarios sobre Rilke al tema del psicoanálisis.

Según parece, Lou Andreas-Salomé no fue presentada por primera vez a Freud en el Congreso Psicoanalítico de Weimar, aproximadamente un año antes de sus estudios en Viena, sino mucho antes, durante su primera estancia prolongada en Viena en el año 1895. Tras la lectura de *Lebensrückblick* me informó Lucia Morawitz, quien por aquel entonces «estaba próxima al círculo que formaban Hofmannsthal, Bahr, Kraus y Eckstein» y quien también coincidió —al igual que Lou Andreas-Salomé— con el joven Rilke en Berlín, entre otros detalles, que recordaba perfectamente que Lou Andreas-Salomé había interrumpido una conversación con ella (en Viena, en la primavera de 1895) porque tenía que ir a ver a Freud, con quien había concertado una cita. Lou Andreas-Salomé, por tanto, estableció relaciones no sólo «literarias» en Viena el año siguiente a la publicación de su libro sobre Nietzsche, como pudiera parecer por su *Lebensrückblick*. Algunos escritos psiquiátricos de esos años que se conservan en su legado testimonian su interés de entonces por cuestiones psicomédicas. Podría suponerse que los *Studien über Hysterie* [Estudios sobre la histeria], publicados conjuntamente por Freud y Breuer en 1895, la impulsaron a visitarle. (No ha sido encontrado en su legado ningún ejemplar de esta obra que pudiera apoyar esta hipótesis, pero debemos considerar que todos los libros conteniendo escritos de Freud, así como todas las revistas psicoanalíticas, fueron excluidos de su biblioteca después de su muerte durante una «depuración» llevada a cabo por órganos del régimen entonces imperante.) Quizá resuene en la frase de *Lebensrückblick:* «al encontrarme ante Freud en el Congreso de Weimar», algo todavía de los recuerdos de su anterior encuentro.

Lou Andreas-Salomé no se dedicó al psicoanálisis porque tuviera que «solucionar una confusión entre profundidad y superficie», como dice expresamente en el diario, es decir, para librarse de un padecimiento fruto de una problemática interna. Tampoco, para clarificar las fatalidades a las que la había enfrentado su propio destino personal. Incluso la más profunda y rica en consecuencias, la desaparición de la imagen infantil de Dios, la ordena de modo biográfico en *Lebensrückblick* gracias a sus conocimientos psicoanalíticos, aunque no intentó profundizar en ella de modo propiamente psicoanalítico. También el análisis (didáctico) llevado a cabo por Freud —aunque quizá no de modo sistemático— dejó en la sombra esta vivencia infantil; sólo «con la edad» llegó a «recordarla en sus detalles»; lo mismo que otros enigmas de su vida —esta experiencia fue soportada y aceptada—, según rezan sus propias consideraciones.

En *Lebensrückblick,* Lou Andreas-Salomé describe las «impresiones vitales tan contradictorias» que, provenientes del exterior, «la hicieron especialmente receptiva a la psicología profunda de Freud: la vivencia de lo extraordinario y extraño del destino psíquico de un individuo» —se refiere a la ruta penosa y creadora de Rilke tal como la veía entonces, en 1912—, y por otra parte, reveladoras de lo humano, su infancia y primera adolescencia en Rusia, «el crecimiento entre unas gentes de una interioridad que se da sin más, como si la evolución creciera aquí más directamente, sin mediaciones, desde lo más primitivo hasta la adquisición de la conciencia». Ambas cosas habían conducido, por así decirlo, su mirada en la dirección en que se encontraba el «inconsciente» freudiano.

Hay que añadir, además, que Lou Andreas-Salomé había ya convertido en algo útil esa capacidad para captar lo «humano»: así, en su libro *Friedrich Nietzsche in seinen Werken* [Friedrich Nietzsche en sus obras], 1894, que podría considerarse como un estudio sobre las limitaciones del hombre pensante, y en sus relatos de 1901, *Im Zwischenland* [En tierra de nadie], que llevan el indicativo y sobrio subtítulo «Aus dem Seelenleben halbwüchsiger Mädchen» [De la vida espiritual de una adolescente] y en que muestra por primera vez poéticamente las primeras decisiones, llenas de presagios, tomadas en la penumbra de los finales de la infancia. También puede considerarse asimismo, como una obra teórica preliminar al estudio psicoanalítico su librito sobre «el erotismo» (*Erotik*), de 1911, y apreciar simultáneamente en él el valor de los instrumentos creados por Freud para esta labor.

Lou Andreas-Salomé se encontraba al principio de su sexto decenio cuando tropezó en Weimar y Viena con Freud, cinco años mayor que ella, y que le sobrevivió por espacio de dos años.

Su vida había encontrado una forma y no sólo se hallaba especialmente preparada para esta «causa», sino igualmente libre para llevarla a cabo. La disponibilidad interior no estaba limitada o entorpecida por ningún condicionamiento externo; si después ejerció prácticamente el psicoanálisis como profesión, fue como fruto de su colaboración con Freud, no como un objetivo que se hubiera fijado previamente.

El librito «de cuero rojo» que, si nos fijamos más atentamente, no es más que un cuaderno escolar de tela roja con hojas intercambiables, y que también fue utilizado a su manera para su finalidad práctica, se convirtió así en el diario y testimonio de un auténtico encuentro. Que ello ocurriera así no había sido presupuesto por Lou Andreas-Salomé a pesar de todas sus tensas expectativas sobre la «causa»; se repetía aquí un proceso fundamental de su vida. El seguir este encuentro, el considerarlo como el «momento crucial» de su vida, el valorar su significado, es algo que queda en manos del lector.

Con ello queda dicho que este diario de Lou Andreas-Salomé no debe ser considerado, en primer término, como documentación de su debate con Freud en lo tocante a su aceptación o rechazo, sino más bien en el sentido de la posición interior a partir de la cual lo lleva a cabo.

Un párrafo de su *Dankbuch* [Agradecimiento], el mismo, por otra parte, en que hace referencia al librito rojo, deja ver por sí mismo hasta qué punto se opuso libremente a Freud en este terreno. Freud había opuesto, en su última formulación teórica, el eros, que «persigue la finalidad de preservar... la vida» al instinto de muerte, al que corresponde el deber de «retrotraer lo vivo orgánico al estado carente de vida». Enlazando con esta concepción modificada, Lou-Andreas-Salomé le recuerda a Freud una conversación sostenida en el invierno de 1912, «en que usted y yo nos extendimos en consideraciones sobre este tema —tan, tan lejos de sus formulaciones actuales—; reconocimos recíprocamente que, incluso en una actitud conceptual semejante, las cosas (no menos que en el arte) permanecen *à travers un tempérament*. Freud ha «recalcado la soberanía del instinto de muerte» (...) «veo en ello algo muy distinto, casi lo opuesto de lo activo que ven las gentes, que entonces "al recalcar el eros" lo aceptaron y que hoy "al recalcar el instinto de muerte" dan gritos de bravo. Y precisamente porque siento como muy personal lo *vu à travers un tempérament*, lo involuntariamente filosófico», como «la resolución de su toma de partido en favor de toda realidad viva». Puede dejarse en suspenso el saber si lo *vu à travers un tempérament* constituye el núcleo de lo que aquí se trata. En este punto no se trata más que de disuadir al lector de buscar lo esencial de la «posición conceptual» de ambos, y que Lou Andreas-Salomé dice que es «la misma».

En lo referente a la edición de las anotaciones del diario, se deben extraer las consecuencias de lo anteriormente expuesto, precisamente en lo referente a que el diario es algo más que una toma de postura frente al psicoanálisis y que, en consecuencia, al comentar las anotaciones, se tenía que hacer algo muy distinto a una contraposición crítica de las concepciones de Freud en aquella época con las posteriores, y una consideración crítica de las concepciones psicoanalíticas de Lou Andreas-Salomé «desde un punto de vista actual», como si constituyera una especie de introducción al psicoanálisis.

La primera conclusión fue, casi paradójicamente, que el comentario de un material tan especial y difícil de comprender, por estar basado en sus experiencias, no debía ser realizado por un especialista. No sería un especialista si no tuviera su propia concepción del psiquismo, y tendría que dejarla a un lado para realizar lo que es necesario aquí: hacer comprensibles los textos incluso para los no especialistas o para aquellos que provienen de otras «disciplinas». Lo que el psicólogo profundo de hoy haga con el libro, es cosa suya; él sacará sus conclusiones desde un punto de vista histórico, metodológico o psicológico según sea su punto de vista, y no medirá las insuficiencias del comentario con su propio rasero.

La segunda conclusión surgió de la primera: las notas aclaratorias debían basarse, a ser posible, en los textos de Freud de la misma época en que fundamenta su doctrina, en las publicaciones de entonces. Ello significa que la teoría freudiana posterior debe quedar, en lo esencial, al margen.

Por eso mismo, las notas, que sólo sirven para mejor entendimiento del texto, no pueden pretender cientificidad propia, como queda ya dicho. Las mismas anotaciones del diario precisan, como documento histórico, ser introducidas en el correspondiente contexto; pero tampoco era éste el lugar apropiado para ello. Así, los conocimientos freudianos que aquí se especifican deberían ser considerados en el contexto de su doctrina total; por otra parte, las concepciones psicoanalíticas aquí defendidas por Lou Andreas-Salomé no suponen más que «una parte» de su aportación al psicoanálisis, la de sus trabajos hasta *Mein Dank an Freud,* así como el capítulo dedicado a Freud en *Lebensrückblick*; pero también debería considerarse su correspondencia con Freud. Especialmente necesitadas de esa ordenación dentro del conjunto de su obra, están las informaciones sobre Rilke contenidas en el diario, visión global en la que fue entrando también progresivamente Lou Andreas-Salomé; no puede olvidarse tampoco relacionarlo con los estudios sobre Rilke.

Como justificación de una publicación no resumida de los párrafos sobre Rilke, mencionaremos que deben ser entendidos en el contexto en el que se encuentran. Quien conozca el conjunto de la literatura científica sobre Rilke, incluida la extranjera, sabrá que la discusión ha pasado al terreno de problemas que no pueden recibir una respuesta meramente basada en categorías psicológicas o de concepción del mundo, y que la consideración psicoanalítica de Rilke desde la perspectiva de Freud fue llevada a cabo de modo impresionante. No existe pues ningún derecho para retirar, como en la edición de la correspondencia entre Rilke y Lou Andreas-Salomé, material interpretativo alguno como el que ofrece el diario. Junto con la correspondencia, constituyen por vez primera la posibilidad de ofrecer los comentarios que Lou Andreas-Salomé hizo en su libro recordatorio sobre Rilke y en *Lebensrückblick,* así como también en *Mein Dank an Freud.* En el fondo se oculta la pregunta de si es posible interpretar la obra poética de Rilke sin hacer uso de las interpretaciones psicoanalíticas. Lou Andreas-Salomé intentó responderla con su interpretación del ángel en el libro recordatorio de Rilke y en *Mein Dank an Freud.*

No se limita para nada la obra ni la vida de Rilke porque se le apliquen conocimientos psicoanalíticos; el conocimiento de los condicionantes de ambas brinda más bien la posibilidad de la admiración y el respeto. Quisiera recordar aquí lo que dice Freud en su estudio *Eine Kindheitserinnerung des Leonardo da Vinci* [Un recuerdo infantil de Leonardo da Vinci]: «Expondríamos de buen grado de qué modo la actividad artística está, en última instancia condicionada por primitivos impulsos psíquicos. Pero no lo sabemos». Tenemos «que aceptar que lo esencial de la producción artística no nos es accesible psicoanalíticamente». Y poniendo su mirada en lo humano añade: «No afecta a la grandiosidad de un artista que estudiemos los sacrificios que tuvo que realizar a lo largo de su vida, desde la infancia, ni que consideremos los momentos que le han proporcionado ese trazo trágico de la infelicidad».

Finalmente, los imprescindibles datos acerca de la labor de edición del texto en sí. Dado que el diario es un cuaderno de hojas intercambiables, y que Lou Andreas-Salomé lo había ordenado, en parte, de modo temático, tuvo que ser reordenado en su sentido cronológico original. Para ello pudimos apoyarnos en varios elementos: la numeración de las lecciones del curso, algunos apuntes de Lou Andreas-Salomé sobre el contenido de las hojas, las ya citadas anotaciones diarias, los datos acerca de las actividades de la Asociación Psicoanalítica Vienesa de la *Internationale Zeitschrift* y por último, el propio contenido del texto. Los títulos de los párrafos pertenecen en su mayoría a Lou Andreas-Salomé. En ocasiones tuvimos que modificar el orden de las palabras, resultado de una escritura rápida pero no apresurada y que hubiera podido dificultar su lectura. Se ha respetado siempre que ha sido posible las peculiaridades de algo «escrito para uno mismo», así como posibles repeticiones. Sólo se ha prescindido de unos pocos puntos sin interés para el caso o de puras anotaciones de agenda.

Debo agradecer al Sigmund Freud Copyrights Ltd. por haber dado su consentimiento para la reproducción de las cartas de Freud a Lou Andreas-Salomé que corresponden al contexto, y por su consejo y ayuda en la superación de las dificultades de edición a algunas de mis amistades, y especialmente a Evamaria von Busse.

ERNST PFEIFFER
Gotinga, noviembre de 1957

1 Viena
(del 25 de octubre de 1912 al 6 de abril de 1913)

Lou Andreas-Salomé a Sigmund Freud
(Gotinga, 27 de septiembre de 1912)

Después de haber asistido el pasado otoño al Congreso de Weimar,[1] no he podido abandonar ya el estudio del psicoanálisis, y cuanto más profundizo en él, más fuertemente me atrae. Y he aquí que va a cumplirse ahora mi deseo de pasar algunos meses en Viena: ¿Verdad que podré dirigirme a Vd., asistir a sus clases, y solicitarle me autorice a tomar parte en las sesiones de los miércoles por la tarde? Consagrarme plenamente a esta tarea es la finalidad única de mi estancia allí.

Sigmund Freud a Lou Andreas-Salomé
(Viena, 1 de octubre de 1912)

Cuando venga a Viena todos nos esforzaremos por hacerle accesible lo poco que del psicoanálisis puede ser mostrado y comunicado. Yo había interpretado ya su participación en el Congreso de Weimar como un presagio favorable.

1/ Lou Andreas-Salomé se desplazó el 19 de septiembre de 1911 a Weimar para asistir al tercer Congreso de Psicoanalistas que allí se celebraba. Este viaje lo haría en compañía del psicoterapeuta sueco Dr. Paul Bjerre, en cuyo domicilio en Estocolmo se había alojado durante su visita. Este Congreso (21-25 de septiembre) fue el primero que se celebró con carácter público, tras de que, en la primavera de 1908 hubiera tenido lugar un primer encuentro en Salzburgo («de psicología freudiana») y una segunda reunión similar en Núremberg en marzo de 1910; en Núremberg se organizó el movimiento. Tras «un estudio introductorio autodidáctico de medio año», se dirigió Lou Andreas-Salomé, en octubre de 1912, a Viena acompañada de su joven amiga Ellen Delp (a quien había conocido en la primavera en Berlín, en el círculo de actores reunido en torno a Max Reinhardt) con objeto de seguir los cursos de Freud sobre psicoanálisis y de asistir a las discusiones (también a las que tenían lugar en el grupo de Alfred Adler). El curso de Freud se titulaba «Einzelne Kapitel aus der Lehre von der Psychoanalyse» [Algunos capítulos de la doctrina psicoanalítica] y se celebraba en el aula de la Clínica Psiquiátrica los sábados de 7 a 9; la asistencia al mismo se concertaba «por inscripción personal».

APERTURA DE CURSO
(sábado, 26 de octubre de 1912)

Cuando Ellen y yo nos asomábamos a la ventanilla del vagón, al entrar en Viena, pensábamos: todo cuanto aquí nos espera está ya predeterminado, es ya un hecho. Nos esperan alegres coincidencias: buscando alojamiento tropiezo con el Dr. Jekels;[2] me informa de que el curso de Freud comienza precisamente hoy; la residencia de Freud, a la que he acudido para recoger mi tarjeta de admisión, está muy cerca; el aula (en la Clínica Psiquiátrica), que creía en la Universidad, está casi en frente de la puerta del Hotel Zíta, donde nos alojamos. Y pocos pasos más allá, el restaurante de los freudianos, al que acuden después de las clases y no sólo entonces: *die Alte Elster.* Un buen principio.

Freud tiene un aspecto más envejecido y cansado que en los días del Congreso (de Weimar); él mismo lo comentó al hacer juntos parte del camino de regreso. Quizás, el actual enfrentamiento con Stekel.[3] El

2/ Ludwig Jekels, médico de Viena, pertenecía desde 1909 a la Sociedad Vienesa de Psicoanálisis, surgida en 1908 a partir de la Sociedad Psicoanalítica de los Miércoles. Introdujo el psicoanálisis en la ciencia y la literatura polaca; son de destacar su estudio acerca del período corso de Napoleón *Der Wendepunkt im Leben Napoleons I* [El momento crucial de la vida de Napoleón I], aparecido en 1914, y su ensayo titulado *Los actos fallidos en la vida cotidiana*, escrito para el *Psychoanalytische Volksbuch.*

3/ Después de la reunión organizativa de los freudianos en Núremberg, el neurólogo vienés Dr. Wilhelm Stekel (1868-1940), que había sido uno de los primeros asistentes a la Sociedad Psicoanalítica de los Miércoles de Freud, que se reunía semanalmente desde el año 1902, fundó en otoño de 1910, junto con Alfred Adler, el *Zentralblatt für Plychoanalyse*; Freud figuraba como editor. En verano de 1911, Adler se retiró de la redacción «por divergencias científicas con el editor» y Stekel se convirtió en el único redactor de la revista. En Weimar, el *Zentralblatt* pasó a ser considerado como el órgano oficial de la Asociación Internacional de Psicoanálisis. Durante el invierno de 1912 (la «lucha con Stekel»), Freud presentó la dimisión como editor: «Su conducta (de Stekel), difícil de presentar en público, me ha forzado a presentar la dimisión de mis funciones de editor y a fundar, a toda prisa, un nuevo órgano, la *Internationale Zeitschrift fur ärztliche Psychoanalyse* [Revista Internacional de Psicoanálisis Médico]». Los trabajos de Stekel trataban, entre otros temas, de los *Nervöse Angstzustände und ihre Behandlung* [Estados nerviosos de angustia y su tratamiento], 1906; *Die sexuelle Wurzel der Kleptomanie* [Las raíces sexuales de la cleptomanía], 1908; *Dichtung und Neurose* [Poesía y neurosis], elementos de la psicología de los artistas y de las obras de arte, 1909; *Die Sprache des Traumes* [El lenguaje del sueño], una exposición del simbolismo y de la interpretación del sueño en relación con los espíritus enfermos y

curso da la sensación de responder al meditado deseo de asustar ante las dificultades que entraña el psicoanálisis: incluso si lográsemos, «con la rapidez del buceador que recoge algo del fondo del mar», hacernos con algo inconsciente, la generalización de este fragmento no nos reportaría sino una imagen deformada; e insiste en que ello casi sólo puede sernos accesible en la enfermedad, ya que el hombre despierto y consciente se resiste a que nos ocupemos del particular.

Y sin embargo, todo esto no es sino secundario comparado con la grandeza única de lo que *no* dijo: el que, en principio, haya sido posible captar algo del inconsciente gracias a su modo simple y genial a la vez de acceder a él en las formas patológicas y similares. Este descubrimiento no podía haberse conseguido más que en lo patológico, allí donde la vida interior renuncia algo a sí misma al salirse de su camino, al mecanizarse en la expresión, al hacerse susceptible de morder el anzuelo lógico en sus durmientes aguas, en todas las oscilaciones entre la profundidad y la superficie. Me di cuenta de cómo habían enraizado en mí estos pensamientos desde el primer momento en que se mencionó el tema freudiano: desde mi primer y superficial contacto con él, lo que sucedió gracias a los escritos de Swoboda.[4] El inconsciente de Swoboda es respecto al de Freud

---

sanos, 1911; *Die Träume der Dichter* [Los sueños de los poetas], 1912. Las obras de Stekel, y ante todo su libro *El lenguaje del sueño*, encierran la más rica colección de explicaciones de símbolos, muchas de las cuales son fruto de una intuición inteligente... «La crítica insuficiente del autor y su tendencia a la generalización (...) hacen dudosas algunas de sus interpretaciones...» (*La interpretación de los sueños*).

4/   Hermann Swoboda, nacido en 1873, era a la sazón catedrático de Psicología en la Universidad de Viena. De sus obras, Lou A.-S. conocía: *Die Perioden des menschlichen Organismus in ihrer psychologischen und biologischen Bedeutung* [Los períodos del organismo humano y su significado psicológico y biológico], 1904; *Studien zur Grundlegung der Psychologie* [Estudios de los fundamentos de la Psicología], 1905; *Harmonia animae,* 1907. Swoboda se volvió contra la psicología experimental que predominaba por aquel entonces; su teoría de la periodicidad del inconsciente (expresándose a través de una periodicidad rítmica) está particularmente clara en el capítulo titulado: «Das Eigenleben der Seele bei Tag» [La vida personal diurna del espíritu], del primer libro citado. Su acuerdo con las ideas de Fliess, expuesto en los dos primeros libros, se basa en opiniones similares. «Swoboda ha transferido (...) en gran manera los intervalos biológicos de W. Fliess de 23 y 28 días (períodos "masculinos" o períodos "femeninos") al funcionamiento psíquico pretendiendo, además, que esos momentos son decisivos para la aparición de los elementos del sueño en los sueños (*La interpretación de los sueños*)». Freud se muestra crítico al respecto.

como un germen de vida, algo en crecimiento, lo que madura para el futuro, frente a lo que ya pertenece al pasado, a lo muerto, a lo esterilizado. Pero es precisamente por ello que Swoboda no puede hacer sino adelantos metafísicos, y su «periodicidad» no es sino un semiintento de introducirse en el terreno de lo científicamente observable. En consecuencia su labor se asemeja a las hipótesis freudianas, por ejemplo allí donde trata un material casuístico, porque nada profundo aporta acerca de su origen, y allí donde dice algo al respecto, cae en especulaciones filosóficas, mientras que Freud puede mantenerse alejado de ellas en el terreno de la interpretación empírica, poniendo al descubierto algo **realmente nuevo**.

Este aspecto debe ser siempre vigorosamente destacado.

Alfred Adler a Lou Andreas-Salomé
(Viena, 6 de agosto de 1912)

Tanto su carta como la perspectiva de poder conversar con Vd. en octubre, aquí en Viena, están para mí tan íntimamente unidas que se las agradezco conjuntamente... Comparto su apreciación de la importancia científica de Freud incluso en cada uno de los aspectos en que más me aparto de él. Su esquema heurístico es importante y útil como esquema, puesto que se reflejan en él todas las líneas de un sistema psíquico. Pero a ello se añade el que la escuela freudiana tome el ornamento sexual como esencia de las cosas. Es posible que Freud, como persona, me haya incitado a tomar una posición crítica. No puedo arrepentirme de ello.

VISITA A ALFRED ADLER
(lunes, 28 de octubre de 1912)

Primera visita a Adler.[5] Hasta bien entrada la noche. Es amable y muy razonable. Tan sólo me molestaron dos cosas: el que hablara de un

---

5/ El neurólogo vienés Alfred Adler (1870-1957), al igual que Stekel, forma parte desde 1902 de la Sociedad Psicoanalítica de los Miércoles. Su obra *Studie über Minderwertigkeit von Organen* [Estudio sobre la inferioridad de los órganos], aparecida en 1907, representa la base de sus concepciones ulteriores. En 1908, publicó *Der Aggressionstrieb im Leben und in der Neurose* [La pulsión agresiva en la vida y en las neurosis]. Tras su dimisión de la redacción del *Zentralblatt* y de la Sociedad Vienesa de Psicoanálisis en el verano de 1911, fundó Adler con anterioridad al Congreso de Weimar —en el cual ya no tomó parte— una Unión de Psicoanálisis Libre. Más tarde denominó su teoría

modo excesivamente personal de las actuales disputas, y también, el que parezca un botón. Como si se hubiera quedado sentado en algún lugar de sí mismo.

Le dije que no había llegado a él a través del psicoanálisis sino por los trabajos de psicología de la religión[6] que en su libro (*Über den nervösen*

«Psicología individual». Había enviado su obra principal de 1912, *Über den nervösen Charakter* [Acerca del carácter nervioso], fundamento de una psicología individual y de una psicoterapia comparada, a Lou Andreas-Salomé el 1 de julio de 1912, ante la petición de ésta de estudios introductorios, acompañándola con la siguiente carta:

«Su petición me ha resultado enormemente agradable. Al igual que usted, creo que todos los que se interesan por el análisis psicológico deben conocer mi disputa científica con Freud. Aunque sólo sea para estudiarla. Por mi parte he sacado mucho provecho de ella y ha sido posteriormente cuando me he dado cuenta de la distancia que nos separa.

Ciertamente, mi posición era más favorable que la suya. Yo no tenía un pasado mencionable, no sabía absolutamente nada acerca de la conservación de la energía psíquica, la cual puse en duda, al igual que la etiología sexual, y había expuesto unos resultados que cualquier pensador independiente consideraría como un mero lugar común: el que el papel sexual de un ser humano viene determinado por las mismas fuerzas que llevan a la formación de su personalidad; el que la sexualidad no es más que un símbolo, y que no es sino un *modus dicendi* para expresar la forma que cada cual adopta para conducirse en la vida».

La última discusión entre Freud y Adler —la causante de la separación— había tenido lugar en febrero de 1911; tras haberlo acordado con Freud, Adler había expuesto su teoría a lo largo de tres miércoles consecutivos; la discusión dio comienzo el cuarto miércoles y el quinto (22 febrero) se produjo el enfrentamiento. En julio de 1911, Adler salió de la Sociedad junto con sus partidarios (en su mayor parte socialistas).

Freud escribiría más tarde recordando lo sucedido: «Durante muchos años tuve la posibilidad de estudiar al Dr. Adler, y nunca le negué la calificación de ser una mente notable y especialmente dotada para la especulación». «Cuando observé su ínfima capacidad para la consideración del material inconsciente relegué mis esperanzas a que tendría que descubrir la relación del psicoanálisis con la psicología y con los fundamentos biológicos de los procesos pulsionales, para lo cual le avalaban en cierto modo sus valiosos estudios sobre la minusvalía orgánica». *Geschichte der Bewegung* [Historia del movimiento].

6/   Tales temas preocuparon a Lou Andreas-Salomé durante toda su vida. Era la repercusión de una experiencia religiosa infantil durante la cual perdió la fe. Ha relatado este episodio de sus años de infancia en la introducción («Das Erlebnis Gott» [La experiencia de Dios]) de su *Lebensrückblick* [Memorias]. Sus primeros artículos, publicados en revistas al principio de los años noventa, eran trabajos de psicología de la religión: *Der Realismus in der Religion, Göttesschopfung,* etcétera, y su libro sobre Nietzsche, *Friedrich Nietzsche in seinen Werken* [Friederich Nietzsche en sus obras], de 1895, también fue concebido bajo este ángulo. Su concepción religiosa de los fundamentos de la vida

Charakter) [Acerca del carácter nervioso] llevan a ricas confirmaciones y a conceptos emparentados con los míos en lo tocante a la formación de la ficción. Pero en cuestiones prácticas no pudimos avanzar casi nada. Tampoco cuando, después de cenar, discutimos vivamente sobre cuestiones psicoanalíticas. Considero poco fructífero el que, para conservar la terminología[7] de «arriba» y «abajo» y de la «protesta masculina», tan sólo pueda dar un carácter negativo a lo «femenino», mientras que algo pasivo (y actuante como tal, en lo sexual o de modo general) descansa

individual —las notas del Diario dan una idea de ello como resultado de lo que le fue revelado por el psicoanálisis del inconsciente— le había recordado sin duda esta experiencia religiosa infantil. El primer ensayo que publicó en *Imago* (II, 5; 1915) trataba del tema: «Von frühem Gottesdients» [Acerca del culto arcaico a Dios] y empieza así: «Después de que Freud tratara, en esta revista, desde un punto de vista psicoanalítico, de la religión y de los usos y costumbres religiosos del "salvaje", voy a intentar contribuir al tema con el relato de otro culto arcaico a Dios, el del niño, aunque esto no sea más que una contribución personal, incluso doméstica, que prescinde de la penetración psicoanalítica. Esta carencia decisiva proviene del hecho de que antes de hablar de un dios, no puedo decir nada acerca de un ser humano que se encontraría tras él, ya que, en este sentido, mis recuerdos son muy imprecisos. Si consiguiera concretarlos, los confesaría fielmente». Véase a tal efecto el comentario al capítulo sobre Dios en *Lebensrückblick* y las declaraciones verbales que Lou Andreas-Salomé hizo al respecto.

7/ Las características, concepciones o términos de la teoría de Adler. Según Adler, los neuróticos luchan en el terreno de lo orgánico, contra la inferioridad del órgano a fin de encontrar de nuevo capacidades de rendimiento; y, en el terreno de lo psíquico, buscan una sobrecompensación «dirigidos por la idea ficticia de una personalidad cuya acción se prolonga hasta la construcción del carácter y de los síntomas nerviosos». «El que no se siente a la altura de los problemas de la comunidad o de los problemas sexuales cae inevitablemente en la red de la ficción de un principio rector creado por él mismo». Según Adler, la ficción dominante en cada neurosis es: «Yo quiero ser un hombre». Es lo que denomina «protesta masculina», y que expresa también como «la voluntad de poder»; sería «la forma original del impulso psíquico de prestigio», según la cual se agruparían todas las experiencias, percepciones y tendencias de la voluntad. Puesto que «en el desarrollo cultural de los hombres, "masculino" tiene el mismo significado que "fuerte" y "superior", mientras que "femenino", el de "débil" e "inferior"»; la protesta masculina se convierte también, para las mujeres neuróticas, en «una argucia psíquica mediante la cual pretenden alcanzar la seguridad total de hallar protección en la idea predominante de la personalidad».

Seguridades «secundarias»: «principios rectores secundarios que siguen el prototipo del padre, de la madre o de la persona que los sustituye»; «los trazos de carácter de este principio rector de segundo orden»; «los trazos de carácter (...) según esto, dieron como resultado principios de seguridad secundarios que, dependiendo de la ficción rectora, alcanzan la altura de lo masculino». *Über den nervösen Charackter* [Carácter nervioso].

como fundamento **positivo** del yo. En él, toda entrega se ve desprovista de su positividad y realidad, simplemente porque la califica de «medio femenino para fines masculinos», cosa que halla muy pronto su venganza en la teoría de las neurosis, donde, como consecuencia, no se constituye el concepto de compromiso. Por el contrario, Freud ha considerado siempre el compromiso, incluso cuando concebía anteriormente el fundamento de las neurosis de un modo más uniteralmente sexual,[8] como lo esencial, es decir, como la perturbación mutua entre dos partes. Adler tan sólo en apariencia llega a desprenderse de ello, puesto que en sus seguros «secundarios» (que contienen justamente lo opuesto a las sobrecompensaciones del sentimiento de inferioridad gracias a los seguros primarios) la vida instintiva reprimida resurge de nuevo enmascarada, sólo que entonces es considerada como un artificio de la psique.

Toda neurosis me parece una confluencia de yo y de sexo; en lugar de estimularse recíprocamente, abusan mutuamente de sí: el yo se «limita» con tendencias sexuales, y éstas hacen lo propio con el yo. La pulsión del yo se sexualiza, por ejemplo en la crueldad (sadismo), y lo sexual salta, en el masoquismo, por encima de las barreras impuestas por el yo. Me fue muy antipático lo que Adler relató sobre Stekel, y lo que espera para sí de su publicación periódica, a pesar de que sabe muy bien de qué medios se ha valido Stekel para hacerse

---

8/   Freud había aclarado ya en las «Fünf Vorlesungen. Über Psychoanalyse» [Cinco lecciones. Sobre psicoanálisis] pronunciadas en septiembre de 1909 en los Estados Unidos, que utilizaba las palabras «en un sentido mucho más amplio al que están ustedes acostumbrados a entenderlas». Aquel que las utilice en sentido restringido sacrificará «la comprensión de las perversiones, la relación existente entre perversión, neurosis y vida sexual normal». Incluso los «comienzos de la vida somática y psíquica del niño» no pueden ser comprendidos de otra manera «en su auténtico significado». Finalmente: «el psicoanalista concibe la sexualidad en su más pleno sentido al hilo de la consideración de la sexualidad infantil». Más tarde resultó también significativa «la constatación de la libido narcisista» para la formación del concepto. En el trabajo «Über wilde Psychoanalyse» [Acerca del psicoanálisis salvaje], 1910, aclara Freud: «Utilizamos la palabra "sexualidad" en el mismo sentido amplio que la lengua alemana lo hace con la palabra "amor"», y en el prólogo a la cuarta edición (1920) de *Drei Abhandlungen zur Sexualtheorie* se opone a la afirmación de «pansexualismo» referida al psicoanálisis, contra el reproche de que «lo explique "todo" a partir de la sexualidad»; el lema oculta así la profundidad de la concepción de la naturaleza de Freud. Véase también la manifestación de Freud sobre la teoría de la libido, nota n.º 51.

con ella. Considera que Stekel es a pesar de todo, una buena persona; ciertamente que no es tan profundamente malo, cuanto que no es capaz de imponer su pensamiento de modo **dominante**. Lo que más me ha gustado de él es su movilidad, que le impulsa a interrelacionar muchas cosas; sólo que resulta superficial y poco fiable, dando **saltos** en lugar de recorrer paso a paso grandes distancias. Ahora, por ejemplo, se convierte en símbolo yoico sexual (*Sexuelles ich symbol*) en sentido adleriano, todo aquello que no era antes más que símbolo sexual en forma aparentemente yoica, y sobrepasa a Freud allí donde admite una causa orgánica y no un origen psicosexual.

Al acompañarme a casa, Adler me invitó a asistir a las discusiones de los jueves por la tarde, cosa de la que no quiero hablar francamente con Freud.[9] Acepté con satisfacción.

Alfred Adler a Lou Andreas-Salomé
(29 de octubre de 1912)

Le quedaría muy agradecido si silenciara aún por unos días lo que le he confiado sobre el asunto Stekel-Freud-*Zentralblatt*. Su silencio no perjudicará a nadie y evitará me vea inmiscuido en la lucha en que se hallan empeñados Stekel y Freud. Considere que no deseo pronunciarme a favor de ninguno de los dos.

CARÁCTER DEL CASTIGO

Mi habitación, cuya amplia ventana da a numerosos jardines y en la que no me despierta por la mañana más que el piar de los pájaros, parece concebida para el trabajo. Pero todavía no he conseguido iniciarlo. Hoy he leído el último número de *Imago* donde ha publicado Freud el más bello de sus artículos sobre los salvajes y los neuróticos.[10] Me parece muy inte-

---

9/ La carta de Freud en respuesta a la demanda hecha por escrito, que sigue aquí al 4 de noviembre, consta ya en los comentarios a *Lebensrückblick* en el anexo al capítulo dedicado a Freud, «Erinnertes an Freud» [Recuerdos de Freud]. En este anexo, Lou Andreas-Salomé cita la carta y añade: «La condición (de Freud) de que no se hablara de él allí, ni de aquello en su presencia se cumplió tan fielmente que sólo supo de mi separación del círculo de Adler varios meses después de sucedida».

10/ El artículo: «Das Tabu und die Ambivalenz der Gefühlsregungen» [El tabú y la ambivalencia de los impulsos afectivos] publicado en *Imago* (I, 1912), constituye el segundo capítulo de los cuatro ensayos publicados conjuntamente en Viena en 1915, bajo el título

resante comprobar como, en otros tiempos, la contravención de la moral era considerada una intromisión en las relaciones universales positivas, de modo análogo a como ocurre con las realidades científicas en el sentido que les damos hoy en día. Por ello, y aunque no pudiera apreciarse un castigo inmediato, recurrían a él en defensa propia (del mismo modo quizás a como se aísla a personas con enfermedades contagiosas o se queman objetos infectados). Freud ve ahí el origen del castigo y me parece a mí que es algo también presente en la venganza, en lo que impulsa a realizarla (lo que puede explicar igualmente por qué el vengador puede convertirse a continuación en el niño de la casa, concediéndosele el derecho a besar el pecho de la madre de familia). Creo que si insistimos más sobre el motivo que sobre la acción, es decir sobre lo que se considera su superior valor ético *a posteriori*, ello no nos revelará más que en apariencia el hecho ético en sí; a decir verdad, dicho valor surge de la contracción del carácter sagrado de las relaciones universales, de la necesidad práctica de contemplarlas de forma objetiva. Ahora se destaca al menos la nobleza humana. Y sin embargo, mientras que eso tiene lugar de modo creciente hasta alcanzar las mayores sutilezas morales, se relaja la unión con el auténtico sustrato vital, no subsistiendo más que bajo la forma de esa hijastra de la moral que es la higiene. Y tan sólo en éxtasis tan opuestos a la moral, como los que acompañan los más nobles egoísmos, es cuando, desbordados de entusiasmo, alcanzamos una vaga intuición de lo que los hombres más primitivos supieron siempre, que tan sólo debemos obedecer al imperativo de la vida y que la «alegría es perfección»[11] (Spinoza).

Totem und Tabu [Totem y tabú], algunas analogías entre la vida psíquica de los salvajes y de los neuróticos. Tal como dice Freud en el prólogo, los cuatro ensayos obedecen «a un primer intento (...) de aplicar los puntos de vista y los resultados del psicoanálisis a los problemas no resueltos de la psicología de los pueblos» (analogías entre los fenómenos tabús y la neurosis obsesiva, entre otras); contiene, pues, «una oposición metódica a los cuidados trabajos de W. Wundt» sobre la psicología de los pueblos, donde utiliza una «psicología no analítica», «y también a los trabajos de la escuela psicoanalítica suiza (Jung, "Wandlungen und Symbole der Libido" [Cambios y formas de la libido)) y "Versuch einer Darstellung der psychoanalytischen Theorie" [Intento de exposición de la teoría psicoanalítica] que de forma opuesta pretende resolver problemas de psicología individual mediante materiales de psicología de los pueblos. Corresponde a ambos la consiguiente réplica a mis propios trabajos».

11/   Referencia al punto de la tercera parte de la *Ética* sobre la doctrina de los afectos: los afectos de alegría y tristeza están basados en el tránsito del espíritu hacia una mayor o menor integridad; la alegría es *passionem qua mens ad majorem perfectionem transit*.

COLOQUIO VESPERTINO
Naturaleza de la neurosis. La concepción de Adler
(miércoles, 30 de octubre de 1912)

Llegué muy temprano; tan sólo había una persona, un rubio testarudo (Dr. Tausk).[12] Conversación sobre Buber.[13] No sé qué observación suya

12/   Viktor Tausk, natural de Croacia, fue primero juez en Bosnia y más tarde, después de haber abandonado esta profesión tras «penosas experiencias personales» (Freud), periodista en Berlín y más tarde en Viena. Allí se vio atraído por el psicoanálisis y se dedicó al estudio de la medicina a fin de poder ejercerlo. Poco tiempo antes de la Primera Guerra Mundial añadió al doctorado en Leyes, el de Medicina, y a mediados de febrero de 1914, el de neurólogo en Viena; durante la guerra fue jefe clínico. Desde 1909 perteneció a la Asociación Vienesa de Psicoanálisis. Contribuciones suyas a la *Internationale Zeitschrift* fueron: «Entwertung des Verdrängungsmotivs durch Rekompense» [Desvalorización del motivo de represión a través de la recompensa], 1915; y «Zur Psychologie der Kindersexualität» [Contribución a la psicología de la sexualidad infantil], 1915; durante la guerra, publicó diversos trabajos sobre las neurosis de guerra. A su muerte, después de finalizada la guerra, acaecida a los 42 años de edad, Freud escribió a Lou Andreas-Salomé el 1 de agosto de 1919:

«El pobre Tausk, al que usted distinguió con su amistad durante algún tiempo, puso fin a su vida de modo irrevocable el 5 de julio. Regresó agotado de los horrores de la guerra y viéndose obligado a edificar de nuevo su perdida existencia en Viena por causa de la movilización. Intentó introducir una nueva mujer en su vida, debía contraer matrimonio ocho días más tarde, pero tomó otra decisión. Sus cartas de despedida a su novia, a su primera esposa y a mí son igualmente tiernas, testimonio de su lucidez, sin culpar a nadie más que a su propia insuficiencia y a su vida fracasada, sin dar, por tanto, ninguna explicación sobre su postrera acción. En la carta que me dirigió se pronuncia sobre su inquebrantable fidelidad al psicoanálisis, me da las gracias, etc.».

En una nota necrológica, Freud habla de Tausk como de un «hombre extremadamente esmerado», poseedor por su formación filosófica de «aguda observación, acertado juicio y especial claridad expresiva»; en sus «fogosas exigencias» fue quizás alguna vez «demasiado lejos; quizás no era aún el momento para dar una base general de este tipo a una ciencia psicoanalítica en formación». En la carta a Lou Andreas-Salomé, Freud se adentra psicoanalíticamente en la existencia de Tausk. Lou Andreas-Salomé le responde: «Pobre Tausk. Le estimaba. Creía conocerlo: y no hubiera pensado nunca, nunca, en un suicidio». «Si ha escogido un arma, podría pensar que su muerte... es la de una persona violenta y sufrida a la vez. Éste era precisamente el problema de Tausk, lo que constituía su peligro y al mismo tiempo su atractivo, pues incluso un carácter tan **fuerte** puede verse reducido a la impotencia del enano enfrentado al gigante interior de la desmesura (de modo no analítico pudiera quizás expresarse esto diciendo: fiero combatiente espiritual de tierno corazón)».

13/   Martin Buber, el pensador religioso judío, tenía en aquella época relaciones personales con Lou Andreas-Salomé. La impulsó a escribir para la colección que diri-

despertó una resistencia en mí, pero lo olvidé en seguida y no pude expresarlo.

Freud me hizo sentar a su lado y dijo algo muy cariñoso. Él mismo tenía a su cargo la conferencia.[14] Durante la discusión intercambiamos observaciones en voz baja. Me sorprendió ver hasta qué punto subrayaba una concepción de las neurosis como perturbaciones entre la libido y el yo, y no como algo proveniente exclusivamente de la libido; cuando le hice la observación de que en sus libros se expresaba de otro modo, me contestó: «es mi **última** formulación». Mi impresión general es que la teoría no se halla aún sólidamente cimentada, sino que evoluciona según las experiencias, y que la grandeza de este hombre está en que personifica al investigador, en que avanza en silencio trabajando sin reposo. Quizás el «dogmatismo» que se le reprocha no haya surgido más que de la necesidad, en este avance sin pausa, de establecer en algún lugar límites orientadores para aquellos que, trabajando como él, le acompañan en su camino.

Durante el descanso, he discutido con él y con el Dr. Federn[15] que defendía la teoría de Adler de la inferioridad en el niño.[16] En este pun-

---

gía, Die Gesellschaft, un ensayo sobre el amor: *Die Erotik* (Franckfurt am M., 1910). El escrito no contiene todavía, en consecuencia, ningún elemento psicoanalítico.

14/ La conferencia de Freud tenía por título: «Eine Kasuistische Mitteibung mit polemischen Bemerkungen» [Comunicación de un caso y observaciones polémicas]. Únicamente tomaban parte en las discusiones del miércoles los miembros de la Sociedad Vienesa de Psicoanálisis; casi todos figuran en el *Diario* de Lou Andreas-Salomé. Solamente ella no formaba parte de la Sociedad; quedó muy sorprendida, en 1922, al conocer la noticia de su admisión pues no había pronunciado ninguna conferencia, cosa en principio indispensable.

15/ Paul Federn, médico de Viena, fue uno de los primeros partidarios de Freud; empezó —como Stekel— a practicar el psicoanálisis en 1905. Más tarde (1926), fue coeditor del *Psychoanalytisches Volksbuch*, que contiene, junto a algunas de sus contribuciones, otras de Ferenczi.

16/ «El niño inferior desde un punto de vista constitucional o igualmente dispuesto a la neurosis, el niño feo, o el que recibe una educación excesivamente severa, o aquel al que se mima demasiado, busca con más interés que el niño sano el medio de escapar a los numerosos males de su vida cotidiana». Para «neutralizar este destino que lo amenaza», recurre a una «construcción auxiliar». «En su autovaloración, se considera a sí mismo como inferior. Y a fin de encontrar una línea rectora, toma como segundo punto fijo a su madre y a su padre, a los que dota entonces de todas las fuerzas del mundo. Y convierte esta línea rectora en norma para su pensamiento

to di toda la razón a Freud: es precisamente por el sentimiento de su valor total, mejor aún, de su sobrevaloración, que el niño «lo quiere todo», porque todo «sale a su encuentro», no porque esté «compensando» de este modo un sentimiento de inferioridad. Este «no tener» y su «derecho a todo» no suscitan todavía un dilema en él. Tan solo en el niño con disposición neurótica, y entonces, incluso sin que aparezca la más mínima postergación social, aparece ese supuesto derecho a todo como compensación. Queda abierto el interrogante de si ese niño con predisposición neurótica debe ser orgánicamente inferior, tal como pretende Adler, y niega Freud, quien cita entonces la existencia de niños muy delicados de salud, con una alegre seguridad en sí mismos, tan frecuente como la aparición de neuróticos «sanos». Naturalmente que toda psíquica es, a su vez, una enfermedad orgánica, pero el problema es qué podemos considerar y definir como orgánicamente enfermo. Adler tiene razón únicamente en la idea, en sí evidente, de que en último término, resulta una identidad entre lo psíquico y lo físico, mientras que se equivoca en lo concerniente a atribuir por principio, a cada proceso psíquico, una lesión orgánica determinada; claro que para él, los procesos psíquicos tienen lugar únicamente en el plano consciente, y hallan así un fundamento en lo orgánico, sin necesidad de recurrir a los mecanismos freudianos del inconsciente. Su libro sobre *Minderwertigkeit von Organen* [La inferioridad de los órganos], que no se ocupa todavía de las consecuencias últimas de su teoría, tuvo para mí un carácter enormemente estimulante.

Después de todo esto no me veo con ánimos de asistir mañana a su coloquio; acabo de telefonearle.

---

y sus actos, intenta salir de su inseguridad viendo de alcanzar el rango del padre todopoderoso, alejándose del terreno de la realidad y quedando suspendido en las mallas de la ficción». «En otros casos, el paciente actúa como si fuera inferior. Su voluntad y su pensamiento se basan siempre en un sentimiento de inferioridad». *Über den nervösen Charakter* [El carácter nervioso]. En su *Studie über Minderwertigkeit van Organen* [Estudio acerca de la inferioridad de los órganos], Adler había visto actuar ya en el organismo «la seguridad de un compromiso por compensación» que, en el psiquismo, tomaba la forma de «protesta masculina». «No obstante, el carácter fetal confiere al mismo tiempo la posibilidad incrementada de la compensación y de la sobrecompensación...».

CURSO (II)
Inconsciente, complejo, pulsión
(sábado, 2 de noviembre de 1912)

De nuevo, una introducción; ésta sobre el concepto de inconsciente[17] examinado desde tres distintas vertientes (descriptiva, dinámica y sistemática). Me pareció nuevo en sus labios el que afirmara que el material del inconsciente no tiene por qué estar exclusivamente formado por lo reprimido,[18] sino también por aquello que, llegado muy cerca de la

17/ En *Bemerkungen über den Begriff des Unbewussten in der Psychoanalyse* [Consideraciones acerca del concepto de inconsciente en el Psicoanálisis] de 1915, distinguió Freud los significados descriptivo, dinámico y sistemático de la ambigua palabra «inconsciente». En su trabajo «Das Unbewusste» [El inconsciente], 1915, hace la siguiente aclaración: «El psicoanálisis se ha diferenciado hasta ahora principalmente de la psicología por su concepción **dinámica** de los procesos psíquicos; pues bien, a esto se añade que también pretende considerar el **tópico** psíquico y dejar constancia ante un acto psíquico cualquiera, del sistema o sistemas que tienen lugar», los sistemas BW (*Bewusstsein*) (consciente), Vbw (*Vorbewusstes, Bewusstseinsfähiges*) (preconsciente, accesible a la consciencia) y Ubw (*Unbewusstes*) (inconsciente); el tercer punto de vista es el **económico**, «que se esfuerza por seguir el destino de las magnitudes de excitación y alcanzar al menos una valoración relativa». Un proceso psíquico debería pues ser descrito «según sus relaciones dinámicas, tópicas y económicas», en cuyo caso («concepción dinámica») las apariencias no se encuentran, simplemente descritas o clasificadas, sino consideradas «en tanto que señales de un juego de fuerza en el espíritu» y los «fenómenos perceptibles» pierden terreno frente a las tensiones únicamente supuestas interpretadas. «Lecciones», 1917.

18/ En el artículo «Das Unbewusste» [El inconsciente] (1915), escribe Freud: «Todo lo reprimido debe permanecer inconsciente, pero queremos insistir, de entrada, en el hecho de que lo reprimido no esconde todo lo inconsciente. Lo inconsciente engloba un terreno más amplio; lo reprimido es una parte de lo inconsciente». Esto entraba en contradicción con la afirmación de C. G. Jung: «Como ya es conocido, los contenidos del inconsciente están limitados, según las concepciones de Freud, a tentaciones infantiles reprimidas a causa de su carácter incompatible (...) Según esta teoría, lo inconsciente abarcaría únicamente aquellas partes de la personalidad que podrían ser de igual modo conscientes y cuya represión es producto solamente de la educación...» (en: *Die Beziehungen zwischen dem Ich und dem Unbewussten*, 1950) [Las relaciones entre el yo y el inconsciente]). En el ensayo «Das Ich und das Es» [El yo y el ello], 1925, dice Freud: «Con la ayuda del super-yo lo crea (el yo), de un modo todavía oscuro para nosotros, partiendo de las experiencias previas acumuladas en el ello (en el inconsciente)».

conciencia y ya a sus puertas, ha sido inmediatamente excluido de ella. Esta concesión pudiera tener grandes consecuencias.

Las controversias del momento se ven estimuladas por el hecho de que Freud no pierde oportunidad de pronunciarse sobre los disidentes. En esta ocasión se refirió con toda claridad a la defección de C. G. Jung.[19] Había una línea y refinada maldad en sus esfuerzos por hacer (terminológicamente) superfluo el concepto de «complejo»:[20] esta ex-

19/   C. G. Jung (nacido en 1875) había llamado la atención ya en 1902 (cuando era médico residente en la Clínica Psiquiátrica de la Universidad de Zúrich, con Bleuler), sobre el libro de Freud *Die Traumdeutung* [La interpretación de los sueños] en su artículo «Zur Psychologie und Pathologie sogenannter okkulter Phänomene» [Psicología y patología de los llamados fenómenos ocultos]. Poco tiempo después, se practicó el psicoanálisis en el Burghölzli, hospital cantonal perteneciente a la clínica. Jung trabajó principalmente en la aplicación del método de interpretación analítica a los fenómenos de la *dementia praecox* (esquizofrenia) («Uber die Psychologie der Dementia praecox», 1907 [Sobre la psicología de la *dementia praecox*]). A finales de 1907, Jung hizo una visita a Freud en Viena. Bleuler y Jung tomaron parte en el Congreso de Salzburgo. En 1909 empieza a publicarse el *Jahrbuch für psychoanalytische und Psychopathologische Forschungen,* editado por Freud y Bleuler y redactado por Jung. Cuando tuvo lugar la fundación de la Asociación Internacional de Psicoanálisis en 1910, en Núremberg (segundo Congreso), Jung fue elegido presidente («quería que tanto yo como la ciudad de Viena permanecieran en segundo término», Freud). Adler, Abraham y Jung dirigían los tres grupos locales correspondientes a Viena, Berlín y Zúrich. La «defección» de Jung se gestaba desde el Congreso de Weimar; los dos escritos de Jung: «Versuch einer Darstellung der Psychoanalytischen Theorie» [Intento de exposición de la teoría psicoanalítica], nueve conferencias dadas en Nueva York en septiembre de 1912 (aparecidas por primera vez en el *Jahrbuch,* vol. V, 1913) y «Wandlungen und Symbole der Libido» [Transformaciones y símbolos de la libido], contribuciones a la historia de la evolución del pensamiento (primera parte, primero en el *Jahrbuch,* vol. III, 1911, segunda parte vol. IV, 1912) permiten reconocer sus divergencias, y en particular la segunda parte del libro sobre la libido, que en su capítulo «Über den Begriff und die genetische Theorie der Libido» [Acerca del concepto y de la teoría genética de la libido] intenta refutar la teoría freudiana de la libido y su aplicación a la *dementia praecox* (o a partir de aquí). En su prefacio a la *Exposición sobre la teoría psicoanalítica*, escribe Jung: «Lejos de mí la idea de ver en una crítica modesta y moderada una "defección" o un cisma; al contrario, deseo con ello estimular el florecimiento y el desarrollo ulterior del movimiento psicoanalítico y abrir el camino hacia los tesoros científicos del psicoanálisis, a quienes por falta de experiencia práctica o por carencia de presupuestos teóricos no han conseguido hasta ahora dominar el método psicoanalítico».

20/   El concepto de «complejo» como interrelación cargada de afecto de expectativas que se determinan mutuamente, había impresionado a C. G. Jung. Se dio a él

presión había sido introducida por comodidad como término, sin asentar sobre terreno psicoanalítico, del mismo modo como el exótico dios Dionisos se vio elevado artificialmente a la dignidad de hijo de Zeus. (Llegados a este punto, Tausk, que vestía todavía su bata blanca, pues acababa de llegar de la Clínica Psiquiátrica, y que ocupaba un lugar junto a Freud, no pudo evitar una sonrisa).

El concepto de complejo se referiría a la sustancia, al contenido (como lo concibe la escuela de Zúrich sobre la base de las reacciones asociativas a estímulos verbales), pero sin significar nada en cuanto a su efecto o morbilidad, puesto que cada uno posee su complejo de padre y de madre, etcétera. No menciona Freud el hecho de que esta palabra se adecua perfectamente a su representación de una energía succionante que atrae hacia sí todo cuanto es análogo de un estado de cosas inconscientes determinadas, y lo útil que es por afirmar un carácter intermedio entre la salud y la enfermedad. Todo el mundo tiene complejos, pero su particular intensidad constituye si no una enfermedad, por lo menos una predisposición a ella, porque ejerce fatalmente su atracción compitiendo con una elaboración consciente de las cosas. En cuanto al concepto de **pulsión**,[21] Freud se sirve de la definición habitual según la cual «asienta sobre lo orgánico». Pero mientras la teoría de la pulsión se limite a ser aquello que

---

durante la realización de pruebas asociativas de carácter diagnóstico («Diagnostische Assoziationsstudien» [Estudios asociativos diagnósticos], conjuntamente con Riklin, primera parte, 1906), tal como habían sido introducidas por la escuela de Wundt, pero antes de establecerse el presupuesto de que la reacción a la palabra estímulo no pudiera tener un carácter casual. En una conferencia pronunciada en 1906 sobre «Tatbestandsdiagnostik tind Psychoanalyse» [Diagnóstico de los hechos y psicoanálisis] clarificó Freud, refiriéndose a los experimentos asociativos de la escuela de Zúrich, la relación existente entre la idea de determinación que les servía de base y sus propios conocimientos (revelación de los actos aparentemente no intencionados y casuales como «actos sintomáticos», entre otros). Por otra parte, Freud continuó utilizando el término a pesar de sus observaciones limitando su contenido, así, por ejemplo, en sus «Vorlesungen» (Lecciones, de 1917], donde habla de «complejos» como «pensamientos y ámbitos de interés, poseedores de afectos, cuya acción conjunta no es conocida por el momento, es decir, permanece inconsciente». «Bleuler y Jung habían erigido así el primer puente entre la psicología experimental y el psicoanálisis».

21/ Véase al respecto la obra de Freud *Triebe und Triebschicksale* [Los impulsos y su destino], de 1915, en donde intenta clarificar desde diversos ángulos, el fisiológico, el biológico, el del consciente, ese «concepto básico y convencional, y por ahora todavía sensiblemente oscuro, del que no podemos prescindir en psicología».

opone a fisiólogos y psicólogos o **incluso el objeto de muchos reproches**, su sentido se mantendrá sin clarificar, incluso en Freud. También en él permanece como una expresión nacida de la confusión existente entre las ciencias de la naturaleza y del espíritu. Quizá sea por esta especial situación que Adler no haya podido colocar la vida pulsional más que entre los signos simbólicos de sus reglas del juego psíquicas. Pues si la pulsión no es, hasta cierto punto, más que una noción límite examinada desde dos perspectivas distintas, el contenido específico que se le atribuye no sería sino resultado de un doble error óptico.

Pero aquí aparece nuevamente la grandeza de Freud en la forma como trata estas cuestiones, atendiendo tan solo a sus efectos e ignorando tan filosóficas preocupaciones. Partiendo de estos terrenos, y antes de conocer en qué dominios penetraba, supo trazar su mapa con la única ayuda de aquellos perdidos tránsfugas cuya propia necesidad había conducido a ignorar las fronteras existentes. En las enfermedades psíquicas alcanzó a coger al vuelo aquella vida que se hallaba atrapada e indefensa en el quicio de una puerta entreabierta hacia nosotros y sin conseguir evadirse hacia lo meramente orgánico (a donde todo se evade, es decir, donde se convierte en «físico» para nosotros; lo que, entiendo, no podemos acompañar de nuestra comprensión psíquica), obligándola a hablar y a responder. No puede describirse de mejor manera el gran descubrimiento de Freud que afirmando que ha convertido la inquietud de la vida psíquica en la serenidad de la ciencia; precisamente allí donde la imagen psíquica amenaza con salirse fuera del marco del examinador, porque la enfermedad ha deformado sus normales contornos, Freud ha conseguido acercársele por los dos lados: tanto desde el lado de la vitalidad imposible de aprehender, y que en condiciones normales no es accesible a la ciencia, como desde la descomposición en elementos que no se conocía hasta ahora más que como manifestaciones de degradación psíquica. Por ello no es casual que haya sido un médico quien tuviera que descubrir el huevo de Colón, pues él es quien descubrió que la solución estaba en apoyarlo por el lado **roto**.

Sigmund Freud a Lou Andreas-Salomé
(4 de noviembre de 1912)

Ya que me ha hecho partícipe de su intención de asistir a las reuniones de la Agrupación Adleriana, me tomo la libertad de ponerla al corriente, aún sin haber sido consultado, de las poco agradables circunstancias del momento. Entre las dos agrupaciones no reinan las relaciones que debiera esperarse entre dos esfuerzos análogos, aunque divergentes. Estas personas, además de ocuparse del $\psi\alpha$ tratan también otros problemas. Nos hemos visto obligados a suspender cualquier relación entre la escisión adleriana y nuestro grupo, e invitamos a los médicos que acuden a visitarnos a escoger entre uno u otro. Esto no está bien, pero la conducta personal de los disidentes no nos ha dejado lugar donde elegir.

No me ha pasado por la mente, estimada señora, el imponerle a Vd. semejantes condiciones. Tan sólo solicito de Vd. que, teniendo en cuenta la situación, haga suya una división psíquica artificial y no mencione allí su presencia entre nosotros, y a la inversa.

COLOQUIO VESPERTINO
Sadomasoquismo
(Miércoles, 6 de noviembre de 1912)

Declaración oficial de Freud sobre la defección de Stekel (como si no concerniera más que al grupo local de Viena, mientras que sé por Adler cuáles son las intenciones de Stekel, y Freud comienza a entreverlas. Sin embargo, me he visto obligada a callar).

Conferencia de Sadger sobre el sadomasoquismo.[22] Freud no ha dicho gran cosa como conclusión al aburrimiento. Con razón pensaba que si la repulsión no despertaba resistencia, el aburrimiento paralizaría el interés profesional por culpa de un material que no estaba coherentemente ordenado. En Sadger hay indudablemente algo que despierta la impresión de que le falta menos la capacidad que el deseo de elevar el material, expuesto mediante una mayor penetración espiritual, por

---

22/ Isidor Sadger, neurólogo de Viena, se había adherido al movimiento en 1906 y había publicado estudios patográficos acerca de C. F. Meyer, Nicolaus von Lenau y Kleist; en 1910 publicó un ensayo sobre *Analerotik und Analcharakter* [Erotismo anal y carácter anal]. Sadomasoquismo: denominación que reúne (tomando como punto de referencia el impulso sexual del niño) los síntomas perversos opuestos y relacionados del placer en atormentar y ser atormentado. La conferencia —que llenó dos tardes— de Sadger debe ser sustancialmente idéntica a su ensayo aparecido en el tomo V del *Jahrbuch* (1915), «Über den sadomasochistischen Komplex» [Acerca del complejo sadomasoquista]. «Podemos suponer que allí donde existe sadismo, se puede encontrar, al menos, rasgos aislados de masoquismo y viceversa».

encima de la inapetencia de la pura y simple exposición fáctica; como si el recurso al análisis molestara su contemplación silenciosa y beatífica. Probablemente disfruta más con sus pacientes que no les ayuda o aprende de ellos.

Conversación con Freud sobre su amable carta, que conservaré como un regalo.

Regreso a casa con Tausk y Federn, conversando sobre Adler, respecto a quien creo que se muestra más justo Federn que Tausk; pero a Adler le beneficiaría más el apoyo del segundo.

Tausk realizará un curso sobre Freud[23] al que me gustaría asistir.

EN EL CÍRCULO DE ADLER
(jueves, 7 de noviembre de 1912)

En el momento de mi llegada a casa de Adler, éste hablaba telefónicamente con Stekel, de tal modo que pude oír la conversación (sobre la inminente «defección» de Stekel con respecto a Freud). En mi entrevista con Adler se me han aclarado muchas cosas en función de la evolución que ha experimentado. No deja de tener consecuencias que sea discípulo de Marx y que parta de sus intereses por la economía política y las especulaciones filosóficas. Al igual que se mantiene en el proletariado la utopía social apoyándola en la envidia y el odio, así también, según Adler, surge en el niño, como resultado de las comparaciones sociales, un ideal de personalidad elevado hasta lo utópico. Se trata pues de una teoría del medio de carácter racionalista, y entre ella y la inferioridad orgánica sobre la que se asienta desde un punto de vista fisiológico, se derrumba el inconsciente freudiano, por decirlo así, entre defectos orgánicos y formación ideal. Esta circunstancia permitirá a Adler encontrar más fácilmente eco entre fisiólogos y psicólogos teóricos que a Freud, pero sacrifica así el problema central, no siendo por ello la suya una auténtica solución: esto se dilucidará probablemente en la **práctica**.

23/ «El Dr. Tausk, que poseía un brillante don de la palabra, se ha hecho acreedor al reconocimiento del psicoanálisis a través de los cursos que ha sostenido, ...a lo largo de varios años...». Freud en su nota necrológica. Estas conferencias se celebraban en aquella época en el Institut für Therapie Nervösen Geiststörungen del Dr. Karl Weiss, ante unos cuarenta oyentes; constituían una introducción teórica y práctica al psicoanálisis. Al final de cada conferencia tenía lugar un debate.

En la medida en que basa toda inferioridad en el plano de lo corporal y todo lo corporal sobre lo genital, subraya su separación de Freud con **demasiada fuerza**. Dado que una debilidad corporal ulterior no le resultará suficiente como explicación, concibe la **teoría de la libido** tan sólo «como jerga corporal».[24]

Con Adler en la conferencia de Oppenheim sobre Fausto II (segunda conferencia). Buena e interesante. Estimulante también la discusión dirigida por Furtmüller[25] (¿hasta qué punto es Fausto ese ser inferior en busca de compensación a quien no satisface más que lo inalcanzable?); en ella pudieron verse con gran claridad las desdibujadas líneas divisorias entre lo creativo y lo neurótico, ese problema tan poco definido. Habría muchas cosas sugestivas en el círculo de Adler si se mantuviera **fuera del psicoanálisis**.

C. G. JUNG, LIBIDO

He leído su último y desastroso trabajo;[26] el doctor Tausk me trajo al hotel el *Jahrbuch* [Anales] para que pudiera tenerlo un día. Des-

24/ «Me parece imposible llegar a una comprensión más profunda de las manifestaciones neuróticas sin el conocimiento de la "jerga de los órganos", descubierta por mí». *Über den nervösen Charakter* [El carácter nervioso].

25/ Oppenheim y Furtmüller pertenecían ambos al grupo de los que habían abandonado, junto con Adler, la Sociedad Vienesa de Psicoanálisis (Carl Furtmüller era autor de la obra, *Psychoanalyse und Ethik* [Psicoanálisis y ética], que Alfred Adler había enviado en julio de 1911 a Lou Andreas-Salomé, junto con su libro *Über den nervösen Charakter*). Furtmüller publicó, junto con Adler, el trabajo médico pedagógico de la Asociación de Psicología Individual, *Heilen und Bilden* [Sanar y formar], en 1913. En el Congreso de Múnich calificó a Jung de seguidor ilegítimo de Freud. Oppenheim había publicado en 1911 un trabajo titulado *Pathologie und Therapie der nervösen Angstzustände* [Patología y terapia de los estados de ansiedad nerviosa].

26/ Como ya se ha dicho, se trata de la segunda parte de las «Wandlungen und Symbole der Libido», aparecida en el tomo IV del *Jahrbuch*, 1912. En el segundo capítulo, el más importante desde el punto de vista teórico, «Über den Begriff und die genetische Theorie der Libido» [Acerca del concepto y de la teoría genética de la libido] escribe: «Desde 1905, época de la aparición de los tres ensayos de Freud acerca de la teoría sexual, se ha producido un cambio en la utilización del concepto de libido: su campo de aplicación se ha extendido. La presente obra es un ejemplo particularmente claro al respecto. Pero debo insistir en el hecho de que Freud se vio también obligado a ampliar su concepción de la libido al mismo tiempo que yo (...)

graciadamente, por culpa de Harden,[27] que venía insistiendo en que nos viéramos, he decidido perderme una clase de Freud.

En mi veloz repaso del largo trabajo de Jung, he llegado a la siguiente conclusión: su principal error coincide con el de Adler; la síntesis prematura y consiguientemente estéril. Sólo que Adler no está embaucado por la teoría de la evolución y la verborrea del monismo y de la energética, y procede más filosóficamente, es decir, parte del hecho consciente en sí. Jung procede a la inversa: quiere explicar la libido genéticamente, y para que pueda abarcarlo todo en su interior diluye sus extremos según le conviene. Así, se le adjudica un estadio presexual, al que pertenecen ya pulsiones yoicas como el hambre, etcétera, y se sublima en forma postsexual dando lugar a todas las potencias del alma. No es posible apreciar con mayor claridad que en esta verborrea pseudofilosófica que

---

Debo resaltar que fue la paranoia, tan próxima a la *dementia praecox* la que obligó a Freud a ser más flexible con su antigua concepción» (Freud, «Psychoanalytische Bemerkungen über ein Fall von Paranoia» [Observaciones psicoanalíticas sobre un caso de paranoia], caso Schreber, *Jahrbuch,* tomo III, 1911). «Durante mucho tiempo, la teoría de la libido me pareció utilizable en todos los casos de *dementia praecox*. Pero a medida que avanzaba en mi trabajo analítico, constaté un cambio lento y gradual en mi concepción de la libido: en lugar de la definición descriptiva de los "Tres Ensayos" surgió una definición genética de la libido que me permitía sustituir la expresión "energía psíquica" por el término de "libido"». «El **punto de vista descriptivo** de la psicología contempla la multiplicidad de las pulsiones, y entre ellas, como fenómeno particular, la pulsión sexual; por otra parte, reconoce ciertas implicaciones libidinales a pulsiones no sexuales. Ello es distinto en el **punto de vista genético**: éste ve el nacimiento de la multiplicidad de las pulsiones a partir de una unidad relativa, la libido primitiva, y contempla cómo las porciones se disocian constantemente de la misma y se asocian en tanto que complementos libidinales a funciones que se forman de nuevo y que terminan por ser absorbidos por ellas. En consecuencia, es **imposible**, desde el punto de vista genético, el limitarse a un concepto de libido delimitado tan rigurosamente por el punto de vista descriptivo (...) A partir del momento en que llegamos a la idea, ciertamente atrevida, de que la libido, que originariamente se hallaba al servicio de la producción del huevo y del esperma, está también fuertemente organizada en la función de la construcción del nido, y ya no aparece como apta para cualquier otra función, nos vemos obligados a incluir en este concepto todo deseo, **incluido el hambre**». «Esta consideración nos conduce a un concepto de libido que se amplía más allá de las nociones provenientes de las ciencias físicas y naturales para llegar a una concepción filosófica, hasta el concepto mismo de deseo».

27/ Maximilian Harden, periodista, 1861-1927; editor del semanario *Die Zukunjt* [El futuro].

el auténtico monista, es decir, el pensador unitario, es precisamente aquel que, empíricamente hablando, permite la subsistencia de cualquier dualismo, es decir, la polaridad dada de toda manifestación a fin y efecto de no desposeerla de la vida por necesidades de una sistemática árida y subjetiva.

Me han complacido las consideraciones de Jung sobre los pensamientos incestuosos y su extensión a la «añoranza del seno materno».[28] Las simbolizaciones sexuales hallarían aquí un lugar adecuado para ser formuladas, presuponiendo que no las haga resaltar con el único objeto de debilitar el término prohibido de incesto. A veces llega uno a sospechar que la disputa terminológica desembocará en otra mucho más profunda y en absoluto ceñida a las palabras.

Sigmund Freud a Lou Andreas-Salomé
(10 de noviembre de 1912)

Si he entendido correctamente desea Vd. una entrevista conmigo. Hace tiempo que se la hubiera propuesto de no haberse sumado en los últimos tiempos a mis ocupaciones habituales las gestiones que comporta la creación de la nueva revista ya.

No sé si sus costumbres le permiten una discusión después de las 10 de la noche; mi tiempo libre no empieza antes. Si se decide a hacerme el honor de una visita a hora tan avanzada, me comprometo con agrado a acompañarla hasta su casa. En tal caso, el miércoles por la tarde podríamos fijar el día.

Ayer la eché a faltar en clase y me alegra saber que su visita al campo de la protesta masculina no es la causa de su ausencia. Tengo la mala costumbre de dirigir mi exposición a alguna persona concreta entre mis oyentes, y no dejé ayer de fijarme, como fascinado, en el asiento vacío que habían reservado para Vd.

28/   «Podemos suponer que la nostalgia de la libido elevada al estado de Dios (reprimido al inconsciente) tiene un origen incestuoso y está referida a la madre». «El mito del héroe errante es, nos parece, el mito de nuestro propio inconsciente enfermo, que posee esta nostalgia insatisfecha y rara vez colmada de la fuente más profunda de su propia existencia, del seno materno y en él, de la comunidad con la ilimitada vida en las formas innumerables de la existencia».

CONFERENCIA DE ADLER EN LA ASOCIACIÓN MÉDICA
(martes, 12 de noviembre de 1912)

Ellen y yo fuimos juntas; reímos mucho por todo lo sucedido. Después fuimos a un café donde Adler se ha mostrado divertido y amable. Sólo he podido hablar seriamente con él en el camino. Pero no he conseguido «situarlo» realmente. Así, por ejemplo, respecto al análisis expuesto por él en la conferencia; las manifestaciones dolorosas pudieran ser *arrangements*, pero por otra parte parecen ricamente fundamentadas; si concibe esto de modo que toda manifestación semejante exprese, incluso en el animal, una voluntad de hacerse notar, y un *arrangement* una tal generalización no alcanza a decir nada, al igual que ocurre con su afirmación de que todo enfermo corporal es un neurótico y viceversa. Pues en ambos casos se debe distinguir y articular de nuevo para conseguir pasar de una vaga comprensión de las cosas «por sí mismas» a otra de carácter positivo: así no habrá alcanzado más que la ilusión de saber algo más.

Otro punto: la inseguridad del neurótico que todo lo espera del futuro, que mora angustiosamente en el presente y que vive la necesidad como necesidad incluso durante la compensación. Frente a estas formaciones ilusorias al servicio de la compensación, las del individuo sano se muestran como una tal anticipación del futuro vivido en el presente:[29] como una posesión interior del futuro previa a su despliegue exterior. En este sentido, el hombre «primitivo», el hombre primariamente religioso, podía crear sus propias deidades sintiéndose seguro como descendiente de las mismas al verse amenazado por la fuerza animal de bestias más poderosas. Este presente internamente activo de su futuro espiritual se opone diametralmente a una postergación del presente respecto al futuro, que caracteriza a la fe común. En la fe religiosa ambos se diferencian de modo preciso al igual que se distinguen los procesos creativos de los neuróticos. En el «como si»[30] de Adler se confunden ambas cosas.

29/ En las notas al margen de Lou Andreas-Salomé a su ejemplar del *Über den nervösen Charakter* de Adler, esta idea se expresa del siguiente modo: «La salud es la captación del futuro en el momento presente».

30/ «Una feliz coincidencia me dio a conocer la genial *Filosofía del como si*, de Vaihinger (Berlín, 1911), obra en la cual encontré representadas como válidas para el pensamiento científico las concatenaciones de ideas que yo había conocido a partir

COLOQUIO VESPERTINO
Un análisis
(miércoles, 15 de noviembre de 1912)

La segunda interminable conferencia de Sadger sobre el sadomasoquismo se ha visto aligerada por la aportación de un análisis hecho por Freud.

Una mujer «deseosa de vivir» precisaba para permanecer fiel de un trato masoquista por parte de su compañero: la separación violenta de sus piernas, el ser examinada e injuriada, etcétera; su única contribución era la fantasía de la presencia de espectadores. Sin embargo, no acude a Freud por estas causas, sino por las crisis de vértigo que amenazan con privarla de su trabajo; debe mantener a su padre y en parte por ello se desata su angustia; por otro lado, también se origina ésta en su secreto deseo de verse libre de ese lastre económico por la muerte del padre. Las crisis de vértigo nacen, sin embargo, de la identificación con él: también él las padece, es por tanto su modelo libidinal; él también reniega, mientras que la madre se conduce de modo más educado. Durante su infancia fue examinada por el médico porque se orinaba en la cama. —¿Quizás este recuerdo le permitía intensificar el masoquismo verbal, alcanzar la fantasía de algo mortal y conectar así con lo sexual?—. Al desterrar el análisis el complejo paterno, aparece en el recuerdo del examen la presencia del padre **entre los espectadores**. De este modo, el ceremonial se le hacía transparente y, en consecuencia, inaceptable. Muy a su pesar fue curada de lo anterior a la vez que de sus crisis de vértigo (y con ello también, de su posibilidad de mantenerse fiel).

He vuelto a casa con Tausk y Federn, que regresan después al Café Ronacher. Hemos hablado de Freud. Tausk habla apasionadamente.

---

de las neurosis». Vaihinger «ha reconocido la ficción como oposición a la realidad, pero también como algo indispensable para la evolución de las ciencias». *Über den nervösen Charackter* [El carácter nervioso]. En 1912, Lou Andreas-Salomé se interesó por la filosofía de Hans Veihinger, aunque no *ad hoc*; hay que tomar también en consideración su aclaración posterior de que «las construcciones auxiliares puras del pensamiento teórico» de Vaihinger, deben diferenciarse de forma absoluta de las de Adler en dos aspectos: «porque se entienden como "totalmente conscientes" y porque se hallan "más allá de toda cuestión de valor"».

Hay muchas cosas que me agradan en la imagen exterior de Freud: especialmente su forma de moverse cuando, por ejemplo, entra en clase, deslizándose un poco de lado; yo diría, sin embargo, que eso contiene un deseo de soledad, de encerrarse en sus objetivos personales que no quisieran saber nada de escuelas ni de públicos. Especialmente cuando, por encima de ese ademán, se contempla su cabeza y su mirada: serena, inteligente y poderosa.

CURSO (IV)
Símbolos oníricos
(sábado, 16 de noviembre de 1912)

En el aula pequeña que he conseguido encontrar gracias a que Rank[31] y Sadger también erraban desorientados. Sobre los símbolos oníricos. Su diferenciación de la nueva consideración de la imagen onírica (*Traumbildhaftigkeit*), que debe ser siempre descifrada conjuntamente con las asociaciones del paciente. Puede considerarse con plena seguridad como símbolo aquello (1) que aparece constantemente, (2) que se adapta adecuadamente en ausencia de asociaciones, (3) que aclara interrelaciones, (4) que parece bien fundamentado tanto en el lenguaje usual, como (5) en la historia evolutiva. Por lo general, tan sólo concuerdan algunos de estos puntos, de tal modo que la interpretación queda relegada a la intuición, es decir, a una actuación frecuentemente provechosa pero acientífica. Únicamente se han podido establecer hasta el momento un número reducido de símbolos, y prácticamente todos revelan un origen sexual.

31/ El Dr. Otto Rank era partidario de Freud desde 1906. Publicó *Der Mythus von der Geburt des Heiden* [El mito del nacimiento del héroe], ensayo de interpretación psicológica de los mitos en 1909; *Das Inzestmotiv in Dichtung und Sage* [El motivo del incesto en la literatura y la leyenda], fundamentos de una psicología de la creación poética en 1912. En este mismo año pasó a ser director de Internationalen Psychoanalytischen Verlag y corredactor de *Imago*, revista de aplicación psicoanalítica de las ciencias del espíritu, así como de la *Internationale Zeitschriftjur ärtzliche Psychoanalyse* (que sustituyó al *Zentralblatt* de Stekel). En 1915, publica con Hanns Sachs un trabajo sobre *Die Bedeutung der Psychoanalysejur die Geisteswissenschajten* [El significado del psicoanálisis para las ciencias del espíritu]. (Con la publicación de *Trauma der Geburt* [El trauma del nacimiento], en 1924, apareció clara la diferencia fundamental que existía, tanto en la teoría como en la práctica, entre Rank y Freud). Ni Rank ni Sachs eran médicos.

Podríamos añadir que las imágenes simbólicas de carácter sexual han de ser consideradas, casi por descontado, como típicas de casi todo, en parte porque representan imágenes de tiempos pretéritos en los que no se distinguía tan estrictamente entre lo corporal y lo espiritual, y en parte también porque surgen una y otra vez de capas en que la sexualidad y el yo se entremezclan; y finalmente y de modo especial, porque sin ningún género de dudas tienen asegurada su preponderancia por las probabilidades que existen de traducir en imágenes todo lo corporal, y de ser aprehendidas como símbolo; tanto los sueños como los delirios se prestan a ser mal interpretados en ocasiones, ya que permiten su utilización formal (y en consecuencia ser mal interpretados por el neurótico o por el propio individuo que lo ha soñado). Este punto de vista me parece que debe ser tenido en cuenta no sólo en lo que concierne a las imágenes, sino también en lo relativo al propio contenido, aparentemente desnudo y carente de ellas. Son numerosos los incestos rojos como la sangre y los crímenes negros como el carbón o perversidades de todos los colores que hacen su aparición en los sueños y en los delirios; provienen en ambos casos de las profundidades que se hunden hasta alcanzar los abismos más inaccesibles de lo narcisista[32] y llegan a expresarse tan sólo de modo impropio a través de esos signos. Ello no quiere decir que deba debilitarse lo grosero de la terminología. Por

32/   En «Psychoanalytischen Bemerkungen über einen antobiographisch beschriebenen Falt von Paranoia» [Consideraciones psicoanalíticas acerca de la descripción autobiográfica de un caso de paranoia] de 1911, Freud había insistido: «Algunas investigaciones hechas en los últimos tiempos (de Sadger y del mismo Freud) han atraído nuestra atención hacia un estadio de la evolución de la libido que se atraviesa en el camino que va del autoerotismo al amor de objeto. Se le ha llamado narcisismo; yo prefiero el nombre, quizás menos correcto, pero más breve y menos mal sonante de **narcismo**. Consiste en lo siguiente: el individuo, implicado en tal evolución que unifica sus impulsos sexuales autoeróticos activos con la finalidad de conseguir un objeto de amor, toma inicialmente su propio cuerpo como objeto, antes de pasar de éste a una elección de objeto en otra persona». (Más tarde, en 1917, Freud lo define así: «Llamamos narcisismo al estadio en el cual el yo conserva la libido en su interior, recordando así el cuento griego del joven Narciso, enamorado de su propia imagen reflejada en las aguas»). El texto que se convirtió en fundamental en 1914 fue *Zur Einführung des Narzissmus* [Una introducción al narcisismo]. Allí se dice (*Die Undurchdringlichkeit des Narzisstischen* [La impenetrabilidad del narcisismo], Lou Andreas-Salomé): «Finalmente inferimos en la diferenciación de las energías psíquicas, que primero se encuentran estas unidas en el estadio del narcisismo, siendo indiferenciables para nuestro grosero análisis y que tan sólo en la investigación de objeto se hace posible diferenciar una energía sexual, la libido, de una energía de los impulsos yoicos».

el contrario, está bien tal cual es (y particularmente por ahora) para evitar la recaída en los colores rosas del pasado, y para no hacer concesiones de principio a intermediarios so pretexto de suavizar la terminología. Entre tanto, allí donde en un caso aislado son interpretados de forma demasiado positiva y olvidados demasiado deprisa, ya que «todo aquello que es efímero no es sino símbolo», se podría llegar a que en lugar de ofrecer al enfermo su propia imagen, se cayera en su propia apreciación de sí, producto de las más horrorosas exageraciones de su propia neurosis, pues éstas se asientan allí donde el profundo y silencioso océano de las más íntimas experiencias no parece capaz de ser dibujado más que con la ayuda de las imágenes de una mitología psíquica cercana a lo monstruoso.

Freud ha empleado un par de veces el término «arcaico» en relación con el pensamiento infantil: el niño, ignorando las diferencias entre los sexos, piensa de modo arcaico; hubiera podido decir: infantil. Pues si bien el hombre más primitivo, y del mismo modo el animal, pueden distinguirla con precisión, no ocurre lo mismo con la pequeña criatura que no aprecia todavía la esfera genital.

TÉCNICA DEL SUEÑO Y DE LA VIGILIA, TÉCNICA POÉTICA

Al igual que los sueños son racionalizados según su contenido latente[33] hasta alcanzar las manifestaciones oníricas que recordamos, lo mismo ocurre con nuestra vigilia; sólo que, desde nuestro punto de vista de seres despiertos, ignoramos totalmente y no adjudicamos el menor valor a la labor latente sí es que llegamos a apreciarla. A decir verdad, nadie está totalmente libre de la sensación de vivir detrás de una cortina su propia vida, más allá del desarrollo plenamente consciente de los aconteceres de su existencia. Cuando se pone tan fácilmente en duda la

---

33/   En las cinco conferencias «Über Psychoanalyse» [Sobre psicoanálisis] de 1909, dice Freud. «Deben distinguir el **contenido onírico manifiesto**, tal y como lo recuerdan vagamente por la mañana y como lo revisten de palabras, de forma penosa y aparentemente arbitraria, del **pensamiento onírico latente**, que deben aceptar como existente en el inconsciente». «El contenido onírico manifiesto constituye el desfigurado sustituto del pensamiento onírico inconsciente...». En *Traumdeutung* [Interpretación de los sueños] (1900) utiliza Freud, todavía, un lenguaje menos categórico para diferenciar entre «contenido onírico manifiesto y latente». La nota de Lou Andreas-Salomé acerca de la *Traumtechnik* (técnica del sueño), con fecha de 1912, proviene posiblemente de los meses **anteriores** a su estancia en Viena.

veracidad de un diario íntimo o de unas memorias, no es sólo por sus omisiones conscientes o semiinconscientes, sino y, sobre todo, porque las memorias, lo mismo que el relato de un sueño, contienen ya una racionalización de lo vivido y *eo ipso* una falsificación de sus contenidos latentes. Y cuando uno mismo recuerda el camino recorrido, no deja de sorprenderle lo discontinuos que son y lo mal seleccionados que están los puntos retenidos por su memoria; como el paso de unas cosas a otras y los puentes lógicos de la reflexión establecen las conexiones y como algo que habíamos considerado «inolvidable» llama la atención por su banalidad, indiferencia y falta de sentido, mientras que debemos comprobar dolorosamente como procesos que habían reclamado nuestro mayor interés, se han vuelto imprecisos, justamente en aquellos rasgos más preciosos para nosotros. Sin embargo, en cada uno de estos puntos, al igual que como sucede con los sueños, se puede extraer de estos fragmentos, por asociación, aquello que es importante a nivel latente y veremos aparecer en todas sus líneas, descendiendo verticalmente a las profundidades y truncada en su parte superior, una imagen nueva totalmente distinta que la que nos es ofrecida por la horizontal de nuestra memoria vigil que racionaliza.

Del mismo modo podríamos imaginar una **técnica literaria** (¡este viejo sueño mío!), que no satisfaga más que aquella unidad formal sobre la cual volcar toda la fuerza de la creación poética en lugar de hacerlo sobre la **descripción espacio-temporal** de la que todos intuimos debe ser **apoética,** es decir, simple y verdadera como una información fáctica; y que por esa misma razón se margina a todo hombre maduro, por otra parte superior en el plano poético-épico; de este modo, esta técnica conduciría a la **disección psicológica** de lo más profundamente individual que ha dado origen a la novela psicológica, esperando, con razón, no poder completar la descripción más que en el plano espiritual; en su lugar, esta disección posee un efecto abstracto y apoético sobre la imagen coloreada de la vida y pierde precisamente la **unidad** de las formas a través de su individualización. En su lugar, debería sujetarse a **aquello** que **únicamente** puede ser realizado de forma sugestiva por la fuerza poética: justamente esta unidad que el método psicoanalítico no alcanza más que fragmentariamente; ya dijo Freud que la estructuración (de atrás a delante) de un análisis acabado exigiría la habilidad de un artista.[34] Lo superindividual permanece por sí mismo detrás de lo típico en la configuración particular en cuya especial forma todos se reconocen, reapareciendo así los más grandes y sencillos temas tal y como gustan a los niños y como han sido creados por las leyendas. Sí, el cuento mismo, este descendiente de la leyenda, se vuelve así auténtico y posible (y no simple «imitación»). (Al margen:) La poesía es algo entre el sueño y su interpretación.

Al despertar de un sueño se retiene, con frecuencia, sin tener en cuenta su contenido, un estado de ánimo alegre o, por el contrario, se siente uno desgarrado: es ahí que se siente con la mayor claridad que la unidad intrínseca de la constitución reside mucho más allá de los fragmentos del sueño. Pues si el sueño se divide y se multiplica, no lo hace sino para salir al paso de la racionalización. Al contrario ocurre en la vigilia, estado de vigilia lógica: cuya realidad reside por completo en la división del yo y de lo opuesto a él: para poder vivenciarse interiormente a sí mismo, tiende a la **unificación**. Lo irreal en la vigilia es precisamente aquello que permanece en lo puramente subjetivo sin hallar modos de conexión con el mundo exterior **puesto que éste forma parte** de él y no es superable más que artificialmente. Lo irreal en el sueño es, en consecuencia, precisamente la aparente salida fuera de lo subjetivo en todas sus múltiples realidades, pues éste tiende a evadirse de la realidad básica del inconsciente que abarca conjuntamente al sujeto y al objeto.

Al poseer esta tendencia, el sueño contiene un rasgo de lo patológico que define a la neurosis y, en último término, al delirio. Al tener la vigilia la tendencia opuesta a resumir de nuevo, su realidad se hunde entonces en la del inconsciente; en el camino, sin embargo, cada instan-

---

34/ En el texto de su carta abierta dirigida a Sigmund Freud con motivo de su 75 aniversario, recuerda Lou Andreas-Salomé: «como, después de habernos hecho remontar, un par de veces, paso a paso, el camino que nos conducía hasta el origen de una neurosis —de pronto—, casi con la habilidad con que se desprende un pastel de su molde, nos desvelaba con un solo e invisible gesto todos sus secretos. Lo que en ese instante me —nos— estremecía, era la sensación, la seguridad inexpresable, en absoluto intencionada, de que: la vida humana, ¡ay! la vida pura y simple —**es** poesía—. Y de modo inconsciente lo **vivimos** día a día, trozo a trozo, en esa inasible totalidad que se hace poesía en **nosotros**». No puede determinarse a qué «caso de neurosis» hace aquí referencia Lou Andreas-Salomé, se trata, sin duda, de algún caso expuesto por Freud en uno de sus coloquios vespertinos.

te de la vida, la existencia vigil no es más que un principio deslindado pero igual al enfermo, sólo que mejor adaptado a su finalidad. Desde el primer impulso creador de sueños hasta el más consciente, no son más que etapas del camino.

CURSO DE TAUSK SOBRE PSICOANÁLISIS
(Martes, 19 de noviembre de 1912)

Esta tarde estuvo Swoboda en mi casa; por la noche fui al curso de Tausk, a cuya primera sesión no pude asistir por haber quedado con Adler.

He hablado frecuentemente con Tausk, y siempre ha resultado agradable, sin saber mucho de él. Lo recuerdo sobre todo por una de sus observaciones durante la discusión con Sadger (sobre sadomasoquismo); me llenó tan plenamente como si yo misma hubiera efectuado la intervención.

No intervengo nunca, a no ser que no pueda aguantarme, y Freud retoma mis palabras en la discusión.

La manera como expone Tausk, partiendo de la periferia y dirigiéndose hacia el centro, de modo inverso a como se han ido constituyendo las doctrinas de Freud, es una forma excelente para hacerlas plausibles espontáneamente. Algunos términos me parece que los introduce prematuramente («narcisismo», el más difícil de todos); en otro punto me pareció que quizá Tausk pueda verse perjudicado por ciertas alusiones malévolas con respecto a Adler; injustamente, a pesar de destacar los impulsos yoicos como motivación («propia dignidad») junto a los sexuales, y a pesar de la oposición entre especie e individuo. En realidad, uno no recoge únicamente la impresión de la teoría clásica de Freud, sino también la de que rara vez alguien haya accedido con tanto respeto y amor a los auténticos y reales descubrimientos de Freud, a esos descubrimientos más preciosos aún que la teoría misma (como la «condensación», el desplazamiento», etcétera),[35] que traen consigo algo de

35/ Conceptos que se formaron en la interpretación de los sueños y que Freud desarrolló ejemplificándolos en su libro *Die Traumdentung* (1900): el pensamiento onírico latente se convierte en accesible a la consciencia gracias a la elaboración de la «condensación», del «desplazamiento», y la utilización de especiales medios expositivos (entre los que se cuentan los «símbolos oníricos»).

excavaciones de la antigüedad, y cuyo valor no puede verse disminuido por tratarse de fragmentos.

Un estudiante delgado y de ojos verdes abrió una interesante discusión. (Si se reprime por el displacer o si se **quiere** reprimir por el mismo motivo. Quizá pueda darse la razón a su principal objeción: «se desea conscientemente» en tanto que la representación reprimida ya **ha sido** consciente).

COLOQUIO VESPERTINO
Freud sobre Swoboda
(miércoles, 20 de noviembre de 1912)

Sesión dedicada a informes; asiste Ferenczi,[36] de Budapest; informa, como introducción, sobre su programa relativo a la redacción de la que se ha encargado en sustitución de Stekel. El modo como lo expuso fue concreto y simpático. Cada vez me encuentro más cómoda y bien entre aquellos que rodean a Freud. Me agrada, bien sea por algo que proviene de él o por el tipo de trabajo de que se trata.

Interesante el dibujo de una habitación realizado por un neurótico y que Federn hizo circular entre nosotros: recuerdo, primero, de los obje-

---

36/   Sandor Ferenczi, neurólogo de Budapest, se dedicó al psicoanálisis desde 1908 y fundó —en mayo de 1913— el grupo local de Budapest de la Asociación; redactor con Rank de la *Internationale Zeitschritt* fundada y editada por Freud en enero de 1913, y que aparecía, como ya queda dicho, en sustitución del *Zentralblatt;* su «Programa» hace pues referencia a esta revista. La fundación en 1910, en Núremberg, de la Asociación Internacional siguió a una propuesta suya, «como defensa ante el boicot a que se ve sometido el análisis por parte de la medicina oficial». De sus numerosos trabajos citaremos tan sóolo «Hysterie und Pathoneurosen» [Histeria y patoneurosis] y «Versuch einer Genitaltheorie» [Aproximación a una teoría genital], ambos aparecidos en la *Internationale Psychoanalytische Bibliothek* (tomos II y XV). La proximidad de Ferenczi a Freud revestía también un carácter personal. Él (al igual que C. G. Jung) acompañó a Freud en 1909 en su viaje a los Estados Unidos. «Aquella mañana, antes de que sonara la hora de mi clase, paseamos juntos ante el edificio de la Universidad (en Wocester, Mass.), y le insistí para que me propusiera sobre qué debía hablar aquel día, y él hizo por mí el esbozo que media hora más tarde expondría yo de forma improvisada». En su nota necrológica sobre Ferenczi (1955), de donde han sido tomadas estas palabras, habla Freud del «Versuch einer Genitaltheorie» de Ferenczi diciendo que es «quizá la más valiente aplicación del psicoanálisis nunca realizada». «Tras tan gran obra ocurrió que el amigo nos fue abandonando lentamente». «Probablemente se propuso metas que no son en absoluto alcanzables con nuestros medios terapéuticos».

tos más anodinos, y más tarde y más difícilmente de los más importantes; y finalmente, las paredes vacías representando la más absoluta falta de inspiración; por último, lo más significativo y que nos hace volver a las primeras asociaciones (la pantalla azul de una bombilla, «el dolor azul», una virgen con la bóveda celeste sobre la esfera terrestre).

Freud ha intervenido mucho y animadamente con ocasión de la exposición de Rosenstein[37] sobre Swoboda. Freud dijo exactamente lo mismo que había anotado ya hace un año sobre él y Swoboda: Swoboda se refiere exclusivamente al material manifiesto del sueño; ello hace desaparecer, evidentemente, la contradicción entre ambas doctrinas, pero hace insignificante también la interpretación «periódica» de los sueños, y la constatación de períodos de 28 y de 25 días referidos a los mismos.

EN EL CÍRCULO DE ADLER
Homosexualidad. Stekel
(jueves, 21 de noviembre de 1912)

Furtmüller expuso que Freud «retrocedía en último término a realidades únicas, mientras que Adler las había reducido a manipulaciones del psiquismo». Sin embargo, esto no es cierto pues, si observamos con mayor detenimiento estas realidades sólo llegan a desaparecer en Adler porque, en última instancia, se pone al abrigo epistemológico de una apariencia de lo vivido «como si». Pero como no se trata de esto, sino de la orientación práctica, resulta de nuevo necesario distinguir y separar la posible apariencia de una tal vivencia, es decir, de poner nuevamente en su lugar «lo psíquico» y lo «real»; y en este punto reaparece Freud exigiendo seguir el rastro de lo psíquico hasta allí donde nos sea posible por medios psíquicos, es decir, hasta el punto en que ya no nos queden más que manifestaciones somáticas y éstas están condicionadas por la sexualidad; en cierto modo estamos inscritos por su causa en un todo situado más allá de nuestro yo. Con independencia de lo que el juego de la psique haga con ellos, no saldrá, en este campo, del punto de vista

---

37/ Federn habló sobre «Verdrangung bei einen visuellen Menschen» [Represión en un hombre visible], Gaston Rosenstein (Viena) sobre «Periodizität in Träumen» [Periodicidad en los sueños].

de lo dado que concierne al contenido, pues de la simple «sensación orgánica» somática hasta ella no se eleva ningún puente.

Esta impresión mía se ha visto reforzada por la conferencia que ha pronunciado el propio Adler sobre la homosexualidad (sobre todo casuística).[38] El homosexual que describe, y que en el fondo no existe, crea su propia ficción homosexual no a partir de sus «realidades», sino que se aleja totalmente de ellas, extraño a toda realidad, del mismo modo que gusta hacerlo al neurótico: no es un neurótico por ser homosexual, sino que es homosexual porque es neurótico, y porque precisa de esa ficción. Un homosexual de pulsión primaria formará en lucha contra pulsión tan real, una ficción opuesta y totalmente distinta a fin de «asegurarse» contra ella. Y tan sólo es en los llamados normales en quienes las realidades y las intenciones psíquicas se estimularán mutuamente hasta edificar una personalidad homogénea.

Stekel hizo acto de presencia en el círculo y fue citado muchas veces en las conferencias. A pesar de haberme sentado (esta vez con Ellen) junto a una mesita lateral, ha venido hasta mí y me ha interpelado acerca de Freud; hemos discutido. Me hablaba como invitada de Adler y en consecuencia no podía provocar un escándalo; Ellen y yo nos hemos marchado aprovechando el descanso. Stekel hizo lo propio. Una vez en la calle, y ante numerosos testigos, tuvo que responder negativamente a mi pregunta de si suscribía las opiniones que Adler acababa de manifestar.

Aún dejando al margen su presencia aquí en las presentes circunstancias, me doy cuenta de que tendré que dejar de asistir a los coloquios organizados por Adler. Es indudable su interés, pero no es ese el problema.

FÍSICO Y PSÍQUICO

Los «fundamentos somáticos de las neurosis» según Adler. Naturalmente que existen, pero es algo de lo que ignoramos todo. Ocurre lo siguiente: cuando accedemos a la más íntima de nuestras experiencias es muy poco lo que sabemos sobre sus equivalentes corporales; y a la inversa, allí donde

---

38/   Se llama casuística a la exposición de casos concretos (patológicos) para la clarificación o demostración de una afirmación teórica.

se nos muestran fácilmente procesos corporales fracasa el acompañamiento psíquico de los mismos. La razón de ello debe ser entendida, en mi opinión, filosóficamente (y constituye la razón por la cual el célebre «paralelismo»[39] no puede llevarse a cabo). Ocurre que entendemos por «corporal» simplemente **aquello** a lo que no podemos acceder psíquicamente, aquello que no sentimos, sin más, como idéntico a nuestro ser, y que, en consecuencia, situamos a distancia, es decir, diferenciamos de lo psíquico. «No poder explicar psíquicamente», o «tener que explicar corporalmente», esto es, situar como «material», **es una y la misma cosa**. En consecuencia: el que los procesos corporales deban permanecer oscuros para nosotros, como equivalentes de los psíquicos, es algo del todo comprensible; no nos queda otra solución que investigar cada campo con su método, yendo tan lejos como nos sea posible, pues metodológicamente hablando, todo queda dentro de cada uno de los terrenos. Nunca ni en ninguna parte debe establecerse una relación causa-efecto entre ambos, y su unidad no puede ser captada más que por la mirada de un dios; y no resulta evidente «espinocísticamente» más que para el filósofo, jamás para el empirista.

En aquellos puntos en que más se aproximan entre sí ambos métodos y ambos mundos, allí donde dejamos de interpretar «psíquicamente» o donde tenemos que empezar a hacerlo «corporalmente», hablamos, con mala conciencia, inseguridad y doble sentido, de procesos cerebrales, del sistema nervioso o del estado de las glándulas endocrinas; y si se manifiesta un trastorno, una enfermedad, se nos hace presente precisamente por ese nombramiento de «cuerpo» y «espíritu» que nos hace sentir corporalmente los padecimientos psíquicos y que nos lleva a soportar espiritualmente lo corporal. También puede ocurrir que una enfermedad de apariencia psicógena pueda parecer tratable medicamente, o que una «condicionada» físicamente, pueda ceder gracias a una influencia psíquica. (Ocurre que los internistas quieren determinar hallazgos tóxicos en la sangre en el asma bronquial. Y al revés: cauterizaciones nasales contra la masturbación, etcétera).

39/   Tal como se deduce plenamente de su exposición, se refiere al llamado paralelismo psicofísico de Fechner, y posteriormente de Wilhelm Wundt (paralelismo entre proceso consciente y excitación cerebral), y no al paralelismo coordinador de Spinoza, según el cual el orden y conexión de las representaciones es el mismo que el orden y conexión de las cosas. Lou Andreas-Salomé se identifica mucho más con este último.

¿No es acaso destacable también que nos parezcan como las menos claramente diferenciadas precisamente aquellas partes de nuestro cuerpo que consideramos como las más estrechamente ligadas a las manifestaciones de orden psíquico, como ocurre con el cerebro y la médula espinal (materia nerviosa)? Masa pastosa protegida por la cápsula ósea que la encierra, o en un fino y pequeño cordón sin peculiaridades discernibles por nuestros ojos. Al otro lado, el mundo maravilloso y sin fin de lo exterior, de una **fisis** «de espíritu deportista», de la que nunca dejan de aprender todos nuestros sentidos y pensamientos. (Una objeción más contra esos señores ocultistas, que «materializando» lo físico, no ofrecen, **precisamente por ello** nada psíquico, pero **tampoco la más mínima materia**).

No podemos hacer accesible nada a nuestro entendimiento si no lo hemos previamente casi «personificado», y a la inversa, si no plasmamos lo psíquico en imágenes del mundo exterior; transformar lo anorgánico en símbolos psíquicos e ilustrar lo espiritual en sus actos por medio de procesos de sustancias básicas asimismo inaccesibles.

EL CURSO DE TAUSK

El sexo y yo

(martes, 26 de noviembre de 1912)

En la discusión, el estudiante de ojos verdes ha estado de nuevo muy incisivo. Observa adecuadamente que el olvido por represión es considerado todavía como un proceso puramente mecánico, mientras que a «las representaciones sustitutorias» parece precederlas una intención.

Aunque Tausk tiene una curiosa mala cara, enarbola muy bien su bandera como director del curso. Algunas de sus expresiones a lo largo de la discusión me han parecido exactamente freudianas en exceso; por otra parte nunca se le podrá echar en cara lo contrario.

Según la mayor parte de las obras de Freud, el hombre civilizado aparece en el fondo como un triste salvaje ya domado y su sublimación, ayudada por el salvajismo reprimido, adopta un carácter esencialmente negativo; la pulsión y la civilización contrastan del mismo modo a como lo hacen el mundo interior y el exterior. En Freud, parece relacionarse todo aquello con el concepto de narcisismo, que debe comprender simultáneamente y de manera indiferenciada, la pulsión sexual y la pulsión del yo; pero en última instancia, de tal modo que todo aquello que se hace activo en el yo se presente especialmente como hostil a la sexualidad; en consecuencia, el fin de cualquier cultura aparece como un debilitamiento continuo de lo pulsional, ¡como una estremecedora transfiguración! En realidad, la salud significa siempre un equilibrio entre ambas, y la neurosis, un trastorno entre las mismas; ello significa que el yo, desembocando en el mundo civilizado, debe hallar en él aquellas formas inmediatas que le permitan descargar toda su fuerza pulsional. Pues la cultura no se limita a estar **frente** a él, sino que expresa **también** su ulterior desarrollo, propio e individual (análogamente a lo que sucede en el desarrollo corporal, en que la represión de las zonas erógenas,[40] si bien viene provocada por una prohibición exterior, redunda en provecho de lo genital al concentrar las estimulaciones placenteras de dichas zonas). Aquello que constituye el narcisismo y que nos acompaña secretamente a lo largo de toda nuestra vida, debe ser siempre, la **creatividad**, es decir aquella finalidad a la vez natural y espiritual de toda manifestación humana: la **unión** de la sexualidad y del yo.

COLOQUIO VESPERTINO
Narcisismo. Cuestiones de método
(miércoles, 27 de noviembre de 1912)

Conferencia de Tausk sobre las inhibiciones artísticas.[41] De los dos análisis expuestos por él (de un escritor y de un pintor) he retenido en mi

---

40/ Cualquier órgano corporal puede convertirse en «zona erógena» de la que puede salir un «impulso sexual parcial»: genitales, boca, ano, músculos, ojos, y cualquier otra localización dérmica o mucosa. Aquí se entiende por «represión» la pérdida de erogenidad de estas zonas, y especialmente de la erogenidad preexistente de la zona oral y anal que son características del estadio infantil.

41/ «Zwei Beiträge zur Psychoanalyse künstlerischer Produktionshemmungen» [Dos aportaciones al psicoanálisis de las inhibiciones de la producción artística]. La aparición de la inhibición coincide con el momento en que «el artista siente un refuerzo tan grande de una pulsión o de un componente de la pulsión que la libido ya no se puede desplazar y la pulsión exige de modo imperioso su específica satisfacción originaria». «Los hechos prueban que las pulsiones de las que se trata permanecen fijadas de modo infantil a ciertas personas y situaciones». «La imposibilidad de resolver la fijación infantil al producirse un refuerzo anormal de la intensidad de la pulsión,

memoria un par de observaciones, que me dan la impresión de que había muchas cosas de interés en lo que dijo; sin embargo, no habiendo tomado notas, no he conseguido retener la mayor parte de ellas.

Sobre el narcisismo («allí donde concordamos con nuestros deseos»): toda renovación de la vida, tanto después de una neurosis como por la actividad creativa, procede siempre de allí; si bien las neurosis son frecuentes en los artistas (¿quizá por ello?), su intensidad es inferior a las de los no creadores. Finalmente, la relación entre narcisismo y erotismo anal[42] (al contemplar una obra nuestra, algo objetivado como si fuéramos nosotros mismos). A partir de aquí, al complejo de padre, etcétera.

Las réplicas de Freud fueron más severas que de costumbre y eso que no hay otra persona que pronuncie sus conferencias con tanta veneración en la mirada como él. De todos, parece que Tausk es quien más incondicionalmente depende de Freud, y también quien más busca destacar del resto. Quizás ello se adecue a un conflicto personal por ambas partes.

Las réplicas de Freud hicieron destacar:

1. que las dificultades de una materia de concepción tan reciente son demasiado grandes para poder ser tratadas en una simple conferencia; el número de ideas originales y su interés merece ser reconocido, pero todavía hay que profundizar en ellas con investigaciones más detalladas;

2. que las continuas injurias dirigidas contra el conjunto del movimiento, lanzadas por parte de la ciencia oficiosa, tiene como consecuencia que no deba osarse avanzar con excesiva rapidez por nuevos territorios sin haber dejado suficientemente protegida la retaguardia; es esencial aportar reiteradamente confirmación de lo ya descubierto. (Esto último es lo que ha llevado a Freud a abandonar la prosecución solitaria de sus investigaciones obligándole a fundar una escuela y a formar discípulos; un segundo motivo para el conflicto con mentalidades independientes o temperamentales);

3. la oscuridad reinante en lo referente a los procesos de sublimación y sus

---

constituye la esencia de esta inhibición productiva... (Breve resumen de la *Intern. Zeitschrift* de 1915).

42/ Si el narcisismo es un estadio de desarrollo de la libido en el camino que lleva del autoerotismo al amor hacia otra persona («amor de objeto») —según la concepción de Freud, explicitada en 1911—, cabría preguntarse si el erotismo anal, en el que podemos ver «algo nuestro, algo objetivado (los excrementos), pero que nos pertenece», forma parte del estado narcisista.

definiciones;[43] ¿no será la sublimación «parcial» de que habla Tausk una limitada capacidad de sublimación? Quizá radique precisamente en ello la condición del éxito artístico (Freud se ha mostrado aquí de modo sorprendentemente adogmático con respecto a su propia terminología, de la que se libera plenamente en sus investigaciones);

4. en el estadio narcisista, toda terapia parece haber alcanzado sus límites y no puede, en el fondo, más que reordenar inversiones libidinales previas; sin embargo, lo que hay que conseguir es llevar el análisis hasta ese punto.

Freud ha regresado con bríos, quizá desmesurados, y demasiado satisfecho de su viaje a Múnich[44] en relación con la revista de Stekel (y por cuya causa tuvo que suspenderse la sesión del sábado). ¿Es tan seguro el acuerdo con Jung como se dio a entender oficialmente el miércoles? Desde entonces tenemos que comportarnos «políticamen-

43/   En los *Drei Abhandlungen* [Tres ensayos] de 1905, había definido Freud de modo general que la sublimación es la «desviación de impulsos sexuales desde los objetivos sexuales a fines distintos»; «el proceso se iniciaría en el período sexual de latencia» (denominación de W. Fliess) de la infancia, el «período de latencia» que sigue a la primera fase de manifestaciones sexuales del tercer y cuarto año de la vida. En las cinco lecciones «Über Psychoanalyse [Sobre psicoanálisis] de 1909, precisó que la sublimación es «un proceso del desarrollo..., gracias al cual no se encierra la energía de los deseos, sino que se mantiene utilizable, pues en lugar de los impulsos aislados inutilizables se instaura un objetivo superior desprovisto de carácter sexual». «Una represión de instauración prematura excluye la sublimación del impulso reprimido; tras la desaparición de la represión (por ejemplo, gracias a un análisis) se da vía libre a la sublimación». «A los aportes energéticos así conseguidos para nuestro trabajo psíquico debemos agradecer posiblemente las mayores conquistas culturales».

44/   Ludwig Binswanger cita en sus *Erinnerungen an Sigmund Freud* [Recuerdos de Sigmund Freud], de 1955, y que constituyen, junto con su conferencia «Mein Weg zu Freud» [Mi camino hacia Freud] (en *Der Mensch in der Psychiatrie*, 1957 [El hombre en la psiquiatría]), el mejor complemento a los apuntes sobre Freud de Lou Andreas-Salomé, fragmentos de una carta que éste le dirigió el 28 de noviembre de 1912: El Concilio de Múnich había tomado un discurrir brillante gracias al ánimo de acuerdo de todos los colegas asistentes, incluidos los de Zúrich. La nueva revista pasaría a ocupar el lugar del *Zentralblatt*. «Las diferencias teóricas sólo se mantendrían en tanto no sean superadas a través de su discusión en trabajos y en el Congreso. Estoy exultante de alegría por haber visto intercambiado a Stekel por los de Zúrich, pero también muy cansado por los esfuerzos de las últimas semanas». La dolorosa separación interior de C. G. Jung con respecto a Freud acababa de tener lugar. (El 21 de marzo de 1911 había escrito Freud a Binswanger: «Cuando el reino que he creado quede huérfano, nadie más que Jung será quien lo herede en su totalidad»).

te» con respecto al tema Jung pero en realidad Múnich ha significado la ruptura.

CURSO (V)
Sueño de deseo. Repulsión y sexualidad
(sábado, 50 de noviembre de 1912)

Freud señala el por qué no debe asimilarse la denominación «sueño de deseo», sueño de satisfacción del deseo[45] a la de **contenidos** del sueño (confesiones, advertencias, proyectos, etcétera), o por lo menos sólo del mismo modo a como nos referimos inadecuadamente a «médicos de mujeres» o «médicos del estómago». Sin embargo, creo que la expresión «satisfacción del deseo» suena demasiado acabada, y que por ello mismo se presta a equívocos; su matiz, al igual que ocurre con toda la terminología freudiana, resulta excesivamente definido, exageradamente fuerte y claro; tras ese «deseo», azul como el anochecer y preñado de nostalgia, se oculta algo mucho más claro y translúcido: nuestro ser original mismo, del que se han desprendido las reflexiones de la vigilia y que se realiza en el silencio de nuestro sueño.

Se habló de «la terquedad y el erotismo anal».[46] El «carácter anal»

45/   Freud había intentado demostrar en su libro *Die Traumdeutung*, mediante el análisis de sueños cuyo contenido manifiesto expresa cualquier cosa menos una realización de deseo para el que lo ha soñado, «que la realización de deseo es el sentido de todo sueño, es decir, que no pueden existir otro tipo de sueños que los de deseo»; lo hizo comprensible siguiendo el trabajo inconsciente del sueño (a través de «condensación», «desplazamiento», «simbolización», racionalización, entre otros); el trabajo del sueño se sirve de la exposición de deseos y de su realización como de un medio.

46/   «Mediante el estudio de los trastornos neuróticos hemos observado que en la vida sexual infantil pueden apreciarse, desde el primer momento, intentos de organización de los componentes sexuales del impulso. En una primera fase muy primitiva está, en primer plano, el erotismo oral; la segunda de estas organizaciones «pregenitales» viene caracterizada por el predominio del sadismo y del erotismo anal, y es por primera vez en una tercera fase (que en el niño se desarrolla hasta la primacía del falo) cuando la vida sexual se combina con la aparición de las zonas genitales propiamente dichas». *Drei Abhandlungen* [Tres ensayos]. En una nota a la cuarta edición de los *Drei Abhandlungen* menciona Freud el estudio de Lou Andreas-Salomé «"Anal" und "Sexual"» [«"Anal" y "Sexual"»], 1916, el siguiente pasaje: «Toda la importancia de la zona anal queda reflejada en el hecho de que encontramos pocos neuróticos que no posean prácticas, ceremonias y similares particularmente escatológicas, y que mantienen en el más absoluto secreto». La nota dice: «En un artículo que contribuye enormemente

fue presentado como «resultado de la sexualidad» pero se lo relacionó demasiado superficialmente con castigos recibidos en dicha zona. Esto puede llamar a engaño ya que el erotismo anal es algo ligado a problemas mucho más complejos. El excesivo colorido de la misma palabra es algo que dificulta su investigación, como si las personas pudieran sobrepasar los tonos entre amarillos y castaños que parecen caracterizarlo. Provenimos de la tierra, y en ella también se hallan los orígenes de nuestro carácter y de nuestra sexualidad; y la tierra es también el tamiz a través del cual puede filtrarse el producto más sucio hasta alcanzar la calidad más depurada, superior, si cabe, a la que podrían ofrecer los filtros más perfectos, dejando así que se abran paso hasta nosotros los manantiales más cristalinos. Es interesante reseñar como la repulsión más sana —y hasta cierto punto la única repulsión «sana» y natural— común a todos nosotros es precisamente la ligada a lo concerniente al auténtico origen del hombre (de forma parecida a como ocurre en el bello comentario de Freud a la leyenda de Macduff,[47] en la que la angustia más primitiva y acaso prototípica se halla referida al proceso de nacer,

---

a profundizar nuestra comprensión de la importancia del erotismo anal («"Anal" und "Sexual"», *Imago,* IV) Lou Andreas-Salomé ha mostrado que la historia de la primera prohibición hecha al niño, prohibición de acceder al placer fruto de la actividad anal y sus productos, posee una fundamental importancia para su posterior desarrollo. En este instante, el pequeño siente por vez primera que se halla rodeado por un mundo hostil a sus pulsiones, y aprende a distinguir su propia existencia y a llevar a cabo la primera «represión» de sus posibilidades de acceso al placer. Desde ese momento lo «anal» se convierte en símbolo de todo aquello que debe repudiar, de todo lo que hay que dejar al margen de la vida. A la absoluta separación que se exige más tarde entre procesos anales y genitales se oponen las analogías y relaciones anatómicas y funcionales que existen entre ambos procesos. El aparato genital se mantiene próximo a la cloaca, y "en la mujer no constituye sino una parte de la misma"». «Entre las propiedades que Freud atribuye al carácter anal hay dos —la tozudez y la avaricia— que se orientan contra el mundo exterior, separado de aquella previa unión indisoluble que constituía con nosotros...» Lou Andreas-Salomé, «"Anal" und "Sexual"».

47/   Freud encontró una confirmación de su concepción según la cual: «el nacimiento... (es) el primero de todos los peligros de muerte y el prototipo de todos los peligros mortales posteriores ante los cuales experimentamos angustia...», en la leyenda de Macduff: «El Macduff de la leyenda escocesa, que no había sido engendrado por su madre, sino que había sido extraído de su vientre, no conoció, por tanto, la angustia». *Beiträge zur Psychologie des Liebeslebens* [Aportaciones a la psicología de la vida amorosa], 1910.

al nacimiento mismo). Todas las repulsiones del neurótico no son más que la imagen agrandada de esa repulsión inicial, mostrándonos así la profunda relación que existe entre lo valioso y lo carente de valor, entre lo «malo» y «malvado» y lo mejor y lo más creativo que integran toda conducta humana. Pocas consideraciones «éticas» y «estéticas» hay que no tengan aquí sus más profundas raíces.

Pero es interesante también el que la primera y más imperiosa de las repulsiones aleje, desde el primer momento, **de la sexualidad**. Ello constituye un problema por sí mismo. También cuando esta repulsión aparece relacionada con lo anal como resultado de la represión (educación), es algo que todos aceptamos unánimemente como propio de la evolución **natural**, por otra parte exclusivamente **humana**. Aquí reside naturalmente un problema. La sexualidad humana normal alcanzaría su **madurez** únicamente desde el momento en que se la distingue de la excreción de lo inorgánico.

MASCULINO Y FEMENINO

Un par de veces he asistido, invitada por Swoboda, a sus lecciones. Sin embargo, no va más allá del contenido de sus escritos, que conozco bien: posee un espíritu rico, quizá demasiado rico; el deseo de riqueza espiritual no lleva nunca a alcanzar la meta de un pensamiento; ello sólo es posible si se aspira a simplificar.

De las leyes de la periodicidad enunciadas por Swoboda pudiera quizá decirse que se nos muestran, sobre todo, en la normalidad, mientras que brillan por su ausencia en lo patológico. El inconsciente, que se considera reprimido, queda como aprisionado en la conciencia. Por una parte, su presencia es **constante** aunque sólo se nos muestre su perfil, parcial y perturbador, mientras que por otra **nunca** llega a expresarse plenamente, oscilando rítmicamente su intensidad entre el aumento y el descenso. Así podrían concebirse unidos Freud y Swoboda, o Freud y Fliess.

El esfuerzo de Weininger[48] por definir más adecuadamente lo M y lo

48/   Otto Weininger, *Geschlecht und charakter* [Sexo y carácter], una investigación de principios, 1905. «En los vegetales y los animales, la aparición de un verdadero hermafrodismo es un hecho probado y del cual no es posible dudar». «En el ser humano, no obstante, podemos afirmar sin ningún género de dudas, desde un punto de vista

F me parece estéril: **aquello** que puede enlazar opuestos (para producir un niño u obra) es MF; el resto no son sino estadios intermedios conducentes a las disidencias «turbulentamente receptivas» de que habla Swoboda.

Creo que precisamente porque lo masculino y lo femenino son componentes fundamentales de **toda** vida, sólo es a partir de cierto punto que se constituyen recíprocamente como hombre y mujer. La tan traída y llevada «lucha de los sexos» en el amor proviene, en parte, simplemente de que se confundan los conceptos primarios de sexo con la figura de seres humanos vivientes. Y precisamente en el amor, es decir, durante la más extrema unilateralidad sexual, donde la mujer parece convertirse auténticamente en mujer y el hombre en hombre, despierta a un tiempo, en cada uno de los sexos, el recuerdo de su propia duplicidad como consecuencia de la profunda compenetración, comprensión y ampliación mutuas. El amor se convierte en «entrega», nos damos a nosotros mismos, y nos hacemos más presentes, más vastos, más estrechamente unidos a nosotros mismos; y no otra cosa es su auténtico efecto, su efecto de vida y de alegría. Ello es también válido para la **segunda** cara de nuestro ser (masculina o femenina), habituada a vegetar o a estar reprimida en su lucha por la existencia, y considerada como carente de cualquier derecho; al darnos, nos obtenemos **plenamente** en la imagen del ser amado, ¡algo aparentemente sencillo!

Encuentro que toda relación profunda o humanamente valiosa posee **este** carácter, y que es de una gran banalidad el apreciar únicamente las particularidades correspondientes a los sexos, de cuyo combate no resta sino una última palabra: la victoria del uno sobre el otro. Es por ello que los hombres se expresan en horribles «mitades», en hombres insensibles, cuyo propio dominio no llega ni siquiera a constituir una experiencia,

---

psicológico, que debe ser masculino (M) o femenino (F). Lo cual... coincide con el hecho de que casi todo lo que se identifica simplemente como masculino o femenino ve consecuentemente su complemento en "la mujer" o "el hombre"». «F no es más que sexualidad, M es sexual y algo más». En las *Drei Abhandlungen*, Freud hace constar: «En círculos de no especialistas, se considera que la noción de bisexualidad humana fue establecida por O. Weininger, un filósofo prematuramente fallecido, quien tomó esta idea como base de un libro bastante irreflexivo». Weininger había tomado esta idea de bisexualidad constitucional de Swoboda, que la había tomado a su vez de Freud, con el cual había estado en tratamiento a raíz de una neurosis.

y en mujeres pisoteadas y que algunas veces, para su propia sorpresa, florecen una vez convertidas en viudas, es decir, sólo entonces llegan a convertirse en el refugio encantador que hubieran podido suponer para un hombre. No es más que por un doble cambio de naturaleza entre lo masculino y lo femenino que dos seres llegan a ser más que uno solo y que dejar de poseer como objetivo el dirigirse el uno contra el otro (como estas pobres mitades que precisan de su unión para constituir un todo), para pasar a buscar conjuntamente un fin humano fuera de sí mismos. Tan sólo así el amor y la creatividad, la plenitud natural y el culto a la cultura dejan de oponerse para constituir una unidad.

Para aquellas personas adversas al erotismo, el sexo contrario se desarrolla sólo en forma distorsionada: en un hombre de modos femeninos, o en una mujer emancipada.

En algún trabajo de Fliess he leído, aunque no sé si se trata de algo comprobado o no, ya que algunas veces resultan fantásticas sus afirmaciones, que la «maduración» del huevo y del semen consiste en un proceso en el cual en el corpúsculo polar la sustancia femenina se retira del semen masculino y la masculina del huevo, haciendo apto para completarse con el sexo opuesto aquello que ha emigrado. De este modo, la atracción sexual se convierte en un deseo de nosotros mismos desplazado sobre la imagen de la pareja. Así ocurre ciertamente en lo psíquico, y lo que resta a la pareja no es más que el **agradecimiento**.

COLOQUIO VESPERTINO
Freud sobre Alder
(miércoles, 4 de diciembre de 1912)

Casi un debate sobre Adler. Freud habló extensamente sobre el tema. Tomó como punto de partida su observación de que la envidia del pene[49] existe ya antes de que se produzcan diferencias o comparaciones «sociales»; su origen es consiguientemente más profundo y no exclusivo de las capas superiores, únicas consideradas por Adler (de forma que para él todo parece suceder en un **mismo** plano). La hija del portero

---

49/ El fenómeno inicialmente narcisista, según el cual la niña se siente postergada como consecuencia de una dotación constitucional supuestamente incompleta, posee, según Freud, también un significado de erotismo objetal infantil.

envidia muy pronto a la hija del banquero, mejor vestida, sin por ello volverse neurótica: más bien será la otra quien se vuelve más tarde así. Por otra parte, muchos individuos con alguna deficiencia orgánica no se convierten en neuróticos por tal motivo. Rosenstein defiende a Adler.

Y en parte, también lo hace Hitschmann[50] quien afirma que la **consciencia** de la inferioridad ocupa siempre un primer plano de las neurosis, por lo cual los enfermos se sienten concernidos, aliviados y comprendidos por la teoría de Adler (compadecidos también, puntualizó Tausk). Pero este tratamiento se interrumpe **antes** de alcanzar la neurosis propiamente dicha, mientras que en Freud, en lugar de producirse prontos sentimientos de alivio, nos encontramos con la aparición de resistencias. En este sentido, el libro de Adler hace bien en conformarse con su título: *Über den nervöse Charakter* [Acerca del carácter nervioso].

De hecho, los métodos terapéuticos de Freud y Adler son tan distintos entre sí como el bisturí y la pomada. Al no considerar Adler más que aquello que es fisiológico y lógico, renuncia *eo ipso* a modificar un estado inconsciente fisiológicamente fundamentado y lógicamente interpretado. El *arrangement*, por ejemplo, fruto de la sobrecompensación orgullosa de quien padece una minusvalía física, como defensa frente a la humillación que le supone el compararse con los demás, hace posible que podamos detectar tal *arrangement* como lo que en realidad es; pero el hecho de que este exagerado amor propio tenga su raíz en una actitud sexual perturbada hacia los demás, es algo que no puede llegar a hacerse consciente, **pues se sitúa, precisamente, por debajo de los** arrangements **de la consciencia.** El tajante alejamiento de la «realidad», característico de los neuróticos, opinión también compartida por Adler, es algo que limita, en cierto modo, su propia visión de las cosas. Quiere convertir las cosas reales en símiles (algo que la persona normal realiza constantemente y con provecho al apoyarse en su propia naturaleza), pero bajo mano, el *arrangeur*, la personalidad en cuestión, se convierte en ficción de sí misma, no dispone ya de sí, no le queda más que abrirse paso con ella al igual que sucede

---

50/   Eduard Hitschmann, neurólogo vienés, perteneció desde muy pronto al círculo freudiano y empezó en 1905 la práctica del psicoanálisis. *Freuds Neurosenlehre* [La teoría de las neurosis de Freud], 1911; más tarde, Hitschmann dirigió el Ambutatorium der Wiener Psychoanalytischen Vereinigung (Ambulatorio de la Asociación Psicoanalítica Vienesa) destinado a la formación psicoanalítica de médicos y pedagogos.

con el «como si» de sus *arrangements*. Pues se ignora y omite esta capa de auténticas conquistas freudianas a partir de las cuales asciende hasta el yo, cuyo carácter inconsciente toma como base de sus interpretaciones conscientes a despecho de su extensa realidad.

Por ello no pudo convencerme Adler algunos días después (el 9 de diciembre), en el curso de una disputa personal, a pesar de que dio muestras de ingenio afirmando que era lo mismo lo que manifestaba el cuerpo a través de sus órganos que el yo con sus expresiones lógicas, y que, en consecuencia, no existía ningún espacio intermedio para la teoría de la libido.[51] Tuve la sensación de que su defecto es precisamente su falta de intuición.

Discutimos hasta calentarnos los cascos atravesando finalmente las calles a todo correr. Me conmovió el que me acompañara fielmente.

VISITA A FREUD
Ciencias de la naturaleza. Ciencias del espíritu
(domingo, 8 de diciembre de 1912)

Visita a Freud, el domingo por la tarde; muy agradable para mí, ya que pudimos hablar de todos aquellos aspectos en los que yo creía

---

51/   La teoría de la libido es una parte de la doctrina de las pulsiones. Freud distingue entre impulsos yoicos e impulsos sexuales. «El psicoanálisis no ha olvidado nunca la existencia de pulsiones no sexuales, se ha construido a partir de la clara delimitación de los impulsos sexuales con respecto a los impulsos yoicos y antes de cualquier otra cosa considera, no que las neurosis surjan de la sexualidad, sino que deben su origen al conflicto existente entre yo y sexualidad». «Vorlesungen» [Lecciones], de 1917. La teoría de la libido se halla desarrollada en los *Drei Abhandlungen*. Freud escogió la palabra latina *libido* (placer), pues «La única palabra alemana adecuada, *lust* (placer) es desgraciadamente ambigua y designa tanto la sensación de la necesidad como la de su satisfacción». (Más tarde, en 1921, concibe Freud la libido como la «Energía de aquellas pulsiones que tienen que ver con todo aquello que puede ser incluido como amor». *Massenpsychologie und Ichanalyse* [Psicología de masas y análisis del yo]). «Hemos concebido el concepto de libido como una fuerza cuantitativamente variable que puede medir procesos y modificaciones en el terreno de la excitación sexual. Diferenciamos esta libido de la energía que precisan en general los procesos psíquicos, relacionándola con su particular origen y prestándole también así un carácter cualitativo». «Nos imaginamos pues, un *quantum* de libido, cuya representación psíquica denominamos **libido yoica**... («La libido del yo la denominamos también, por oposición a la libido objetal, libido narcisista»). Esta libido del yo sólo se hace fácilmente accesible al estudio analítico cuando ha encontrado su aplicación en la investigación de objetos sexuales, es decir, cuando se ha convertido en **libido objetal**».

que existían divergencias entre nosotros y en los que estamos más de acuerdo, en realidad, de lo que parece. Es muy distinto ver cómo Freud piensa y trabaja a verse limitado a la lectura de sus obras, a pesar de que su personalidad esté claramente reflejada en sus libros. Hablamos también de la clase del día anterior y me confesó que algunos puntos habían sido simplificados en atención al numeroso público asistente. Así, cuando en el caso de la matrona habló de libido cuantitativamente aumentada, lo hizo sin mencionar otros factores que intervenían también en su falta de dominio, tales como la discriminación social, la humillación del sentimiento de sí misma, etcétera: a pesar de que éstos hubieran podido causar la derrota, incluso con un menor *quantum* de libido. (Por ello, la interpelación de Tausk en la escalera también me pareció justa, cuando en lugar de todo esto preguntaba por las modificaciones cualitativas de la libido). No estoy muy segura de que tales «simplificaciones» no encierren un gran peligro, y esto sin hablar de que podrían dar, en apariencia, la razón a Adler bajo forma de un «silencio mortal de las pulsaciones del yo, de las pulsiones de poder». Peligrosas ante todo porque las objeciones científicas quedarían así justificadas, es decir, que toda la diferencia existente entre ciencia de la naturaleza y ciencia del espíritu, algo así como entre química y psicología, se nos muestra aquí en toda su magnitud al tratarse de una diferencia entre cosas cuantitativamente mesurables y no mesurables, es decir, únicamente caracterizables cualitativamente. Esta diferenciación es tan importante que debe remitir necesariamente al método. En otras palabras: en la aplicación de métodos físicos a la psicología no puede olvidarse, ni por un instante, que se opera más que con meras analogías. Esto no puede ser modificado, pues, todo lo que pretende ser demostrado científicamente debe basarse directamente en la explicación lógica mecanicista; no obstante, el carácter impropio de toda ciencia del espíritu debe ser tenido en cuenta. Ello no puede verse mejor que en las investigaciones freudianas; si tomamos la fisiología, o la psicofísica, tan influida por la anterior, veremos cómo se omite fácilmente el reconocimiento de cuanto de acientífico se introduce en ella aunque no sea más que a través del propio concepto de vida; **el inc.** de Freud nos recuerda más que cualquier otra cosa que utilicemos que es imposible escapar de ello por muchas palancas y retortas. El hecho mismo de que no podamos captarlo más que a través de lo patológico es en sí una prueba de su indivisibilidad, de su totalidad, que no desaparece ni en nuestras actividades individuales más vivas. Freud puede evitar así completamente toda especulación y limitarse a los descubrimientos prácticos: por ello los eleva más allá de las meras disputas de opinión, aunque no fueran más que la suya propia. Aquello que vale para **toda** ciencia del espíritu, resulta también válido aquí en mayor grado, a saber: que tan sólo **conocemos** aquello que **vivimos**.

BALADAS DEL SUR DE ESLAVIA

Tausk me las ha traído traducidas. Está la poesía de la que Goethe dijo a Eckermann era la más **hermosa** que jamás hubiera conocido[52] (o algo parecido). No es suficiente sin embargo decir que es hermosa: llena directamente de alegría. Uno no reacciona con juicio, sino con alegría.

El entusiasmo que sentimos ante la brutalidad y la crueldad de estas gentes —que corresponden a sus dimensiones—, no responde al encanto nietzscheriano ante la «bestia rubia», ante la fuerza primitiva, sino a que esta fuerza originaria es ya muy consciente de sí, conoce la existencia de la jerarquía, de las inhibiciones, de los «pecados» —pero que «peca» de forma prometeica—. (El acto *naïf*, en el sentido del animal no domesticado, tampoco existe en el «salvaje», ser humano completamente sometido al ceremonial religioso). Los abusos de poder y las rebeliones se producen precisamente en la suposición de que tendrán unas consecuencias infinitamente más positivas y más directas que nuestros lejanos castigos infernales o que la forma más próxima, aunque algo platónica, de los remordimientos; ya que, en la medida en que para estas personas el pecado es algo real, dependen todavía del «acontecer» universal y se vengan, pues, del mismo. El pecador se convierte así, al mismo tiempo, en héroe, ya que se entrega

---

52/   Goethe había dicho a Eckermann, a propósito de unas poesías serbias (traducidas) el 18 de enero de 1925: «Estos poemas son excelentes. Algunos de ellos superan al Cantar de los Cantares, y esto quiere decir algo».

al pecado, paga, se sacrifica y conoce el éxtasis, compañero de los actos y sacrificios más elevados.

Por todo ello, estos hombres deben tener una actitud totalmente distinta respecto a la represión. Lo que toma su venganza en el acto **no puede, en cierto modo, ser reprimido**, sino que permanece en el contexto del desarrollo natural cotidiano: de este modo, cada uno se mantiene, de buen grado o no, igual a sí mismo. La cobardía, a su vez, no crece más que allí donde puede encontrar refugio —y admitimos que los animales de las llanuras son más valientes en sus actos y en su vida que los que se ocultan en las montañas.

A tal respecto, me planteo siempre un mismo problema, que no ha sido discutido nunca, creo yo que injustamente, por el psicoanálisis. A saber, que al liberarse conscientemente algunas partes reprimidas y atrapadas, el proceso normal exigiría su recaída inmediata en el inconsciente a fin de alcanzar plenamente su actividad a través de su fuerza natural liberada: del mismo modo que unas plantas que se pudren o que se convierten en polvo vuelven a la actividad, devueltas al suelo en forma de humus, sin el cual aquel sería hierro y estéril. Nos imaginamos el psiquismo normal como un vaso de agua clara con flores bien cortadas y ordenadas, y olvidamos la oscura tierra en la que crecen sus raíces: de tal modo que el hombre del futuro aparece casi como «esterilizado» de su inconsciente y lo menos fecundo posible en lo tocante a su espíritu y a su cuerpo. Nos sentimos tan a gusto con la auténtica poesía popular porque no nos aporta algo esterilizado, sino que irreflexivamente evoca en nuestro interior todo aquello que hace que nosotros, seres humanos, vivamos, actuemos, en una palabra, existamos.

Los poetas populares tienen razón al considerar las cosas o blancas o negras, procedimiento que nuestros poetas «versados en psicología» han abandonado hace ya tiempo. La poesía primitiva se consagra con todo su temperamento personal a los fenómenos y a sus consecuencias, sin pactar con la ciencia, la cual, por otra parte, aprendió de ella lo que es abstraer. En este sentido popular el pensamiento se corresponde plenamente con la posición psicoanalítica al recurrir ambas a tipificaciones basadas en opciones de base, no por un razonamiento afectivo o moral sino precisamente por todo lo contrario, en un intento por conseguir la máxima pureza haciendo derivar lo individual de sus conexiones objetivas; el pensamiento popular, por su parte, se estanca en las simplificaciones que se derivan de sus percepciones subjetivas.

Ahora bien, también podría objetarse que lo que se hace visible a través de las determinaciones,[53] del psicoanálisis lo es únicamente en uno de sus aspectos, **no en su totalidad**; sólo por el lado vuelto hacia nosotros (por ejemplo, la historia de nuestra vida, etcétera). En la medida en que todo ello no representa sino un fragmento de lo acontecido, es decir, que sólo existe por ser al mismo tiempo acontecimiento y elemento del otro lado (apartado de nuestra subjetividad), somos aceptados allí aunque de muy distinta forma, y estamos enraizados y florecemos, del mismo modo a como estas determinaciones hacen posible que lo reconozcamos en nosotros. Precisamente el inconsciente nos ha mostrado en qué medida «somos» algo más de lo que somos «nosotros», y a fin de cuentas, es en lo más profundo de sus límites donde termina, no ya el razonamiento afectivo, sino que, junto con él acaba también el juicio fáctico. Y, a este nivel, podemos pensar que el hombre arcaico, de espíritu ingenuo, lleva a cabo algo más que una «conexión interpretativa» al instalarse involuntariamente y sin personalismos en el hecho que ha sucedido a la vez en él y en su **entorno** («haciéndolo reaccionar y condicionándolo») como sucede en el gran Uno-y-el-mismo. Entonces puede parecer momentáneamente como **muy** activo y pensativo. Y es sin duda algo de esto lo que nos afecta tan profundamente de estas «acciones pecaminosas» de las baladas del sur de Eslavia: una forma de actuar que sentimos como la existencia misma, que no exige justificación ni excepcionalidad alguna, accediendo simplemente a aquello que constituye junto a la acción misma, la eterna realidad de lo sucedido, aunque las consecuencias de la acción puedan ser el aniquilamiento.

53/   «En seguida se darán cuenta que el psicoanálisis se caracteriza por una creencia especialmente rigurosa en la determinación de la vida psíquica. Para él no existe nada banal en las manifestaciones psíquicas, nada arbitrario ni casual; espera encontrar siempre un motivo allí donde no se acostumbre a buscarlo; está preparado ante una motivación múltiple (sobredeterminación) de un mismo efecto psíquico, mientras que nuestra causalidad de origen posiblemente congénita se muestra satisfecha con una sola causa psíquica». «Über Psychoanalyse» [Sobre el psicoanálisis]. Véase también la nota sobre el **concepto de sobredeterminación** (Nota n.º 65).

ADLER Y FREUD
(lunes, 9 de diciembre de 1912)

Adler me escribe quejándose de la «infidelidad» de Stekel, lo cual no deja de tener gracia; no hubiera podido probarse más rápidamente. Pero también se lamenta sobre la mía, y ahí lleva razón. Nos hemos encontrado y hemos estado hablando y callejeando por espacio de dos horas. De hecho, es fácil comprender lo que parece diferenciar a Adler y Freud; el «sentimiento de inferioridad» de Adler contiene en sí mismo una «represión primitiva», la experiencia de una humillación fundamental, mientras que «la represión» de Freud remite a un material, por así decir, psicologizado, que ya ha aparecido en la consciencia. Decir que este material es «sexual» es únicamente posible bajo la condición de que lo distingamos de lo «espiritual»: los dos van siempre juntos y aparecen de forma ambivalente. Por otra parte, cuando Adler insiste en la «protesta del yo», ésta crece únicamente a partir de la supresión de un encadenamiento general mal definido, es decir, de lo sexual en cualquier caso. El criterio es, pues, que se puede describir desde dos lados, del psíquico y del físico, y que aquí todas las alteraciones y las neurosis se entrecruzan como en un punto de intersección que simboliza la totalidad. Pero Freud es el único que ha ideado para ello la expresión «compromiso»,[54] el único que ha hecho justicia a la doble naturaleza de este proceso, importando poco que haya insistido básicamente en el aspecto sexual (particularmente al principio porque se dedicaba al estudio de la histeria). Ha sido el único en descubrir el espacio intermedio del trabajo psíquico inconsciente, el único en haber dejado un lugar para los positivos mecanismos que allí discurren y es de ello de lo que se trata. Porque **de ello** depende no sólo la simple explicación de la enfermedad: proscrito por ella sólo percibimos borrosamente ese otro lado y el camino que lleva al misterio del inconsciente normal, en donde reposan la sexualidad y el yo unidos aún narcisísticamente y donde reside nuestro auténtico enigma. Para Adler, en cambio, no puede existir, estrictamente hablando, ningún misterio: su yo se eleva tan sólo sobre su propio juego y no se ve enfrentado a enigma[55] alguno.

54/ El resultado de un compromiso entre yo y sexo se muestra, por ejemplo, en los actos fallidos, los sueños, los síntomas neuróticos u obsesivos, las perversiones.

55/ Freud designa lo mismo cuando dice: «La imagen de la vida que se deduce del sistema adleriano se basa por completo sobre la pulsión agresiva; no deja lugar al

COLOQUIO VESPERTINO
Lo personal en filosofía
(Miércoles, 11 de diciembre de 1912)

Se ha alabado demasiado la conferencia pronunciada por Winterstein;[56] incluso, se le ha recompensado con una salva de aplausos y gritos de bravo. Y ello gracias a que no jugó limpio, tal y como suele suceder en tantas y tantas conferencias, alcanzándose como resultado la más absoluta confusión en torno a la cuestión prioritaria, pues todos beben en las mismas fuentes.

Algunos pasajes francamente buenos: por ejemplo, la consideración de hasta que punto la libido se extendía originariamente sobre todo y sobre todos, hasta que, a expensas del todo, se intensificó en individuos aislados (alcanzando el concepto de amor propiamente dicho) de tal manera que ahora cosas diversas que en el pasado fueron hechos, ya no nos parecen más que simples símbolos.

Al término, observó Freud que quizá pudiéramos explicar la consciencia —en comparación con la actividad de los sentidos en relación con el mundo exterior— como aquello capaz de crear cualidades a partir de adquisiciones cuantitativas.

Su segunda observación fue característica y me llenó de contento: si tuviera que pronunciarse, a lo que menos objetaría sería a que se le asociara en el terreno de la filosofía a un cierto dualismo. Quien como Freud elimina la filosofía de su campo de acción, se afirma filosóficamente en el rechazo de la palabrería monista, y en la consideración de las amplias y profundas posibilidades empíricas que le son ofrecidas por una perspectiva dualista.

La opción de Winterstein tenía esencialmente por objeto el demos-

---

amor». Por ello es una «concepción del mundo carente de consuelo». *Geschichte der Bewegung* [Historia del movimiento].

56/   «Psychoanalytische Anmerkungen zur Geschichte der Philosophie» [Observaciones psicoanalíticas acerca de la historia de la filosofía], publicado en versión ampliada en *Imago* (tomo II, 1915). «Por una parte, se tratará... de establecer los límites esenciales en las teorías de los filósofos que no parecen regirse por un conocimiento objetivo, pero que parecen estar determinadas por deseos inconscientes... y por otra... intentaremos hacer un esbozo de los fundamentos inconscientes de la personalidad del filósofo». El Dr. Alfred Frh. von Winterstein era, desde 1910, miembro de la Sociedad Vienesa de Psicoanálisis.

trar que el problema del psicoanálisis consiste en probar a la filosofía que los sistemas derivan de la naturaleza misma de sus autores,[57] y que ello puede ser inferido psicoanalíticamente. Admitámoslo. Pero también podemos añadir lo siguiente: el que alguna cosa pueda ser considerada como producto de la personalidad, y que con ello se limite su valor de verdad objetiva significa, en la actualidad, algo muy distinto a lo que podía significar en el pasado, cuando se utilizaban estos argumentos para oponerse a las exigencias y a la arrogancia de las verdades metafísicas. La personalidad es reconocida hoy en día como un factor decisivo incluso en la formulación del pensamiento más abstracto, y se ha convertido, sin perder por completo su carácter personal, en algo más amplio y capaz de aceptar la parte de verdad que debe ser asumida algo más objetivamente. El modo como las cosas son reconocidas —aparentemente de modo subjetivo— y también degustadas, experimentadas o realizadas, es decir, creadas para la propia vida, se ha convertido ya en un procedimiento y adquirimos la idea de que esta **valoración** (de apariencia puramente personal) de la verdad no se halla tampoco tan alejada de la realidad como pudimos creer en momentos de sobrevaloración del pensamiento lógico; y del mismo modo a como lo afectivo es necesario para la representación y la comprensión lógica porque fija nuestra atención, también a la inversa, los valores permanentes, los valores vitales personalmente aprehensibles nos descubren conocimientos del ser.

En ninguna época que no fuera la del psicoanálisis hubiera podido abrirse paso una opinión semejante, pues nunca como hoy hemos sentido nuestro conocimiento como algo tan relacionado con lo que nosotros somos, ni nuestro ser se ha visto tan aligerado de las limitaciones estrechamente personales, y es por ello que puede seguirnos hasta penetrar con nosotros en esa enorme profundidad, tan indisolublemente unida a la vida, que no podemos distinguir de nosotros mismos. El viejo precepto filosófico: «¡Conócete a ti mismo!», no es ya un problema

---

57/   En cierta ocasión («hace algunos decenios, cuando se trabajaba contra la arrogancia de la metafísica que se pretendía poseedora de la verdad») mencionó Nietzche en una carta dirigida a Lou von Salomé (16 de septiembre de 1882), sus «ideas de una reducción de los sistemas filosóficos a los actos personales de sus calificadores», llamándoles «ideas del cerebro hermano».

ético, sino vital, y no problematiza el conocimiento de lo que debe ser, sino el Ser mismo. Diariamente en el ambulatorio de neurología con Tausk, gracias a la gentileza de Frank-Hochwart (director de la Clínica Neurológica) que nos permite analizar de 9 a 1; en bata blanca. Escalofriante el caso de la paranoica. Aunque Tausk se esforzó infructuosamente por conseguir un aplazamiento, ya está en el manicomio.

CURSO (VII)
Terapia de las neurosis. Transferencia. Intelecto y afecto
(sábado, 14 de diciembre de 1912)

La última antes de las vacaciones de Navidad, para mayor descanso de Freud; incluso se ha confundido y ha dicho: final del semestre.

Sobre **terapia de las neurosis**; ha alcanzado su objetivo **cuando el beneficio de placer de la neurosis se ha vuelto innecesario**. Involuntariamente se tiende a pensar: si la neurosis se fundamenta en la ganancia de placer ello proviene de que se manifiesta psíquicamente: tenemos la impresión de que las enfermedades orgánicas existen independientemente de nosotros, y que tan sólo benefician al tumor o a la esclerosis, pero no a nosotros mismos; por el contrario, las más increíbles e inútiles formaciones y transformaciones psíquicas no constituyen más que una forma de imposición de «nosotros mismos», y, consecuentemente, el intento de curación significará en primer término una derrota y depresión nuestra. Incluso la vida psíquica más afectada por la enfermedad es a pesar de todo «vida» en todo su milagroso significado y no podemos influir violentamente sobre ella —es decir, incidir desde el exterior— en su intimidad sin dañarla y limitarla, al menos en apariencia. Respecto a la **transferencia**.[58] No debe actuar tan sólo como mera sugestión ya que

58/ Freud había utilizado ya el término en los *Studien über Hysterie*, de 1895 (editado conjuntamente con Josef Breuer), en el sentido de la transferencia de una representación del enfermo de su pasado hacia el médico. Más tarde se convirtió en un concepto central del psicoanálisis. «Cada vez que tratamos un neurótico surge en él el distanciador fenómeno de la llamada transferencia, es decir, dirige al médico un exceso de ternura, muchas veces mezclada con animadversión, que no puede basarse en ningún aspecto de la relación y que según todos los indicios de su aparición, deben ser derivados de antiguos deseos de fantasía que se han vuelto inconscientes». «Über Psychoanalyse» [Sobre el psicoanálisis]. El carácter esencialmente irreconciliable de las interpretaciones psicoanalíticas y psicológicas de Freud y Adler se hace patente con el

ésta se halla limitada por la ambivalencia neurótica: es por ello que resulta necesario que el psicoanálisis haga posible el acceso a la consciencia y a la comunicación, lo que se consigue con ayuda de la transferencia pues ésta contribuye al debilitamiento de las resistencias; por otra parte, la sola concienciación no basta, pues su utilización afectiva no alcanza a ser aprovechada más que en virtud de la transferencia, de la convicción. Freud traduce aquí «transferencia» por «respeto, inclinación», incluso cuando se refiere a la transferencia sobre un objeto paterno; no menciona la raíz sexual, que **tanto** sorprendió a Bjerre[59] hasta el punto de hacerle rechazar toda la teoría de la transferencia. Creo que: el origen sexual, que goza de todas las simpatías, tendrá muy especiales brotes en el neurótico, pues éste regresa a lo infantil y de este modo alcanza finalmente el punto en el que las raíces psíquicas surgen del terreno de lo físico.

Lo que piensa Freud, es decir, **que lo intelectual depende de lo afectivo** podría verse ampliado diciendo que todo aquello que llamamos genial surge del hundimiento de las resistencias afectivas. La persona más banal no tendría que superar ninguna; el neurótico no se hallaría en condiciones de hacerlo; para el hombre creador, por el contrario, la creatividad resulta del constante incremento de los procesos del trabajo espiritual por el debilitamiento de su estructura. Del mismo modo que la enfermedad debe tender a su curación, la salud debería exponerse con optimismo al riesgo de verse debilitada y por sí misma transformada, ya que las barreras y los muros comprometen tanto los aspectos más íntimos de nuestra vida como puedan hacerlo los abismos, y caso de morir petrificado o destrozado, el resultado final será siem-

concepto de transferencia. Para Adler esta no constituye otra cosa que «un artificio del paciente para robar al médico la superioridad fáctica». *Über den nervösen Charakter.*

Según Freud, la transferencia es la «experiencia más importante que confirma nuestra suposición de las pulsiones sexuales de las neurosis», ya que es «la prueba irrefutable sobre el origen de las neurosis en la vida sexual». *Geschichte der Bewegung.*

59/ Paul Bjerre, médico especialista en psicoterapia, de Estocolmo. Lou Andreas-Salomé lo conoció, en agosto de 1911, con ocasión de una visita a Ellen Key en Suecia; una obra suya, «Zur Radikalbehandlung der chronischen Paranoia» había aparecido en el *Jahrbuch* (tomo III, 1911). Bjerre consideró la concepción de la libido de Jung, en cierto modo, como «un inconmensurable avance». «Aleja del concepto cualquier rigidez, que no sólo es extraña a la libido sino a cualquier cosa perteneciente a la vida». *Jahrbuch,* tomo V, 1915.

pre el mismo: la muerte. Pero en lugar del dolor y de la necesidad que pueden arrastrar al neurótico a la curación, el hombre sano conserva su temor al sufrimiento, y ello constituye su «triste placer», a pesar de que la vida no es algo «vivo» más que allí donde no existe placer, sino procreación, es decir, donde tiene lugar una síntesis de dolor y felicidad, de desesperación y de éxtasis.

EL ANALISTA Y EL ANALIZADO

Tausk afirma (y el único que comparte su opinión es Gebsattel)[60] que el tratamiento psicoanalítico aliena al que lo recibe (pero la mayoría insiste en la facilidad de la contratransferencia sexual)[61] y que la fragmentación de la labor, además, no favorece tampoco una visión personal de conjunto. Ello proviene, naturalmente, de dos causas fundamentales: en primer lugar, de que el bisturí del cirujano nunca ha contribuido a embellecer un rostro, y en segundo lugar, a que el descubrimiento de las capas más profundas conlleva la disolución de la expresión personal en manifestaciones comunes y corrientes; además de **una** anatomía común, también poseemos **un** inconsciente común (lo que despierta **también** simpatía, aunque de distinta manera). Pero creo que existe

60/   Victor-Emil Frh. von Gebsattel (nacido en 1885), doctor en Filosofía, había participado con Lou Andreas-Salomé en el Congreso de Weimar; ejercía el psicoanálisis. Rilke lo conocía desde 1908; véase la correspondencia y las notas a las cartas de Rilke del 28 de diciembre de 1911 y del 20 de enero de 1915. Una de sus obras de entonces: *Der Einzelne und der Zuschauer, Untersuchung zur Psychologie und Pathologie des Triebes nach Beachtung* [El individuo y el espectador; investigación personal acerca de la psicología y la patología de la pulsión], noviembre de 1912.

61/   En una carta del 20 de febrero de 1913 a Ludwig Binswanger (cuyas *Erinnerungen an Freud* abarcan desde el primer encuentro en 1907 en Viena, hasta los últimos años de la vida de Freud, y que había participado tanto en el Congreso de Weimar como en el de Múnich) escribe Freud sobre «el problema de la contratransferencia»: «una de las dificultades técnicas del 1Jía. La considero más fácilmente resoluble desde el punto de vista teórico. Aquello que se brinda al paciente no debe ser nunca afecto incontrolado, sino conscientemente distribuido, y según la necesidad, en mayor o menor cuantía. En ciertos casos, muchísimo, pero nunca a partir del propio inconsciente. Ésta me parece la fórmula adecuada. Uno debe pues saber reconocer siempre su contratransferencia y dominarla, sólo entonces queda libre de ella. Dar a alguien demasiado poco porque se le ama en demasía, es una injusticia para con el enfermo y un error técnico. Ello no es nada fácil y quizás debe ser uno algo mayor para conseguirlo».

un tercer motivo que subyace al método que aplicamos. Me refiero a la contradicción (inmodificable) inherente a la utilización de un método tomado de las «ciencias» —procedimiento de clarificación lógica por medio del cual intentamos aprender el mundo exterior— y que aplicamos a las manifestaciones inmediatas de nuestra más profunda interioridad. Ya que no se trata de un examen psíquico exterior, en cierto modo de «psicología», sino el registro y constatación «viva» de la espontaneidad del proceso. En ello colabora el analizado, pero menos por lo que reconoce que por sus mismos **actos**. Ello hace que resulte artificial hablar de «determinación» cuando resulta decisiva la totalidad, pues la vida no puede vivirse como tal más que como **totalidad**, y aquí se la somete a un método que no le corresponde pues la descompone en cada uno de los eslabones de la cadena. En esta situación, cada uno de ellos niega en consecuencia en su misma vitalidad la brillante expresión que pronunciara Nietzsche: «todo el linaje humano, con inclusión de uno mismo».[62]

Además de las resistencias derivadas del **contenido** a analizar y de los aspectos enfermos que se oponen a su aislamiento, existe una particular resistencia que radica en lo puramente **formal**, en la forma de totalidad interior de que es poseedor el ser humano. Pudiera ocurrir que esta resistencia se manifestara con mayor fuerza en el individuo sano y que fuera necesaria en consecuencia una transferencia muy fuerte que obrara como fuerza opuesta, ya que en ese instante, tan sólo puede confiarse plenamente en la salvación que ofrece la integridad del otro presente como garantía consoladora.

La gran ventaja que supone el atender a la vida psíquica en sus propias formas de explicarse, en lugar de hacerlo de modo entremezclado con interpretaciones parcial o totalmente fisiológicas que le son extrañas, posee también sus límites en el hecho de que nos vemos precisados a transformar esos resultados en beneficio de una representación lógicamente orientada e instruida por la contemplación del mundo exterior. Y ella es también la razón por la cual el ser humano que hemos dispuesto por medio del análisis no se nos aproxime a su término con más simpatía que al principio, sino que, por el contrario, se nos oculte

---

62/   Lou Andreas-Salomé cita ya en su libro sobre Nietzsche (1894) esta expresión del mismo, relativa al genio («Con inclusión de uno mismo»).

de nuevo hasta cierto punto. Si el método pudiera ser otro, cosa desgraciadamente imposible, es decir, si pudiéramos acceder al analizado en su totalidad del mismo modo a como accedemos a sus fragmentos, entonces no tropezaríamos con la monotonía de unos pocos motivos fundamentales que es donde halla el análisis el punto final de la profundidad inconsciente, sino que nos hundiríamos aún más en el milagro silencioso y sagrado de un mundo que también es el nuestro y que se nos muestra inagotable precisamente por su misma comunidad.

Los últimos efectos no recaerán sobre el enfermo lleno de culpabilidad, que en el mejor de los casos estará próximo a la curación, sino sobre ese inocente universalismo[63] que se verá así recubierto por el blanco manto resplandeciente (del «narcisismo») por encima de una desnudez de estructura demasiado humana. Allí donde se ven arrancados tantos disfraces y se ven destruidos tantos hechos falsamente idealizados, tendríamos que poder seguir juntos un camino lo suficientemente largo que nos permitiera alcanzar el lugar en el que el individuo pueda sentirse disminuido, sin ningún inconveniente, viendo cómo se desvelan sus ridículas ambiciones, ya que está regresando a sus propios orígenes y recuperando su valor total, que se conserva intacto y a partir del cual el único juicio que nos es posible emitir es el de que: «no saben lo que hacen».

Tausk comentaba hace poco la casi exclusiva participación de judíos en los progresos del psicoanálisis, y añadía que era comprensible que resultara más visible la estructura interna de los viejos y ruinosos palacios a través de las grietas abiertas en sus muros que invitan a la investigación

---

63/ Tras haber practicado Lou Andreas-Salomé el psicoanálisis por espacio de casi dos décadas, en su *Dank an Freud* [Agradecimiento a Freud], 1951, afirma lo siguiente en relación con el tema «Analytiker und Analysand» [Analista y analizado]: «Con razón atrajo usted nuestra atención acerca de lo normal que resulta que el analizado deje de pensar demasiado en su analista, del mismo modo a como una persona sana deja de depender de su frasco de medicinas. En cambio, sólo puedo imaginarme difícilmente que ello ocurra a la inversa: con dificultad olvida el analista a los que han sido sus analizados, precisamente por la representación irrepetible que le ofrecieron. ¿Pues en qué consiste, observando con mayor detenimiento, lo irrepetible de la situación psíquica? Precisamente en que únicamente en ella se le ofrece un material al investigador que llevamos dentro, tan íntimo y próximo a la vida que escapa incluso al mejor amigo, y que, precisamente por su dedicación de investigador, se ampliará la profundidad de nuestra humanidad como si desarrollara el autoconocimiento de sí mismo».

de su interior, que no modernos edificios que sólo atraen nuestra atención por las líneas y colores de sus bellas y pulidas fachadas.

SPINOZA

No es difícil encontrar ya desde los primeros años la expresión de las interioridades más íntimas, y ello vale también para Tausk en relación con Spinoza y el ensayo[64] escrito por él en 1907. Hay que destacar también el hecho de que entonces no hubiera leído o no conociera a Spinoza en su totalidad: ocurre con Spinoza que basta la lectura de alguna de sus páginas para poder decidir si uno forma parte de los suyos o no, mientras que monumentales trabajos de interpretación escritos sobre él tienen como punto de partida los más doctos errores. Pues pensar como él no significa en absoluto adoptar un sistema, sino —«pensar».

Por otra parte, la palabra «representación» que en los coloquios de los miércoles atribuí a Tausk, me resulta ahora reveladora de su íntima adhesión a Spinoza. Pues basta desarrollar la idea de captar las expresiones corporales y espirituales como representaciones para llegar hasta Spinoza. Esto es algo muy distinto al paralelismo sistemático cuyo saber final no es otro que el establecimiento de «localizaciones cerebrales» o similares: es la concepción clara e íntima de la totalidad y presencia de dos mundos que no se excluyen ni condicionan pues **son uno mismo**. Es ir más allá de Freud en el terreno de la filosofía, pues él ha conseguido el método adecuado para uno de los dos mundos, el psicológicamente aprehensible, y ha aplicado al mismo su método hasta el final, método que perteneció anteriormente al otro.

Hay algo en los fundamentos del psicoanálisis que lo acerca marcadamente al espinozismo: el concepto de **sobredeterminación**.[65] Esta

64/ Lou Andreas-Salomé había aconsejado también a Rilke la lectura del «Spinoza-Dialog» de Tausk; véase la carta de Lou Andreas-Salomé dirigida a Rilke el 28 de octubre de 1915 y la respuesta de éste, el 2 de diciembre. Este ensayo ha sido hallado entre el legado de Lou Andreas-Salomé.

65/ En *Dank an Freud* escribe Lou Andreas-Salomé: «Del modo más sorprendente se le ha impuesto a usted (Se. Freud) en el mundo onírico, capa a capa, en las condiciones variables de cada caso, el hecho de que lo concebido casualmente se veía "sobredeterminado" al cruzarse de forma cada vez más profunda lo causante y lo causado: de modo casi inagotable incluso para la labor interpretativa de toda una vida humana». Establece un paralelismo entre éste y las concepciones «científicas», «que sólo se com-

noción de que todo se halla psíquicamente sobredeterminado, o **tendría** que estarlo a poco que investigáramos, es algo que se sale del concepto lógico habitual de determinación, rompe con una concatenación parcial y establece las bases de una interrelación multidireccional. Tal interrelación debe ser asumida hasta sus últimas consecuencias para alcanzar, desde el movimiento empírico, la paz eterna de la filosofía de Spinoza que incluye el más apasionado entusiasmo que haya conseguido quizá ningún otro pensador al identificar la «naturaleza» con «Dios», sin dar un carácter sobrenatural a la naturaleza al mismo tiempo que tampoco hacía descender el nombre de su Dios hasta el nivel de las cosas.

Resulta hermoso el reencontrar aquí al único pensador por quien siento, casi desde mi infancia, una profunda afinidad intuitiva y que sea también al mismo tiempo, el filósofo del psicoanálisis. Sea cual fuere el punto sobre el que se reflexione con profundidad, se acaba tropezando con él; le sale a uno al paso pues está siempre presto y a la espera en el camino.

NAVIDADES

He pasado las Navidades con Ellen en casa de Beer-Hofmann;[66] antes, ya había pasado algunos días con él, cosa que ha vuelto a repetirse después de Navidad. Beer-Hofmann se ha convertido en algo más que un recuerdo, y me conmueve el modo como ello se ha vuelto recuerdo también **para él**. Él, que hasta ahora era un alegre y ligero caminante, se ha convertido en alguien pesado y sedentario, y nada en el fondo le es más ajeno que aquello que, a pesar de **mi** natural seriedad, me aportaba de alegre y despreocupado. Pero en su forma de seguir a los demás y de compartir sus alegrías hay algo que, desde el mismo momento de nues-

---

pletan en meditados y arbitrarios sistemas cerrados con condiciones preestablecidas». «Pues nuestras experiencias exteriores que deben ser lógicamente resueltas, aumentan científicamente haciéndose más inútiles cada día, pudiendo llegar a prolongarse indefinidamente del mismo modo como nuestras experiencias interiores van cada vez más hondo».

66/ En 1895, Lou Andreas-Salomé había conocido en el Wiener Literatenkreis (Círculo literario vienés) al escritor Richard Beer-Hofmann (1866-1945). Véase en *Lebensrückblick* el capítulo «Unter Menschen» [Entre personas].

tro reencuentro, me llenó de emoción y me hizo mantener la distancia de modo realmente curioso. No puede afirmarse que su actitud hacia mí sea la de un adulto hacia una criatura, pero el día de Navidad, sentada ante el pequeño y limpio arbolito que se reflejaba ardiente en mi plato como un árbol de Pulgarcito, tuve verdaderamente la sensación de que, en cada una de sus miradas, todo él deseaba cubrirme de regalos al tiempo que hacían traslucir la espera de una felicidad perdida.

ALCOHOL Y HOMOSEXUALIDAD

Conversación con Tausk; sobre el tipo alcohólico; sobre su postura homosexual, típicamente no-onanista, típicamente primitiva, con una excitabilidad explosiva y **aguda** con respecto a la mujer, análogo en todos estos aspectos a aquel tipo de personas pendientes de amor y consideración hacia sí mismas, escasamente fieles al objeto y poco inclinadas a la sexualidad: sólo que en este caso el efecto de un tóxico hace manifiesto lo que en aquellas se da normalmente. Esto hace pensar que el alcohol aumenta la sensación de sí mismo y que acaba con todo tipo de represiones al eliminar inhibiciones (quizá sea por ello que la atrofia o extirpación de la glándula tiroidea tenga como resultado el que puedan soportarse sin dificultad grandes cantidades de alcohol, mientras que, a la inversa, la hipertrofia de esta glándula, cuyas secreciones obran como estimulantes, provoca una marcada intolerancia al alcohol). En este caso, se recurre al alcohol simplemente para alcanzar artificialmente el estado del que aproximadamente goza el individuo sano en estado natural. Cabe preguntarse si la homosexualidad del alcohólico no sea, con frecuencia, algo distinto a la **auténtica** homosexualidad; no se trataría tanto de una falta de inclinación hacia la mujer como de un deseo de descubrir un placer en sí mismo, del deseo de afirmarse en el contacto con un semejante. Ciertamente que también se acerca a la mujer. No raramente podría tratarse de una homosexualidad semiaparente, es decir, con una fundamentación no tanto sexual como en el terreno del yo; no pudiera suceder lo mismo, por ejemplo, en las neurosis obsesivas, con su dudoso carácter que hace afirmar a Freud:[67] «Lo característico de esta

67/   Esta cita proviene del párrafo final del ensayo «Bemerkungen über einem Fall von Zwangsneurose» [Observaciones acerca de un caso de neurosis obsesiva], 1909;

neurosis, lo que la distingue de la histeria es algo que, en mi opinión, no debe ser buscado en la vida pulsional sino en los estados psicológicos».

Y estos estados psicológicos pueden muy bien conducir a una posición masoquista, y en la búsqueda por la corrección de este carácter, exento de intención pulsional, puede ocurrir que el hombre busque al hombre, mientras que la sexualidad en sentido fisiológico permanezca intacta con respecto a la mujer.

CURSO (VIII)
Sueño y cuento
(miércoles, 11 de enero de 1913)

Tras las vacaciones, ha comenzado, ante numerosos invitados, con el relato de un cuento. Hizo que resultara maravilloso con el relato del sueño de los siete lobos[68] y con la historia del enano saltarín partida en dos. Me supo mal no haber traído conmigo a Ellen. A continuación, Freud nos envió a Ferenczi y a mí al Ronacher, donde esperamos en vano la llegada de los demás, por lo cual mantuvimos una profunda conversación sobre sus ideas de trabajo (Ferenczi). Al emprender mi camino de regreso pude ver (a través de sus grandes cristales) a los demás sentados en el Alserhof; entré y fui testigo del debate que se produjo

---

la expresión «relaciones psicológicas» significa en este caso que su paciente «estaba dividido, simultáneamente en tres personalidades», «en una inconsciente y dos preconscientes, entre las cuales podía oscilar su consciencia». Este estudio fue decisivo para el conocimiento de la neurosis obsesiva.

68/ Freud interpretó, en primer lugar, este sueño de «un niño de a lo más cinco años» («...súbitamente, la ventana se abre sola y veo muy asustado que algunos lobos blancos se han instalado en las ramas del gran nogal frente a la ventana. Había unos seis o siete»). En el ensayo «Marchenstoffe in Traumen» [Temas de cuentos en los sueños], *Zeitschrift*, I, 1915, antes de volverlo a tratar en el importante análisis «Aus der Geschichte einer infantilen Neurose» [De la historia de una neurosis infantil], 1918, utilizándolo como prueba en contra de Jung y Adler, e inscrito en el contexto de esta neurosis. Freud había publicado también el sueño de una mujer joven a la que había visitado unos días antes su marido: en su sueño, baila un curioso hombrecillo de extraña conducta; en el análisis recordó el cuento del *Enano saltarín* y la «descripción del hombrecillo corresponde, sin la más mínima alteración, a la de su suegro», pero el día del sueño ella estaba tan encolerizada con su marido que exclamó: «Hubiera podido partirlo en dos».

entre Tausk y el Dr. Seif,[69] de Múnich, y al que asistían como oyentes Rank, Hitschmann y otros, con actitud más bien neutral. Es cierto que Tausk cuando mejor habla es cuanto responde: se trata nuevamente de esa gran capacidad y viveza incluso en el terreno de las abstracciones intelectuales. No hubo ni una sola palabra que hubiera debido ser modificada, ninguna hubiera podido ser más clara o reflexiva. Pero empieza a resultar claro que la querella, puramente objetiva, en torno a Jung se complica mucho con la cuestión de evitar las divisiones por razones de unidad. Un asunto peligroso. Las excelentes respuestas de Tausk lo han hecho sospechoso a ojos de Rank.

En casa, los telegramas.

Noche festiva y silenciosa.

COLOQUIO VESPERTINO
Magia y religión
(miércoles, 15 de enero de 1913)

Conferencia de Freud sobre la magia,[70] aún con asistencia de Ferenczi, a quien Tausk también anula en la discusión; por la noche, hasta las dos en el Ronacher.

Freud me promete las galeradas de su conferencia. Por la tarde, en que Ferenczi acudió a visitarme, hablamos sobre su trabajo, cuyo manuscrito me ha mostrado. Toca todo un conjunto de temas relativos a la religión que son también de interés para mí, pero sólo lo hace exteriormente: para mí, lo esencial del pensamiento religioso es que el hombre se **fusiona** en él con las fuerzas externas **hasta constituir una unidad**. Se ha visto obligado a hacerlo así porque su consciencia lo ha situado a una tan consciente (distancia) del mundo exterior que supera a la del

---

69/   Leonard Seif, médico de Múnich, perteneció primero al grupo freudiano de Zúrich, que existía desde 1907; tomó parte en las conferencias de Múnich que llevaron a la creación de la *Internationale Zeitschrift*; más tarde dirigió el grupo local de Múnich de la Asociación Psicoanalítica, pero no siempre siguiendo la línea de Freud.

70/   El tercero de los trabajos de Freud dedicado a «Einige Übereinstimmungen im Seelenleben der Wilden und der Neurotiker» [Algunas coincidencias entre la vida psíquica de los salvajes y de los neuróticos]. Al ser publicado en el tomo II, 1 de *Imago*, 1912 («Fahnenkorrektur»), el ensayo recibió el título de «Animismus, Magie und Allmacht der Gedanken» [Animismo, magia y poder absoluto de los pensamientos].

animal, en el cual dicha unidad es algo instintivo. En los conjuntos, en la **magia** el hombre se sitúa inocentemente a la altura de Dios al hacer derivar sus orígenes de él; en la **religión**, por el contrario, es decir, en la objetivación de los dioses, los convierte en sus semejantes. En ambos casos, se trata de una eclosión de creadora **confianza** infantil; más tarde, creadas ya las ficciones a las que conduce lo anterior, se convertirán en el sostén, en la muleta de los sentimientos de inseguridad e inferioridad.

Siempre medio ausente por mi vida con mi Muschka[71] muerta, de la que nada he dicho para que nadie hurgue en el asunto (aquí, donde nadie la conocía y donde todos se verían obligados a hacer algún comentario).

CURSO (IX)
Dos mentiras infantiles[72]
(sábado, 18 de enero de 1913)

1. Una niña pequeña alardea, se jacta y miente, por amor a su padre —él es un buen dibujante— lo que en el colegio la incita a mentir respecto al compás (dice haber trazado el círculo a mano); y camino del colegio —siendo él un comerciante de escasos beneficios— presume de los «helados» (como si en su casa siempre tuviera helados y en realidad nunca los toma); más tarde, en la neurosis reaparecen en forma de *glace*[73] como angustia a los fragmentos de vidrio. Una muñeca que le había sido regalada por un extranjero no sólo

---

71/ La madre de Lou Andreas-Salomé, Louise von Salomé, cuyo apellido de soltera era Wilm, había fallecido con casi 80 años en 1915, en San Petersburgo, la ciudad natal de Lou Andreas-Salomé; en su carta a Rilke el 15 de enero, Lou Andreas-Salomé escribe: «Aquí no se lo quiero decir a nadie, no deseo que se me dirijan como ante un fallecimiento. Por ello intentaré también evitar el tener que "ponerme de luto" cosa que denunciaría el hecho. Pero por ella aceptaría vestirme de blanco». En *Lebensrückblick*, en el capítulo «Erleben an der Familie» [Vivencias familiares] recuerda a su madre y le da las gracias.

72/ Con el mismo título resumió Freud esta exposición en un breve ensayo («Intern». *Zeitschrift*, I, 1913). Comienza la exposición de los dos casos así: «Es comprensible que los niños mientan, si así imitan las mentiras de sus mayores. Pero un buen número de mentiras de niños bien desarrollados poseen un especial significado y debieran hacer reflexionar a los educadores en lugar de exasperarles. Se producen bajo el influjo de motivos de amor muy fuertes y resultan funestas si conducen a un malentendido entre el niño y la persona que ama». Las ampliaciones en el texto de Lou Andreas-Salomé se apoyan en las publicaciones de Freud.

73/ (N. del T.). *Glace*, en francés = helado; *glas*, en alemán= vidrio.

la toma con descortesía y sin agradecerla, sino que en la primera ocasión la deja caer del cochecito de juguete, rompiéndose la cabeza: causa de que, por única vez, su padre le dé una paliza que olvida por completo incluso durante el análisis, y que sólo aporta posteriormente como algo sucedido con su madre. El padre no sospecha ni la identificación con él, ni la «fantasía de salvación», por lo que ella se desmoraliza (miente para destacarlo, para «salvarlo»). En el análisis, la progresión se produce por la transferencia paterna (transferencia de la imagen paterna al analista); primero una desvalorización: ella permanece «enferma» para amarlo a continuación, para «salvarlo» vanagloriándose de haber sido curada por Freud.

En privado, me contó Freud que la neurosis (de la mujer madura) apareció al darse cuenta de que no podía esperar ningún hijo de su marido (el «padre»).

2. El día dedicado a pintar los huevos de Pascua: hurto de 50 hellers[74] (previamente negado por el padre) que necesitaba aprovechando un cambio para una limosna de una colecta escolar; el hermano, sintiéndose «la mejor persona», traiciona a su hermana: el castigo, sin embargo, administrado por la madre en lugar del padre, tiene como consecuencia, al igual que en el primer caso, un cambio total del carácter. Pues todo ello no había tenido lugar más que para obligar al **padre** a un castigo corporal que se confunde con ternura sexual (lucha) como la que propina a la madre en la cohabitación. Durante la infancia, se acostumbró a recibir pequeñas monedas para caramelos como «soborno» para silenciar las relaciones sexuales de la chica encargada de su cuidado con un médico; más tarde, arrojará el dinero en la calle como algo malo (la paciente asocia: «las monedas de Judas»). Progresiva relación neurótica entre el dinero y la satisfacción sexual; hipersensibilidad, conflictos.

LO CULTURAL EN LA MUJER
(martes, 21 de enero de 1913)

El martes me sorprendió una observación oída en el curso de Tausk y sobre la que mantuve una larga discusión con el Dr. Jekels en el camino de regreso. Expresó de manera característica que también era cierto, «incluso» en los hombres, el que retuvieran en su memoria, con mayor placer, el camino que conduce al placer sexual que el acto mismo, como si se tratara de algo penoso. Quizá sobre aquí el «incluso» y sea mejor poner «siempre», sobre todo referido a los hombres, pues hay buenas razones para que en ellos la incorporación cultural se convierta en algo casi idéntico a la mala conciencia que acompaña a la satisfacción del deseo. Esto no se

74/   (N. del T.). Céntimos de corona austríaca.

cumple para un gran número de hombres ni para un número aún mayor de mujeres. Y ello tiene también su razón de ser. Pues casi la única característica cultural propia de la mujer es precisamente el experimentar la sexualidad menos aisladamente que el hombre y el no ver en ella algo crudo y reprimible simplemente porque la mujer renuncia a su personalidad en el acto sexual, es decir, se ve a sí misma en este aspecto (¡pero no en todos!) en una posición masoquista y, en consecuencia, no puede avergonzarse si realmente desea sobrevivir. Por ello emplea toda su formación cultural de distinta manera que el hombre para «cultivar» este aspecto, de forma que pueda asumir la pulsión en toda su plenitud. Podría sospecharse que una mujer puede sentirse obligada a anteponer todo un conjunto de requisitos de fidelidad, ética, matrimonio y similares para no avergonzarse, y encerrarse en un ambiguo deseo de reparación en el que se contiene su vida pulsional; es decir, que ha aprendido a considerarse como despreciable y merecedora de castigo. Pero pudiera constituir también una excusa para la mujer infiel el no haber sabido conservar suficiente energía como para tenerse que ocupar además de la moral, **pues** ya ha regalado lo mejor de sí misma en el festín de su amor. Así no salva nada del momento erótico con el que se podría construir algo, pero sí que **conserva** en cambio todo aquello que algún día recibió el nombre de soledad. Y si, como resultado, no se llegan a formar lazos que pudieran competir con las cadenas del matrimonio, **tampoco** existen en las formas actuales (incluso en las relaciones entre hermanos, maternas, de camaradería o infantiles) algo que pudiera impedir la irrupción de su erotismo con fuerza y modestia por la evidencia misma de su acontecer.

COLOQUIO VESPERTINO
El minero de Falun
(miércoles, 22 de enero de 1913)

Una conferencia del pequeño Dr. Lorenz[75] repleta de ciencia pero también algo aburrida. Una aportación final de Freud sirvió de reparación al traer

---

75/   Emil Franz Lorenz era médico en Klagenfurt. Habló como invitado en el grupo local de Viena. El tema de la conferencia: «Wie Geschichte des Bergmanns Von Falun» [La historia del minero de Falun], *Imago*, tomo III, 1914. Lorenz estudia la historia partiendo de su núcleo histórico (así como lo conservó en lo esencial el *Kalendergeschichte* [Historia de calendario] de Hebel: *Unverhofftes Wiedersehen* [Reencuentro

a colación un par de motivos de cuentos análogos al del minero que nos había sido expuesto: y de pronto cobraron un encendido interés psicológico. (La «novia viuda» «aquí la del minero» como penosa representación del azar al que uno llega a atribuir cierta intencionalidad, encontrándola en el conflicto que aparece entre la profesión y el amor, y que resultan de nuevo particularmente relacionados entre sí. Por otra parte, la «madre tierra» «que en este caso conserva al muerto intacto» en su sentido primitivo, auténtico y brutal a la vez, según el cual el hecho de sepultarlo pudiera ser quizá concebido como rejuvenecimiento «y del mismo modo, el tan traído y llevado enterramiento en vida de la antigüedad, no constituiría una crueldad»).

Buena observación de Reitler[76] con respecto al rubí, que resulta algunas veces invisible, y el comentario de Freud conforme dicha propiedad, para demostrarla en su aspecto negativo, es prestada a otros bajo la forma de poder volverse invisible. Viva discusión.

He vuelto a apreciar, como tantas otras veces, lo agradable de la compañía aún dejando a un lado el valor mismo de la conferencia. Bajo la presidencia de Freud, y gracias a la imperceptible dirección que imprime al conjunto, se logra una magnífica labor como quizá no llegaría a conseguirse por el número de mentes tan significadas. Una quisiera invitar a las más importantes figuras a estos coloquios, y se agradece poder tomar asiento junto a ellas.

CURSO (X)
El neurótico. El sano
(Sábado, 25 de enero de 1913)

Tipos de neuróticos durante el tratamiento. Podría llegarse a la conclusión de que el mundo tiene menos necesidad y es más difícil de corregir

---

inesperado] hasta llegar al *Bergwerk zu Falun* [La mina de Falun] de Hofmannsthal, considerando las múltiples formas de los cuentos de mineros en la literatura y en las leyendas). Interpreta el delirio y los sueños de los héroes desde un punto de vista psicoanalítico, y particularmente siguiendo la forma aportada por E. Th. A. Hoffmann (*Die Bergwerke zu Falun* [Las minas de Falun]) y Hofmannsthal; reconoce en ellas la fijación infantil del héroe a su madre, la representación de una fantasía del seno materno (el interior de la mina).

76/ Rudolf Reitler, médico en Baden, cerca de Viena, formaba parte de la Sociedad Psicoanalítica de los Miércoles desde 1902 y fue, después de Freud, el primero en ejercer el psicoanálisis.

de lo que comúnmente se cree. Y así ocurre, tanto si se trata de tipos en los que las pulsiones socialmente perjudiciales se hallan íntimamente entrelazadas con sus más valiosos impulsos, de tal modo que la única alternativa consiste en intentar un más adecuado reparto de fuerzas que el que apareció en la infancia, como si nos las habemos, por el contrario, con tipos en los que se descubre menos al neurótico que el momento neurótico, y que no requerirá, consecuentemente, para su natural despliegue más que del ánimo en su medio no natural, que precisamente por ello llegará a trastornar y destruir. De tal modo que en última instancia más vale dejar las cosas como están. Esto suena a cansancio; Freud también sabe hablar de otra manera.

El enfermo **grave** es el más profundamente influible por su también mayor estado de necesidad; en menor grado lo es también el enfermo leve, y menos aún el sano, que si quisiera podría aumentar su conocimiento y su energía mediante el análisis.

¿Pero quién es el sano desde la melancólica resignación que se ha apuntado anteriormente? Freud ya dijo el miércoles de los «salvajes» que su atraso parecía relacionado con su desinhibición sexual, del mismo modo a como puede constatarse, después de la pubertad, un enlentecimiento de la actividad mental tras alcanzar una temprana saturación. De ser ello así, pudiera muy bien tener razón el compromiso neurótico al oponerse, con un oscuro sentimiento de culpa, al goce de la vida, aún eligiendo para ello una vía errónea: tiene razón en el desesperado esfuerzo por satisfacer a **ambas** partes, a la **naturaleza** y a la **cultura** —sólo que entonces debería entenderse como «salud» no lo opuesto a cultura, sino la unión de ambas partes, es decir, considerar que lo cultural sigue el mismo camino que nuestro propio desarrollo. A su modo, es eso algo que ha hecho todo «salvaje» y la forma como tal cosa se realiza (sin necesidad de pasar de una moderación de sus pulsiones a la aceptación pura y simple de escleróticas convenciones) decide sobre el valor de la salud y capacita la producción de neuróticos sentimientos de culpa a una especie de «conciencia de la salud»— que puede conducir a la enfermedad, pero por nostalgia de una salud que va mucho más allá de una banal sensación de bienestar.

SEXO Y YO

El concepto de neurosis de Tausk (conversación en la Alte Elster) es el concepto freudiano, sólo que Tausk recalca, como necesario e imprescindible para la aparición de la neurosis, el «fracaso» en el terreno yoico en lo social, por lo cual se busca refugio en lo sexual, manifestándose la enfermedad en el caso de existir allí una disarmonía. Por lo menos, eso fue lo que entendí. La causa de fondo sigue siendo la sexualidad, y puede, por tanto, aceptarse la preexistencia de una disarmonía entre pulsión sexual y pulsión yoica, lo que permitiría que el desequilibrio se expresara posteriormente de forma tan brutal. Pues debemos pensar que sus raíces se hunden en el estadio narcisista, donde ambas reposan entremezcladas sin ningún género de separación.

El narcisismo no se diferencia en los primeros escritos de Freud con tanta claridad como ahora del autoerotismo:[77] a mí personalmente, la **igual** valoración de yo y sexo no me ha resultado clara hasta oír las observaciones de Tausk al respecto, siendo algo que corresponde al pensamiento actual de Freud. En mi opinión, ello permite entender el que sea **posible el proceso de sublimación**, pues no resulta inteligible más que si la pulsión yoica, poseyendo en su origen idéntica participación puede someter lo sexual a las finalidades del yo. Antes de clarificar esto, casi podría tener razón Adler, por un error de comprensión, con la exposición según la cual el yo se sirve de la sexualidad únicamente de manera simbólica para sus propios fines, mientras que ahora ha quedado iluminado lo esencial (precisamente aquello que él desvaloriza y reduce a un mero juego psíquico), a saber, la positiva mezcla de la psique con aquello por medio de lo cual se engrana con lo consciente.

Gracias a algunas observaciones personales, he encontrado lo bello y sorprendente que resulta que todo aquello que el **sueño** y el **delirio** hacen surgir por el simple procedimiento de dirigir la mirada hacia el interior

---

77/   En *Einführung des Narzissmus* [Introducción al narcisismo] —en la cual resume Freud, en palabras de Lou Andreas-Salomé en la carta que le dirige el 10 de enero de 1915, «aquello que sabía por sus comentarios verbales y escritos sobre el concepto de narcisismo»— plantea Freud la cuestión: «¿Cómo se conduce el narcisismo… con respecto al autoerotismo que hemos descrito como un estado primitivo de la libido?». «Los impulsos autoeróticos son primitivos; algo debe llegar al autoerotismo, una nueva acción psíquica para conformar el narcisismo (…) el yo debe desarrollarse».

en lugar de hacerlo al exterior, sea percibido de inmediato como a través de una lupa (unas veces fantasmalmente distorsionado y otras alcanzando grandiosos caracteres). Es como si todo aquello que aísla y mide, aquello que depende de la orientación de la razón y de los sentidos dejara aquí cada vez mayor espacio al infinito, que pugna por introducirse a la totalidad de un mundo que se refleja, como en un sueño, en nosotros mismos, en el narcisismo.

Freud tiene razón en buscar la unidad de los procesos psíquicos en lo **sexual**, como aquello que, en última instancia, nos mostramos más personalmente. Si nos asalta alguna desgracia, es **allí** donde radica hasta cierto punto la decisión de si podremos afrontarla, exactamente como si intentáramos aproximarnos lo más posible a nosotros mismos, a nuestras raíces, si bien al hacerlo nos alejamos de los dominios del **yo** en un cierto intento por convencernos, desde las profundidades, de que somos capaces de crecer, florecer y dar frutos en beneficio de nuestro yo. Por ello es igualmente característico que, en el interior de lo sexual, el placer y el dolor se confundan al igual que ocurre en cualquier lugar donde acontecen procesos reproductivos; y los seres asexuales, desprovistos de erotismo, que la mayoría de las veces son menos sensibles al dolor, están privados, en consecuencia, del más íntimo consuelo. Que el dolor y el placer puedan llegar a resultados idénticos, como ocurre con cualquier oposición dual, es algo que experimenta, sin lugar a dudas, el hombre en el estadio narcisista; también llega a experimentarlo en aquellos momentos en que un dolor actúa, dado su enorme tamaño, como una explosión de vida que la arrastra consigo y como un padecimiento que la acorta, o donde un bienestar llega demasiado lejos como para poder ser saboreado. Goethe: «Todo es dado por los dioses, seres infinitos, / a sus seres queridos, todo, / todas las dichas infinitas / todos los dolores, todo».

APÉNDICE

La pulsión de autoafirmación yoica no puede sino negar el dolor; sin embargo, cuando esto ya no resulta suficiente, puede aparecer la pulsión de darse (sexo) y convertir el dolor en voluptuosidad, incluyendo de algún modo la muerte en la voluntad. Por ello, cualquier sensación excesiva tiene sus efectos sobre la sexualidad, incluso cuando se trata de la más terrible y desagradable. Y por esta misma causa, el bienestar no actúa sobre la línea de la pulsión de autoafirmación yoica más que por muy corto espacio de tiempo, asemejándose luego al dolor.

CURSO DE TAUSK
El concepto de censura
(martes, 28 de enero de 1913)

Han acabado las conferencias sobre el sueño y han comenzado las referidas a la sexualidad. De forma muy inteligente (a propósito del sueño de las dos ratas), mostrando como los sueños **tienen** que aportar problemas sexuales y como éstos tan sólo pueden llegar hasta nosotros en este lenguaje, porque sólo alcanzan la consciencia, por así decirlo, a través del cuerpo, articulándose al mismo tiempo mediante sus palabras.

Al regreso, he discutido con Tausk y el Dr. Jekels sobre el concepto de censura.[78] El propio Freud no se sujeta ya más que muy laxamente a su primitiva definición, cosa que me sorprendió en una de sus clases al comenzar el invierno. Siempre había creído que lo esencial de la censura quedaba anticipado por la naturaleza imaginaria del trabajo latente del sueño, el cual, *eo ipso*, debe conducir a numerosas deformaciones con respecto a la consciencia. Pero, en segundo lugar, me parece que, incluso cuando verdaderamente hay **inhibiciones** que colaboran originando una expresión deformada, éstas pueden proceder también del inconsciente, fruto de turbios y activos olvidos, y no sólo como resultado de un **compromiso** en el marco de las reflexiones de la vigilia propios de una consciencia convenientemente orientada.

Resultaría muy positivo elucidar la diferencia que existe entre el concepto de censura de Freud y «líneas maestras» y las «protecciones» de

78/   También este concepto lo formó Freud en el trabajo sobre el libro *Die Traumdeutung:* «podemos suponer dos poderes psíquicos (corrientes, sistemas) en cada persona como autores de la forma del sueño, de los cuales uno constituye el deseo expresado a través del sueño, mientras que el otro ejerce una censura a ese deseo onírico forzando a través de ella una desfiguración de su exteriorización». «Si recordamos que los pensamientos latentes del sueño no son conscientes antes de analizarlos, aunque el contenido latente del sueño que se le deriva sí es recordado conscientemente, es fácil suponer que la segunda instancia abra el camino a la consciencia (...). La **inhibición afectiva** sería entonces el segundo triunfo de la censura onírica, lo mismo que la **desfiguración del sueño** constituía el primero».

Adler. Como protecciones **primarias** hay que citar la simple sobrecompensación, de hecho, libre de censura; las **secundarias**, sin embargo, es decir, aquellas erigidas como protección y precaución frente a la abierta exageración de las primeras, contienen el concepto de censura pero, y ello es característico, una censura aparentemente dirigida de arriba abajo, pues es fácil observar que en las segundas protecciones se impone nuevamente la secreta vida pulsional: todo ello en quienes han sido declarados «inferiores» antes de verse obligados a «compensarse». Con otras palabras, está suficientemente claro que las segundas protecciones se corresponden con la represión de Freud que se oculta en su interior (así, por ejemplo, como «medio femenino» oculto, mientras que en realidad se trata de un fin femenino en sí mismo). Naturalmente que no pude convencer a Adler cuando debatíamos esta cuestión. Discutimos como locos.

COLOQUIO VESPERTINO
Periodicidad erótica del objeto y el sujeto. Formación de símbolos
(miércoles, 29 de enero de 1913)

Tarde de exposiciones. Rosenstein sobre la periodicidad[79] de Fliess. Numerosas réplicas de Freud sobre sus relaciones científicas con Fliess, y de como éste llamó su atención sobre el factor bisexual, algo más tarde re-

---

79/ Según la amplia concepción de W. Fliess (en los libros: *Der Ablauf in Lebendigen des Lebens* [La expiración en lo vivo de la vida], 1906, y *Vom Leben und vom Tod* [De la vida y la muerte], 1909), todas las manifestaciones vitales de los organismos —incluyendo naturalmente la muerte— están ligadas al cumplimiento de determinados períodos en los que se expresa la dependencia con respecto al año solar de dos tipos de substancias vivas, una masculina y otra femenina. No obstante, vemos con qué facilidad y hasta qué punto la influencia de fuerzas externas puede modificar la fecha de aparición de las manifestaciones vitales, de forma particular en el mundo vegetal, bien sea para adelantarlas, bien sea para retrasarlas; tales observaciones abogan en contra de la rigidez de las fórmulas de Fliess y arrojan serias dudas acerca de lo absoluto de las leyes por él presentadas. *Jenseit des Lustprinzips* [Más allá del principio del placer], 1919. Freud fue durante muchos años amigo de Wilhelm Fliess; las cartas que le escribió (*Aus den Anfängen der Psychoanalyse, Briefe an Wilhelm Fliess. Abhandlungen und Notizen aus den Jahren 1887-1902* [De los comienzos del psicoanálisis, Cartas a Wilhelm Fliess. Trabajos y notas de los años 1887-1902], 1950) permiten reconocer el camino del autoanálisis seguido por Freud durante el verano de 1897. Sobre el factor bisexual, véase la nota n.º 48.

descubierto en su propio camino y recobrado como un descubrimiento propio. Sobre las causas de la ruptura: la diferencia de métodos: método psicológico en lugar de organísmico.

Federn observa, opinión que comparto, que la **periodicidad** se muestra más claramente en el caso normal que durante la curación, mientras que en el caso patológico, por el contrario, se disimula mucho más o incluso es desplazada. A fin de cuentas, no es más que una manifestación del desarrollo rítmico del automatismo en que todo «marcha». Así la vida interior nos parece, al imaginarla, algo automático, es decir, explicable automáticamente u orgánicamente representable (y en definitiva, cósmicamente). Por ello, ¡cuánto más inconcebible, más viva resulta en sus manifestaciones mentales auténticamente **inmediatas**! Por el contrario, es mucho más difícil de calcular si existe un proceso exterior perturbado —a cambio, resultan más automáticamente sus manifestaciones psíquicas, que pueden ser sorprendidas por el psicoanálisis y, en consecuencia, es posible su tratamiento.

Freud, sobre la casuística de sueños de Tausk:[80] lo masculino-femenino puede ser un símbolo del sueño precisamente porque es infantil, es decir, porque precede a la diferenciación de sexos, o porque el sujeto del sueño posee una actividad homosexual e invierte su posición.

Freud sobre lo expuesto por Sadger: que no se diferencia suficientemente entre el erotismo de objeto y de sujeto y que ambos se confunden lógicamente. Así, se puede hablar de la erótica bucal y de las mucosas, etcétera, de una erótica de **sujeto**, pero no al hacerlo de los glúteos, etc. que sirven de **objeto** de placer. Al final, Freud se refiere con alabanzas a esta observación esclarecedora, olvidando inmediatamente quien la ha hecho, por lo que se disculpa sonriendo.

En el curso de su intervención, polemizó en una ocasión con Adler, basándose en mi opinión, en un malentendido. Destaca que la **formación de símbolos** tiene lugar sobre dos planos: a partir del inconsciente y a partir de su racionalización; y que Adler sólo tenía en cuenta

---

80/ Tausk había hablado sobre «Traummechanismen und Symbole» [Mecanismos y símbolos oníricos]. El tema de Sadger esa tarde fue: «Über die Notwendigkeit die Gesässerotik von der Analerotik zu trennen» [Acerca de la necesidad de separar el erotismo glúteo del erotismo anal]; incluso después de la represión del erotismo anal, es frecuente encontrar erotismo glúteo entre homosexuales y flagelantes.

este segundo aspecto. Pero en realidad no es así. Adler desea que se distinga entre sus «tendencias directrices» y su racionalización; sólo que él las ve desde la perspectiva de su **estructura** psíquica en lugar de hacerlo desde su contenido pulsional; por esta razón habla siempre de lo que **con ellas** hace el **psiquismo**, allí donde Freud se refiere a lo que ellas hacen con **éste**. Ambos hablan, en última instancia, de lo mismo, en el sentido de que lo físico no puede manifestarse más que a través de la sexualidad, y a la inversa, que ésta no puede manifestarse como tal más que en el seno de una tendencia psíquica en cuyo interior adquiere todo su valor.

Creo que la corporalidad se encuentra en el primer plano de la formación simbólica puesto que suministra las imágenes más primitivas, pero también porque conserva en su interior aquello dotado de la mayor plasticidad.

VISITA A FREUD
La gata narcisista. El regalo del psicoanálisis
(domingo, 2 de febrero de 1915)

La tarde del domingo, hasta el anochecer, en casa de Freud. Esta vez con una conversación mucho más personal, en que me ha hablado de su vida, y yo le he prometido traer fotografías en la próxima ocasión. Lo que personalmente más me ha encantado ha sido de la historia de la «gata narcisista». Cuando todavía tenía Freud su despacho en la planta baja, se introdujo a través de la ventana abierta y despertó en él —que no poseía un especial amor por los perros, gatos u otros animales—, enconados sentimientos, especialmente al descender del sofá donde se había acomodado, y ponerse a examinar las antigüedades que provisionalmente habían quedado colocadas en el suelo; no se atrevió a ahuyentarla por no provocar en ella movimientos bruscos entre tesoros tan estimados. Pero al proseguir la gata su satisfactoria y ronroneante excursión arqueológica, sin causar el más mínimo daño gracias a sus ágiles modos, se reblandeció su corazón hasta el punto de hacerle traer leche. A partir de entonces ejerció diariamente su derecho a ocupar un lugar en el sofá, a examinar las antigüedades y a un plato de leche. A pesar del amor y la admiración crecientes de que él daba muestras, no pareció apercibirse de ello, limitándose a clavar en él las más frías y oblicuas pupilas de sus verdes ojos como sobre un objeto cualquiera, y si quería obtener de ella algo más que su ronroneo egoísta y narcisista, debía bajar el pie que tenía cómodamente apoyado sobre el diván y atraer su atención mediante los más mágicos y ocurrentes movimientos de la punta de su bota. Estas desiguales relaciones duraban ya mucho tiempo sin haberse modificado lo más mínimo, cuando un día descubrió a la gata enfebrecida y jadeante sobre el sofá; y aunque recibió los mayores cuidados arropándola y demás, sucumbió a una neumonía, sin dejar tras de sí más que el símbolo, plácido y juguetón, del más auténtico egoísmo.

Freud habló también de por qué me he dedicado tan plenamente al psicoanálisis.[81] Al principio, mi interés no era otro que el puramente material despertado por la atracción que surge de ver ante uno nuevos caminos. Después sobrevino el hecho, vivificante y personal a vez, de encontrarme frente a una ciencia en formación, y de hallarme, en cierto modo una y otra vez en el punto de partida y en relación cada vez más íntima, por tanto, con sus problemas.

El tercer aspecto, el más personal de todos y del que vino el impulso decisivo, es la íntima sensación de ser obsequiada: esa sensación de amplia irradiación de la propia vida que surge de palpar en las propias raíces hundidas en la totalidad. Freud dijo riendo: «¡Creo que para Vd. el análisis es una especie de regalo de Navidad!», y es posible que tenga razón, pues para mí no se trata de solucionar una confusión existente entre la profundidad y la superficie. Y posiblemente, la alegría y la tristeza no poseen tan fuerte colorido más que cuando brotan del inconsciente y se convierten en vivencia: del mismo modo que una alegría pasada puede convertirse en pena por estos oscuros caminos, también puede ocurrir que el recuerdo de horas de crucifixión se transforme en una resurrección radiante y clara orlada de estrellas. Ya que aquello que tiene validez en la patria de nuestra vida afectiva y que en derredor no constituye más que una ficción —cielo e infierno—, permanece custodiado en nuestro inconsciente como nuestra eterna realidad.

81/   Lou A.-S. no cita aquí —como motivación— las manifestaciones neuróticas que tan profundamente le inquietaban tanto en Paul Rée, el «amigo de su juventud» (odio enfermizo contra sí mismo), como más tarde en Rainer Maria Rilke. Aquí no habla más que de lo específicamente relativo al análisis.

COLOQUIO VESPERTINO
Sexualidad infantil. Erotismo muscular
(domingo, 2 de febrero de 1913)

Freud acerca del camino que le condujo a la sexualidad infantil: en primer lugar, el análisis práctico, pues le hizo descubrir múltiples analogías con las sensaciones sexuales de los adultos. Después sucedió que algunos neuróticos vinieron también a demostrarlo al reproducir recuerdos primitivos fuertemente sexualizados. Habló también de como parecía cuestionarse de esta manera todo el problema de la sexualidad infantil; las experiencias infantiles normales aparecieron tan relacionadas con las experiencias más tardías de carácter normalmente sexual que obligó a considerarlas estrechamente emparentadas por poseer una misma naturaleza (carece visiblemente de importancia el que se conciba la sexualidad del adulto desde una perspectiva más amplia que la habitual, o bien que, por el contrario, se pase a considerar la sexualidad infantil desde una perspectiva más estrecha aún). Las más exactas determinaciones de esta perspectiva pudieron establecerse lentamente gracias, en ocasiones, a las tomas de posición adoptadas por otras ciencias que se hallan implicadas en esta cuestión; sería inútil aferrarse dogmáticamente a las definiciones si consideramos la conexión general que existe entre estas ciencias tomadas aisladamente y aquella que corresponde a sus aportaciones. (Cuando se oye hablar a Freud de esta manera merece alabarse el que se haya asignado los límites que revelan sus palabras, pero también la alegría que le produce como investigador el poderse referir siempre a conocimientos positivos).

Volviendo al «erotismo muscular»[82] (conferencia de Sadger de la semana anterior) ha añadido Freud: la inexactitud lógica con la que Sadger mete sujeto y objeto en un mismo saco queda justificada de manera interesante en los casos patológicos; en la historia hay verdaderamente algo de erotismo muscular, presente, etcétera, mientras que en la con-

---

82/ «Entre las zonas erógenas... destacan muy particularmente dos: la piel, que en algunos puntos se continúa en las mucosas o que se diferencia en los órganos de los sentidos, y en segundo lugar la musculatura corporal, tanto la voluntaria como, incluso quizás más aún la lisa, alejada de la voluntad consciente». Sadger, «Haut—, Schleimhaut— und Muskelerotik» [Erotismo dérmico, mucoso y muscular], *Jahrbuch,* tomo III, 1912.

versión[83] el objeto se convierte en sujeto de alguna manera (una pierna tiesa: pene, etc.).

Por otro lado, al mismo tiempo —y diciendo, así, «ejecutó» definitivamente a Sadger— los músculos, como cualquier otro órgano, son órganos de ejecución y no deben confundirse con sus efectos propiamente dichos, es decir, con su aspecto psicológico; según ella, la más mínima contracción muscular o una simple mirada pueden determinar una excitación más violenta que el más salvaje cuerpo a cuerpo o el desbastar de un bloque de madera. Así, en el deporte hay que tener siempre en cuenta aquello que puede actuar sexualmente (Sadger) o de modo plenamente asexual según que se pongan los movimientos del cuerpo al servicio de la libido.

Curso (XII)
Traumas infantiles
(sábado, 8 de febrero de 1915)

He ido con Beer-Hofmann que acababa de venir a mi casa. Sobre traumas infantiles:[84] no son importantes en sí mismos; un niño que no recibe los cuidados necesarios y que está expuesto a cualquier trauma permanece en su despreocupada vida posterior en un superior nivel de salud que quien ha sido protegido y que, enfrentado a un abandono educativo, debe hallar válvulas de escape para su sexualidad regresando a los pocos

83/   En los *Studien über Hysterie*, 1895, denominó Freud «conversión» al proceso por medio del cual los afectos producidos por un «trauma» pueden encontrar por represión del motivo el «falso camino a una inervación corporal».

84/   Según el conocimiento de Freud el trauma (herida), la conmoción traumática, no es suficiente por sí misma —como parecía en principio— para desencadenar una enfermedad nerviosa (encontró que incluso la llamada neurosis traumática quedaba preparada por dificultades en el desarrollo libidinal). También pueden aparecer síntomas neuróticos sin que se hayan producido vivencias traumáticas, y las vivencias traumáticas pueden mostrarse producto de la fantasía. Regresión: la vuelta, «el retroceso a fases primitivas de la vida sexual que no obtuvieron satisfacción en su momento. Esta regresión posee, al parecer, un doble carácter, uno, **temporal**, en tanto en cuanto la libido, el deseo erótico, echa mano de fases evolutivas anteriores en el tiempo, y otro **formal**, por medio del cual se utilizan medios de expresión psíquica originarios y primitivos para la manifestación de ese deseo». «Über Psychoanalyse». Lou A.-S. germanizó ocasionalmente el término «regresión» por el de *zurückrutsch*, ejemplificando el proceso comparándolo con la retracción rápida de una goma.

recuerdos infantiles de este tipo que haya experimentado y **elevarlos** a la categoría de auténticos traumas. Estos son los casos en que una permanencia sobre el orinal o el desnudarse de una persona cualquiera puede bastar como desencadenante en la aparición de neurosis tardías. En este sentido tampoco es de gran utilidad una «educación psicoanalítica principesca», pues el niño es portador de su propia sexualidad y de algún modo debe cobijarla. Los traumas infantiles comenzaron a representar su papel como complejos sustitutorios. Los esfuerzos y renuncias impuestas al niño no proceden tan sólo de la educación moral: ya la higiene y la limpieza exigen considerables renuncias sexuales en beneficio de la estética (pensemos en las tendencias coprofílicas de algunos neuróticos como tendencias sexuales primarias).

Las consecuencias finales se deslizan nuevamente en la irreconciliable oposición que existe entre naturaleza y cultura, donde el individuo no consigue alcanzar a través de su propia liberación más que la división, ya que la libertad no puede ser utilizada más que si está al alcance de todos.

Sin embargo, la mayoría se mostró de acuerdo con él, saliendo mucho más entusiasmados de esta sesión que de aquella en la que se presentaron hace unas pocas semanas (18 de enero) dos análisis infantiles y en la que pudieron apreciarse a la salida crecientes murmullos de disconformidad al atravesar la multitud los invernales jardines camino de sus hogares.

Cuando no marcho con Freud, nos divierte a Tausk y a mí el escuchar, a nuestro regreso, los comentarios de los que se dirigen a sus casas. Esta vez también al dirigirme allí con Beer-Hofmann.

INFANCIA, YO Y EL MUNDO

Cada vez que se habla de la importancia que tiene para el niño la primera intuición de la cohabitación de sus padres recuerdo algo que ocurrió siendo muy pequeña: dormía yo junto a una de las paredes del dormitorio de mis padres estando sus camas adosadas a la pared del fondo y prolongándose hacia el centro de la habitación. Un débil rayo de luz que provenía de la calle hizo que al despertarme una noche divisara vacío el lecho de mi padre (que era el que se hallaba más próximo). Mi impresión fue: se ha marchado, es decir, ya no está aquí, ha **muerto** (esta idea de muerte no reconocía ningún posible cadáver, algo que significara algún tipo de presencia). Ello me entristeció de tal manera que empecé a llorar horrorizada. Fue entonces cuando oí gemidos que provenían del lecho más alejado y que no quedaba iluminado por aquella tenue luz. Concluí que, si bien mi madre no había muerto aún, sí se encontraba moribunda, y lancé un grito espantoso. Cuando mis padres[85] se precipitaron, fuera de sí hasta mi cama tan sólo pude explicarles entre lamentos que me había quedado huérfana de padre y madre.

En lo que respecta a mis hermanos, sobre los que también me preguntó Freud en nuestra conversación a solas (el 2 de febrero), hay que decir que las circunstancias hicieron que fueran mucho mayores que yo y que incluso el más pequeño me llevara tres años; su conducta hacia mí era muy caballerosa y protectora a la vez. Dejando aparte algunas disputas con los más jóvenes, tan sólo se produjeron entre nosotros aquellas escenas que, tiempo después, al marchar, joven aún, al extranjero me hicieron contemplar el mundo como poblado de hermanos. Ello determinó, fuertemente y de por vida, mi independencia y confianza hacia todos los hombres, cosa que no se ha visto jamás desmentida.

Lo más sorprendente es que a despecho de estos hermanos, y sintiéndome orgullosa y contenta de compartir con ellos una misma sangre, y a pesar de mis padres, cuyo matrimonio estuvo presidido por la armonía, y que se consagraron fielmente al cuidado de sus hijos, me sentí amargamente sola entre todos ellos, siendo mi único consuelo el librarme a un mundo de fantasías, del mismo modo a como se vio enfrentado a todo lo que representaban tanto mi manera de vivir como mi maravillosa juventud.

El domingo por la tarde (9 de febrero) hablé también de ello con Freud. Mi idea infantil del interior de la mujer: como el interior de una montaña repleta de piedras preciosas (temprano viaje a Suiza, con dos años y medio, contemplación de la Jungfrau;[86] visita con mi padre a una mina próxima a Salzburgo). El primer cuento que gozó de mis

---

85/   En *Lebensrückblick*, capítulos «Das Erlebnis Gott» [La vivencia de Dios] y «Erleben an der Familie» [Vivencias familiares]. Sobre su juventud: los años de amistad con Paul Rée, de 1882 hasta 1886; en *Lebensrückblick*, el capítulo «Freundeserleben» [La amistad].

86/   (N. del T.). La traducción literal del topónimo Jungfrau, conocida montaña suiza, es «virgen».

preferencias era el de aquella princesa que a cada palabra brotaban joyas de su boca (creo que anteriormente le ocurría lo mismo con sapos). Aún hoy, la palabra rusa que designa la perla, *jomtschung*, posee para mí una sonoridad especial (dulce y suave). Sin embargo, las primeras joyas que recuerdo eran los botones de fantasía de vidrios coloreados que guardaba mi madre en una caja.

Fue hermoso llegar por la tarde a la Syringgasse portando flores de Freud; abrieron los dos hijos (de Tausk) y colocamos el ramo de rosas en agua.

Freud se refirió también a Stekel, a lo que hay en él de saltos metodológicos. Durante mucho tiempo me pareció enormemente exagerado su «criminal polimorfo»,[87] hasta que comprendí con claridad por qué, en toda primeriza toma de conciencia, resulta esencial la existencia de un movimiento análogo al odio: uno no llega a diferenciarse, a ser él mismo, hasta que no rechaza algo y es rechazado por algo. Cuando encontramos muestras de odio y de muerte en los sueños, ello no es más que una indicación de la salida más próxima, el primer enfriamiento, la primera distanciación, la primera separación sin la cual un yo no llegaría nunca a realizarse, del mismo modo a como ocurriría con la respiración pulmonar, si no se detuviera el aporte directo de oxígeno provinente de la madre. El odio primario no se orienta, en realidad, contra algo distinto sino que es angustia por sí mismo, angustia de nacer, angustia de ser abandonado, de igual modo a como todo amor conserva felicidad original de una pertenencia mutua, de un recuerdo de totalidad con que obsequia pródigamente al ser amado como si él mismo constituyera un todo.

(Al margen:) Odio: la decepción de no poder amarlo todo al despertar del ser total.

Pero, sorprendentemente, se pueden extender hasta muy lejos los propios razonamientos surgidos a partir de este odio. Una vez presente

---

87/ Una acentuación de la expresión freudiana «perverso polimorfo»: «Está cargado de enseñanzas el que el niño, bajo la influencia del devenir perverso polimorfo, puede ser conducido a cualquier tipo de transgresiones. Ello muestra que posee en su constitución la aptitud para ello; la realización encuentra por esta causa pocas resistencias, porque los diques psíquicos frente a los excesos sexuales: la vergüenza, la repulsión y la moral no se han introducido todavía, según la edad del niño, o se hallan tan sólo en formación». *Drei Abhandlungen.*

el yo, una vez preside su conciencia, no renuncia a dominar nuevamente su disociación sino que busca familiarizarse con las cosas que, según **el principio de una separación constante y progresiva** van ampliando al máximo la distancia que las separa. Si examinamos más de cerca este principio, no resulta casual que haya nacido, en su aspecto afectivo, del odio y del sentido de muerte: en último término constituye lo opuesto, la distanciación tanto en lo que pertenece a la vida perceptiva como al entendimiento. Contemplar algo con los sentidos y la inteligencia significa, en suma, no añadir «yo», y apenas decir «tú», sino separarlos entre sí. Siempre que el hombre tropieza con manifestaciones vitales que le recuerdan intensamente a sí mismo, completa esta distanciación hablando del «alma» o del «espíritu», términos con los que en realidad siempre se refiere a sí mismo.

Ante manifestaciones que no estimulan tanto su confianza se sirve del concepto intermediario de «vida»; pero cuando se trata de lo «inorgánico», su método se revela nítidamente como el de un conocimiento desespiritualizador, descorporalizador y mecanizante, es decir, como de carácter negativo. Se dice que el antropomorfismo constituye el límite del conocimiento, pero tan sólo **porque** el conocedor es para nosotros algo en cierto modo negativo, contenedor de una cierta negación, y es precisamente a partir de ella que nos construimos el mundo **explicable** y que edificamos su carácter «material». Antropomorfizar y afirmar son por completo una misma cosa, y mantienen su validez allí donde no procedemos a elucidar, sino a **amar**, es decir, allí donde volvemos a encontrarnos con nosotros mismos.

Es imprescindible que saquemos consecuencias: todo el mundo material dado corresponde a aquello que puede soportar nuestra íntima capacidad psíquica de concepción (gracias a la cual podemos identificarnos) y que expresamos a través del hecho de representárnosla (intelectualmente y por medio de la percepción) a partir del principio de separación que contempla y caracteriza negativamente, como separado de nosotros mismos. Pero, alcanzado este punto, nuestra apreciación de la realidad cambia por completo: pasa a constituir lo práctico-dado, aquello, por tanto, que no exige ni siquiera una marcada vivencia de nosotros mismos para captarlo, y que incluso nos permite una captación bastante negativa de nosotros, se convierte en algo al margen de nuestro deseo, en aquella **realidad** primitiva e incondicional que tomamos como base para cualquier cosa. Al alcanzar hasta el interior mismo de nuestros estados corporales, al no haber aprendido nosotros a conocernos corporalmente más que del mismo modo a como conocemos otros objetos exteriores, acabamos por vernos a través de ese mismo prisma subdivisor y nos preguntamos, en consecuencia, en qué punto de la serie hemos «surgido», y hemos sido introducidos como «alma» o espíritu, es decir, con aquellas manifestaciones que todavía tomamos como idénticas a nosotros, etc. De este modo (siguiendo el principio primario del «odio» o de la distanciación) nos hemos alejado de nosotros mismos, nos hemos distanciado, y cuando nos sabemos no formando **unidad** con nosotros mismos en el presente, en el mismo momento de la vivencia, excluimos el pasado y buscamos sus huellas en el exterior, siguiendo la serie de los seres vivos y ordenándola de tal modo que «culmine con una cúspide ocupada por nosotros»; y buscamos entonces regresar, entre cuidados y mimos, desde nuestros primeros pasos a nosotros mismos, con todo lo viviente y conocido que intentamos conceptuar desde la perspectiva de su «evolución histórica». Pues a través de todos estos métodos de análisis y de negación deseamos acomodarnos en un mundo ya conocido y dominado: es decir, también intentamos cobijar nuestra relación amorosa y única a pesar de la soledad del yo.

Y es precisamente el psicoanálisis el que nos ayuda a corregirlo de una forma nueva. Pues, en cierto modo, reúne todo nuevamente en un punto rebosante del inconsciente, nos resume con nuestro pasado y no sólo con el **nuestro**, e independientemente de la ordenación racional que establecemos en el exterior, nos acomoda en el ininterrumpido desorden de lo existente.

COLOQUIO VESPERTINO
Crítica a Putnam. Freud y Tausk
(miércoles/jueves, 12/15 de febrero de 1913)

El domingo (9 de febrero), tras mi (tercera) visita a Freud, y el lunes, a pesar de que regresé muy tarde de casa de Marie Ebner Eschenbach,[88]

88/   Durante su anterior estancia en Viena (1895), Lou Andreas-Salomé había visitado también a Marie von Ebner-Eschenbach (1850-1916); en esta ocasión le escribió

Tausk estuvo trabajando conmigo en su crítica a Putnam y en su segunda lección del curso sobre la «angustia».

El **miércoles**, en la sesión dedicada a comentarios estalló la crítica a Putnam[89] (rechazada por Freud) entre sones de tambores y trompetas; Freud le retiró la palabra a Tausk, y ello fue una señal que no sería ignorada por el resto de los asistentes. Me agradó la actitud de Tausk. Por la noche, después de haber regresado al Ronacher desde el Hotel Zita, y tras haberse desahogado contra Federn, hizo su aparición un nuevo bulo, según el cual había conseguido en privado el consentimiento de Freud (para tal crítica). A la observación de Freud le había dado yo su auténtico significado; alguien se encarga de confundirlo todo.

El **jueves** fui nuevamente a cenar con Freud. Ya antes, en el salón, hizo derivar la conversación hacia Tausk, y hablamos largo rato acerca de él; más tarde nuevamente en su despacho; no me acompañó a casa hasta dada la una y media.

Freud actúa plenamente convencido cuando sale al paso de Tausk con tanta vehemencia; esto es algo que está fuera de dudas. Pero junto a esta opción «psicoanalítica» (en relación con la primitiva actitud neurótica de Tausk) es cierto también que Freud soporta con dificultad la presencia a su lado de una mentalidad independiente, en especial si posee un fuerte temperamento agresivo, lo que daña automáticamente su más noble egoísmo de investigador y conduce a prematuras disensiones, etc. El valor que pueda poseer para la causa una mentalidad independiente,

---

el 5 de febrero: «desde hace algunas semanas me encuentro en Viena, casi siempre sufriendo y condenada a la soledad. Y ahora temo y me inquieta que usted pudiera emprender viaje de nuevo antes de haberme ofrecido la gran alegría de un reencuentro». Véase *Lebensrückblick*, capítulo «Unter Menschen».

89/   James J. Putnam, profesor de neurología en la Harvard Medical School de Boston, rechazó primero el psicoanálisis (1906), pero fue ganado para él gracias a las cinco lecciones «Über Psychoanalyse» pronunciadas por Freud en América, en 1909. Había participado en el Congreso de Weimar y fundado a continuación la American Psychoanalytic Association. En su nota necrológica Freud lo llama «el gran puntal del psicoanálisis en América». Putnam había publicado en *Imago* un ensayo titulado «Über die Bedeutung philosophischer Anschauungen und Ausbildung für die weitere Entwicklung der psychoanalytischen Bewegung» [Sobre el significado de las concepciones y la formación filosóficas para la evolución futura del movimiento psicoanalítico] y Ferenczi lo criticó en uno de los números siguientes (diciembre de 1912); Putnam replicó. La «crítica a Putnam» de Tausk está pues en este contexto.

no puede revelarse más que en el futuro y a ello se llega a través de las luchas presentes que posiblemente resultan inevitables. Está claro que Freud lo vive como una molestia y que añora profundamente la paz y tranquilidad de que gozó en sus investigaciones hasta 1905 —hasta la fundación de la «escuela»—; ¡y quién no le desearía que pudiera gozar de ella permanentemente!

Es por ello también que comprendo que hombres de la inteligencia y dedicación de Otto Rank, que viene a ser como un hijo para Freud, llegue a representar para él lo más deseable que pueda llegar a imaginarse. Cuando dice de Rank: «¿Por qué no habrá en nuestra asociación seis y no solamente una persona tan estimulante como ésta?», toca de hecho el problema central cuando manifiesta desear media docena. Y sin embargo, esto no tranquiliza a Freud más que frente a una «ambivalencia» amenazante. Durante una exposición en la que Rank intervenía acerca de los regicidas, Freud me escribió en su papel la siguiente observación: «R. resuelve el aspecto negativo de su amor filial a través de este interés por la psicología del regicida; ello es lo que lo hace tan fiel».

DISCUSIONES SOBRE EL ONANISMO[90]
Mujer y hombre

Aparte de la introducción de Freud, las argumentaciones de Ferenczi y de Reitler son las que más me han gustado; la exposición de Tausk que contiene, no es en absoluto «él», sino su sombra.

Junto a la particular tentación a excederse, el peligro del onanismo radica naturalmente en el esfuerzo a que se somete a la fantasía que se ve obligada a sustituir a la pareja. En muchos casos he podido constatar que ello se produce con máxima intensidad en mujeres con fijación clitoridal masculina por ser las que más se alejan de la realidad, muy frecuentemente histéricas graves. Pero aún en el caso de que se trate de una fantasía de naturaleza femenina, considero más perjudicial el onanismo de la mujer; pues ella, como receptora, tiene mayor necesidad de

---

90/   Discusiones de la Asociación Psicoanalítica Vienesa sobre este tema (1912). Freud había escrito la introducción y el epílogo al libro. En el epílogo resume: «Se estaba de acuerdo en la concepción de las fantasías acompañantes, en la constatación del sentimiento de culpa resultante en la asunción de su carácter perjudicial (pero se produjo "la imposibilidad de ofrecer una condición cualitativa de ese carácter perjudicial")».

contacto —no sólo local— que el hombre, para ella se trata mucho más de una recepción (que de una entrega) y ello es lo que intenta alcanzar al imaginarse un compañero.

Esto está relacionado con el hecho de que para ella, el acto sexual constituye una unidad indivisible de su ser corporal y espiritual. Por ello, lo vive más allá de sí misma, tanto en sus consecuencias como en aquello que lo constituye, cosa que los hombres casi nunca llegan a saber. Quizá sea sólo ella quien sepa plenamente lo que significa el «contacto»: tanto el reposar juntos como el simple hecho de dormir en un mismo lecho. Existe también una gran diferencia entre aquellos amantes que sólo saben excitarse mutuamente y aquellos otros que alcanzan juntos la paz. La sexualidad vista como amenaza de la vida autónoma del yo o de las obligaciones sociales de cada día no vale más que en el primer caso, ya parcial de por sí; en el segundo, la noche de amor sirve al día y a la labor que será realizada con fuerza duplicada. Un hombre que no experimenta tal sosiego ni ve aumentadas así sus fuerzas, no podrá sino despreciar o idealizar a la mujer, según predomine su pulsión yoica o sexual; por ello, su espiritualidad será cada día más tenue y desprovista de vida, más abstracta, y su sexualidad pobre y cruda. Esta es la causa por la cual, en el fondo, sólo el hombre puede ser **asceta** o **depravado**; la mujer (cuyo espíritu es sexo y cuyo sexo es espíritu) no podrá serlo más que en la medida en que pierda su femineidad.

CURSO (XIII)
Bisexualidad. Neurosis y sexualidad. Interpretación de los sueños
(sábado, 15 de febrero de 1913)

Algo cansada después de la matinal de Eysoldt (ensayo general de *La caja de Pandora* de Wedekind) con Beer-Hofmann, Schnitzler, Wassermann y otros, y la visita por la tarde de Swoboda que quería exponerme su interpretación de los sueños en relación con la de Freud. Poco he podido anotar de la lección de hoy.

Una de las observaciones de Freud hacía referencia a Swoboda-Fliess: lo masculino-femenino de Fliess está pensado de tal manera que el sexo opuesto se oculta siempre en el inconsciente; pero de hecho, los límites resultan muy confusos y el sexo opuesto muy bien podría hallarse también en el interior del campo de consciencia.

Ha hablado de modo muy simpático sobre el enriquecimiento que pudiera radicar en el bisexualismo, diciendo que en cierto grado no era imprescindible que ello viniera a trastornar las condiciones normales de desarrollo: tan sólo allí donde tales condiciones se hayan vuelto anormales, la neurosis se amparará en la situación y progresará a su costa.

Además: en las neurosis encontramos la **sexualidad** como causa fundamental, y la formación sustitutoria es de carácter sexual pero, por lo general, se subestima el grado en que un trastorno así puede afectar a otros campos, por ejemplo, el del yo, etc. Parece tratarse de unas afirmaciones idénticas a las de Tausk, sólo que aquí se acentúa más lo suplementario; pero ambos campos dependen del punto de partida de la neurosis, en lo narcisista, sin «antes» ni «después», totalmente unidos. Freud añadió al final: dado que la sexualidad se halla presente de modo indiferenciado en el sueño y en general, en el inconsciente, sin haber alcanzado una cierta especialización, muy bien pudiera ocurrir que cuestiones no sexuales aparecieran de forma altamente sexual, mientras que otras sexuales permanecieran desconocidas como tales. Esto contiene una cierta novedad respecto a la *Traumdeutung* [Interpretación de los sueños] (incluso en su última edición). Y una importante novedad en lo relativo al análisis práctico de los sueños según mi entender, ¿ya no puede concluirse el adecuado contenido latente a partir del símbolo?

CINE

El **coloquio vespertino** (19 de febrero) nos trajo la conferencia del doctor Weiss[91] sobre la rima y el refrán, que fue alabado por Freud un poco *à contre cœur*, y sin que añadiera demasiadas cosas.

El **sábado** (22 de febrero) se suspendió la penúltima lección del curso a causa de una proyección de diapositivas sobre las últimas excavaciones romanas, y Tausk, los niños y yo nos entregamos a una distracción similar en el Urania. ¿Cómo es posible que el **cine** no suponga lo más mínimo para nosotros?; no es ésta la primera vez que me lo pregunto. A

91/   «Von Reim und Refrain» [Sobre la rima y el refrán], una aportación a la psicogénesis de los medios de expresión poética. Karl Weiss era médico en Viena. La conferencia fue publicada en el segundo volumen de *Imago*, 1915. «El... trabajo tiene por objeto examinar las dependencias del inconsciente de dos formas artísticas especiales, la rima y el refrán...».

los muchos argumentos que podríamos sacar en favor de esta cenicienta de la concepción estética del arte, corresponde añadir también un par de consideraciones puramente psicológicas. Una hace referencia a que la técnica cinematográfica es la única que permite una tal rapidez en la sucesión de imágenes que se corresponde más o menos a nuestras propias facultades de representación, imitando en parte su carácter caprichoso. Una parte del cansancio que nos invade en las representaciones teatrales no proviene del noble afán que exige la contemplación artística, sino del esfuerzo de adaptación impuesto por la pesadez del movimiento aparente de la vida en la escena; en el cine, sin un esfuerzo semejante, se libera gran parte de nuestra atención permitiéndonos rendirnos más espontáneamente a la ilusión. La segunda consideración concierne al hecho de que, aunque se puede hablar de una simple satisfacción superficial, ésta obsequia a nuestros sentidos con una profusión de formas, imágenes e impresiones de modo totalmente particular y, tanto para el trabajador enmudecido por la estrechez de su vida cotidiana, como para el trabajador intelectual aferrado al trajín de su profesión o de su pensamiento, significa ya de por sí un rastro de vivencia artística de las cosas. Ambos argumentos, empero, obligan a una reflexión sobre lo que el futuro del cine puede llegar a significar para nuestra constitución psíquica, la pequeña zapatilla dorada de la cenicienta de las artes.

Aquí en Viena, Tausk me ha inducido a asistir a pesar del trabajo, del cansancio y de la falta de tiempo; frecuentemente no es más que por media hora; y siempre me impulsa a reír el que nos brindemos a ello.

INVERSIÓN[92]

Tausk estaba lleno de ideas interesantes sobre la sexualidad y el yo, pero cuando por la tarde empezamos a tomar notas en mi casa, elegimos mal

---

92/ Freud prefiere la expresión inversión (*umkehrung*) a la de homosexualidad en las relaciones de objeto heterosexuales normales. «La investigación psicoanalítica se opone, con toda resolución, a los intentos por diferenciar a los homosexuales de las demás personas, considerándolos como un grupo de caracteres especiales». Al estudiar también otras formas de excitación sexual distintas a la manifiestamente conocida, aprecia que «para todos los seres humanos es posible una elección objetal del mismo sexo y que lo han consumado en el inconsciente». «El psicoanálisis... ha comprobado en todos los casos investigados que los futuros invertidos (masculinos) en los prime-

el camino y pronto tuvimos que suspender el trabajo. Ahora, que ya se ha ido, empiezo a comprender por qué. Si se dice que la homosexualidad está completamente reprimida y que la heterosexualidad lo está sóolo en lo referente al objeto incestuoso, se trata pues en una misma persona, de dos objetos en principio distintos. Sólo en el primer caso revive necesariamente el conflicto en la transferencia: el hombre en el padre y la mujer en la madre; mientras que en el segundo caso y como consecuencia de la apreciación de la diferencia de sexos, las imágenes originarias de los padres se añaden como profundizándose, humanizándose, a algo nuevo con lo que el bienestar de la infancia puede fundirse con el de la madurez.

Lo que me parece más interesante, sin embargo, es lo siguiente: que con el establecimiento de las diferencias sexuales, **la pulsión yoica como tal aparece** con la maduración de la sexualidad y el poder de transgredir los límites del sexo descansa por completo en esta orientación de los mismos. Tan sólo allí donde se ha desarrollado un yo podemos hablar de «sexualidad» en sentido estricto: el heterosexual no ha de preocuparse, en consecuencia, de la contradicción que surge entre ambos, más bien se impulsan mutuamente, ofreciéndose recíprocamente sus siluetas, sus fisonomías.

En el caso opuesto, debiera existir en el invertido un temor, no sólo provocado por las prohibiciones, con respecto a su orientación pulsional, que sería posible reposara **en él**; efectivamente, la sexualidad pudiera tener un carácter perturbador de la pulsión yoica porque se remonta a una fase del yo muy acentuada pero mal orientada y carente de madurez, y en la que la sexualidad se reduce a una forma que no se corresponde satisfactoriamente con su yo original (porque está tomada de desarrollos posteriores): una sexualidad enteramente dirigida al objeto. Quizá sea por ello que encontremos en los homosexuales una mayor aspiración a una forma «platónica» del amor así como a todo tipo de desviadas exaltaciones, especialmente de orientación masoquista: quizás

---

ros años de su infancia atravesaron una fase de intensísima pero efímera fijación a la mujer (más frecuentemente la madre), tras cuya superación se identifican con la mujer, tomándose a sí mismos como objeto sexual, es decir, partiendo del narcisismo, y buscan jóvenes y personas similares a ellos a los que quieren amar como su madre los ha amado a ellos». Nota sin fecha en *Drei Abhandlungen*.

a partir de la justificada sensación de que existe una observación, es decir un desorden pulsional (a pesar de que ánimos fuertes puedan soportarlos sin peligro alguno, al igual que ocurre con otros trastornos), y que en un cierto grado de «sublimación» no venga **más que a sustituir** un trabajo no realizado previamente ni en el yo ni en el psiquismo.

Sin duda alguna, nuestra fase de naturaleza homosexual debe quedar integrada a través de un proceso plenamente natural en la forma de benevolencia general, sociabilidad, bondad, etc. El gran descubrimiento de Freud es haber captado la relación existente entre aquello de apariencia asexual que une a unos hombres con otros y lo propiamente homosexual. Me parece, sin embargo, que en él la «represión» desempeña un papel excesivo e inútil: en sí, el tránsito de una identificación **corporal** con un semejante a una identificación **espiritual** no tiene por qué conllevar superiores dificultades que las que pueda entrañar el paso de resaltar las zonas erógenas a destacar los genitales. Es ir demasiado lejos el considerar la bondad **únicamente** como una reacción, es decir, como una manifestación de la represión (si bien es cierto que puede suponerse con razón que todo exceso de bondad enmascara un sadismo reprimido) y concebir al hombre culto como mero producto de la represión del salvaje homosexual. Probablemente, el salvaje posee, en su limitado entorno, más sociabilidad que nosotros; e incluso los animales, y especialmente las abejas y las hormigas hacen que debamos avergonzarnos. Tanto en los animales como en los hombres primitivos ello corresponde a una identidad presente («narcisista»): en nosotros, también ella se constituye en plataforma sobre la que «sublimamos»; es a partir de lo infantil que no ha alcanzado su madurez sexual normal (tanto el yo como el sexo tienen pues un origen común, y es en ello, probablemente, en lo que radica la capacidad de sublimación). Las cualidades reactivas se originan más arriba, transposición de yo y sexo a partir de la confusión sadomasoquista de ambos.

VISITA A FREUD
Freud y la filosofía
(domingo, 25 de febrero de 1913)

Domingo en casa de Freud. Me relató una «fantasía» que todavía no ha escrito, y por lo cual tampoco voy a escribirla, acerca del significado de la muerte del padre[93] para el conjunto de la evolución de la civilización hasta nuestros días. Nunca había conformado algo tan lleno de riqueza espiritual, más quizá de lo que acostumbra a **permitirse**.

Posteriormente hablamos también de su actitud defensiva con respecto a la filosofía pura. De su idea de que, en el fondo, cada uno debiera combatir la necesidad intelectual de una mitad conclusa de las cosas como producto de unas raíces marcadamente antropomórficas, y en segundo lugar, porque ello puede perjudicar o confundir en la investigación individual de carácter científico-positivo. Dijo de sí mismo que prácticamente nunca había llegado a sentir una necesidad semejante. A continuación hablamos de la melancolía que la vida aporta con la experiencia, aún en el caso de poseer un carácter favorable, de la falta creciente de euforia y de su horror ante el *Lebensgedicht*[94] [Poema de la vida] que seguramente acaba de leer en las composiciones de Nietzsche. ¿Existirá acaso una relación entre ambas cosas, entre esa falta de exigencia de unidad y el descenso de la euforia? Freud aceptó que esas aspiraciones unitarias procedían, en última instancia, del narcisismo; de allí procede también según su propia suposición nuestro valor para vivir. Si éste es fuerte en su alegría, también lo será la exigencia de unidad y viceversa. De ser ello así, implica reconocer que nuestra más profunda vitalidad también forma unidad con ello y que no debemos combatirlo sin inquietar al mismo tiempo el manantial de todas

---

93/   Posiblemente esta «fantasía» era un residuo del trabajo correspondiente al cuarto de los ensayos sobre el hombre primitivo *Totem und Tabu*, «Die infantile Wiederkehr des Totemismus» [El retorno infantil del totemismo]. («Un proceso como la superación del padre primitivo por la comunidad tuvo que dejar huellas imborrables en la historia de la humanidad»).

94/   Friedrich Nietzsche había puesto música al poema *Lebensgebet* [Oración de la vida], de Lou von Salomé («Ciertamente así ama un amigo a su amigo/ como yo a ti, vida enigmática») durante la época en que mantuvieron relaciones personales (1882) (de tono «festivo» con versos quizás demasiado largos), editando después la composición. Lou A.-S. informa en *Lebensrückblick* sobre sus recuerdos de esta conversación con Freud: «De buen humor, alegre y amistoso leyó en voz alta el último de los versos: "Siglos para pensar y para vivir/ ¡Arroja todo tu contenido!/ No tienes más alegría que brindarme/ donde dejas entonces tu dolor..." (*Jahrtausende zu denken und zu leben / Wirj deinen Inhalt voll hinein! / Hast du kein Glück mehr übrig, mir zu geben, / Wohlan, noch hast du deine Pein...*) cerró el libro, golpeó con él sobre el respaldo de su sillón: "¡No!, sabe usted ¡ahí no tomaría yo parte! ¡Me bastaría un constipado irreparable para curarme en salud de tales deseos!».

y cada una de nuestras actividades. Nuestra sed de vida y de pensamiento se sacia en las mismas y profundas aguas; y por ello mismo resultan intangibles y sacras. Resulta impertinente por parte del pensador el presuponer la unidad de las cosas consigo mismo, no simplemente «suponer». ¿Pero no será una presunción mayor por su parte el vivir como hombre?

También es por la euforia humana que labora el conjunto de actividades científicas con su carácter orientador, práctico y pragmático, sólo que dando un rodeo desde el «principio de placer» a través del «principio de realidad»[95] para regresar nuevamente al placer (hablando en términos freudianos). Se trata, como máximo, de un desplazamiento, y la carencia de euforia constituiría la única razón del desinterés por la filosofía (o del arte). Si se objeta (como lo hizo Freud) que no se trata más que de una regresión a los interrogantes infantiles, puede que se esté confundiendo de nuevo lo «primitivo» con lo «primario». Que algo provinente de nuestra primera infancia no deje, de algún modo, de seguirnos no debería llevarnos a la conclusión de justificar permanentemente su presencia, y la **renuncia** al mismo tampoco debería comportar un descenso de vitalidad. Aún más: no pocas veces he podido constatar que una renuncia semejante, tras los días de entusiasmo filosófico y artístico de la juventud, no sólo no significa un puro y simple cansancio, sino que precisamente suponía una especie de **aturdimiento** al darse a actividades científicas o a prácticas absorbentes. **Una especie de represión por sí misma con ayuda de la resignación**.

Que todo aquello que afirmamos de la existencia mediante la filosofía, el arte o con ayuda de símbolos religiosos sea necesariamente falso, que deba adoptar un aspecto deformado (tanto en sentido práctico como científico) no debe hoy en día sorprendernos, como tampoco lo hace la deformación a que somete el sueño a su entorno, que de otro modo resultaría inalcanzable. Con la palabra «símbolo» ocurre algo parecido cuando se lo considera como lo más primitivo, como preestadio. Es esa forma, lógicamente inservible, de pensamiento; no una simple ausencia de pensamiento, sino una forma igualmente válida de pensar. Los elementos del pensamiento aparecen combinados de otra manera: allí donde la lógica procede de manera abstracta, el pensamiento simbólico se permite las más coloreadas plásticas; pero allí donde la lógica debe proceder más estrictamente, distinguiendo cada ele-

95/   Véase nota 119.

mento, alcanzará un mayor grado de apreciación de conjunto al tiempo que ignora tal necesidad de concretizar prudentemente. (Y de este modo, adquiere el sentido más limitado y propio de la terminología psicoanalítica según la cual símbolo es aquello que permite escuchar las resonancias de lo inexpresable, «simbolizado» desde el inconsciente).

Mis queridas visitas a Marie Ebner-Eschenbach, en las que incluso hablamos de psicoanálisis. Nunca podré olvidar a su hermano ni su reciente fallecimiento.

Sigmund Freud a Lou Andreas-Salomé
(2 de marzo de 1913)

Siento tener que contestar por escrito su amable carta, es decir, el que no estuviera conmigo el sábado (curso). Se me había sustraído mi centro de atención y hablé con inseguridad. Por suerte se trataba de la última lección.

Ha interpretado correctamente que con mi pregunta del miércoles quería decir algo distinto... Vd. nos mima, a nosotros que estamos siempre tentados a quejarnos de la gente, con una comprensión que va más allá de lo expresado, sacando siempre acertadas conclusiones, de tal modo que nos asalta la tentación de no aceptar tantos mimos por no vernos después privados de ellos. Pero sería comprensible el que uno se dejara arrastrar por el disfrute del presente olvidando las necesarias consecuencias que se harán sentir en el futuro.

CON TAUSK
Vivencias infantiles
(domingo, 2 de marzo de 1913)

El **miércoles** (26 de febrero) Federn sobre la neurosis y la inhibición laboral; teóricamente no aclaradas; Freud recibió bien la exposición pero no añadió casi nada.

Sábado, primero de marzo. No he podido asistir a la última clase[96]

96/ «Das Motiv der Kästchenwahl» [El tema de la elección del cofrecillo]. Partiendo de la elección del pretendiente entre tres muchachas del *Mercader de Venecia*, sigue Freud la huella de este tema —como elección de un hombre entre tres mujeres— a través de la poesía, el cuento y la leyenda. «Si nos las hubiéramos de ver con un sueño, pensaríamos de inmediato que los cofrecillos son mujeres, símbolos de lo esencial en la mujer, y con ello la mujer en

de Freud, a una tan bella, quizá la más bella de todo mi invierno aquí: con fiebre en cama.

Después he recibido una carta muy amable de Freud a propósito de una pequeña correspondencia en papelitos que nos pasamos durante la conferencia del miércoles.

Domingo, vinieron a visitarme los chicos de Tausk, pues yo no he salido aún. El haberlo visto junto a los niños me ha causado una particular alegría, no sólo de carácter personal. En estas tardes de domingo se abre paso entre ellos tres, entremezclándose, un conjunto de sensaciones que en condiciones normales se extienden a su vida diaria; tanto lo aparente como lo cierto parece expresarse más intensamente: una amalgama de pasado y futuro se entremezcla de algún modo en ese fugaz momento que constituye el presente.

Hablamos del peligro y de la necesidad de las **prohibiciones**. Tausk dijo: la represión primaria se ha debido siempre a la violencia ejercida sobre los niños a través de las órdenes o castigos: por ello, las represiones retrotraen a la infancia.

De no existir en el inconsciente estos viejos precursores, las nuevas represiones no llegarían a consolidarse, es decir, permanecerían accesibles a la consciencia a pesar de que acostumbran a convertirse en las represiones más satisfactoriamente conseguidas.

De sus propias vivencias infantiles: cómo se ayudaba ante los castigos de su madre diciéndose para sus adentros, en respuesta a sus injurias: «¡eso lo serás tú, tú misma!», y como, con el tiempo, ello se convirtió en una reacción automática y tranquilizadora, hasta que un día se le escapó de entre los labios como en una equivocada exteriorización, sintiéndolo entonces ante sí como algo extraño e inasible.

Y también cómo, en un acceso de cólera, que tenía que exteriorizar de

---

sí... La tercera de las hermanas es en realidad la muerte, la diosa de la muerte, cuyo lugar pasa a ocupar, por inversión del orden, la diosa del amor, la más bella». «Ha tenido lugar una inversión de deseos. La elección viene a sustituir a la necesidad, a la fatalidad». Freud muestra a continuación la utilización del tema en *El rey Lear*. «Se podría decir que se trata de... la parturienta, la compañera y la corruptora». «El viejo, sin embargo, ambiciona en vano el amor de la mujer, tal como lo recibió anteriormente de su madre, pero sólo la tercera de las mujeres del destino, la silenciosa diosa de la muerte, lo tomará en sus brazos». *Imago*, vol. II, 1915. La conferencia de Paul Federn tuvo por título: «Berufs— und Arbeitsstörungen durch Neurose» [Trastornos profesionales y laborales causados por la neurosis].

algún modo, se dirigió a la habitación donde había un retrato de juventud de su madre y atravesó su corazón con una aguja. Durante algún tiempo no se atrevió a entrar en aquella habitación, como si realmente hubiera cometido un crimen. Más tarde, su madre hizo alusión al retrato «rayado» lo que le sorprendió, hasta que hubo comprobado que, en efecto, el retrato tan sólo había sido rayado pues sólo había llegado a atravesarlo en su interior.

Adiciones (posteriores): durante su estancia (en Múnich) con objeto de asistir al Congreso, relató Freud, embelesado, lo sucedido con su hijo menor (el arquitecto); siendo aún muy pequeño, y al regresar la familia de un viaje a Italia, se puso a mirar el mar desde el coche de postas; y como, a pesar de que éste inició la marcha con él en su interior, no dejó de constatar una y otra vez: «¡yo me quedo!, ¡yo me quedo!, ¡yo me quedo!». Únicamente cuando al tomar un curva desapareció el mar de su vista, comprendió su impotencia, palideció y quedó en silencio; y entonces empezó, a repetir en voz muy baja incontables veces: «adiós mar, adiós mar, adiós mar...».

El pequeño recuerdo de infancia de Frülein E., al cual no otorgaba ella la menor importancia, contiene en realidad toda su personalidad. En uno de sus cumpleaños (al que no se daba en su numerosa familia una especial importancia) recibió muñecas de algunos de sus parientes. Sin embargo, su único impulso consistía en reunirlas todas y huir con ellas de la atención de los demás: conseguir que la dejaran tranquila y no verse arrastrada al primer plano. En una oscura estancia arrojó las muñecas tras un armario. Después, se sintió triste y presa de remordimientos, nostálgica de una felicidad palpable con la que **simplemente no sabía qué hacer**.

COLOQUIO VESPERTINO
Narcisismo
(miércoles, 5 de marzo de 1913)

Con Helen Stocker como invitada.[97] Reik[98] sobre arte. Schnitzler. Comentarios de Freud sobre el **narcisismo** durante la larga y viva discu-

97/ Reformadora social muy relacionada con Lou A.-S. desde sus años berlineses en torno a 1900; en 1957 escribió una nota necrológica a la muerte de Lou A.-S. Helene Stöcker pertenecía en 1915 al grupo local berlinés de la Asociación.
98/ El Dr. Theodor Reik, de Viena, uno de los pocos analistas que no era médico, escribió por entonces en un libro acerca de Arthur Schnizler; en *Imago*, II, 5 (1915) se

sión: hay que considerar el narcisismo como un fenómeno residual que perdurará algún tiempo; hay que evitar el convertirlo en la clave para resolver todo lo que aún queda por descubrir.

Delimitación del narcisismo con respecto al egoísmo y la introversión.[99] Encarnizado debate entre Silberer[100] y Freud porque Silberer no considera que ambos estén lo suficientemente diferenciados. (Lo que es cierto).

Freud: el narcisismo tan sólo obra de modo patológico cuando frena el desarrollo; lo mismo que ocurre con la homosexualidad que, de otro modo, resulta enriquecedora.

Freud: el artista **permanece** narcisista sin que exista inhibición del desarrollo, pues precisa de él para la creación, es decir, porque necesita de esa «fuerza todopoderosa del pensamiento» que es precisamente infantil-narcisista.

Freud: el artista que crea obras con su investigación de objetos, se transforma, por amor a ellas, en todo tipo de investigaciones de objeto, cosa que no haría nunca por un ser humano. Es su forma de amar.

Tausk: no es incapaz de amar a seres humanos, sabe amar y muchas veces lo hace con mayor intensidad que otros, dándose por completo, pero su amor evoluciona abruptamente.

Freud: es como el amor de la mujer, ocupado sin cesar por conseguir nuevos objetos, por abarcar el mundo en su interior; por ello, sedienta de reciprocidad y amargada de no conseguirla.

---

publicó un fragmento del libro: «Die 'Allmacht der Gedanken' bei Arthur Schnitzler» [El «carácter todopoderoso del pensamiento» en Arthur Schnitzler]; éste era también el título de la conferencia.

99/   «El retroceso de la libido a fantasía es un estadio intermedio del camino que conduce a la formación neurótica de síntomas, y que bien merece una especial denominación. C. G. Jung ha acuñado el nombre muy adecuado de **introversión**, pero dándole de modo inadecuado otros significados (introversión-extroversión). Deseamos mantener que la introversión designa el apartamiento de la libido de las posibilidades de satisfacción reales y la sobreinvestigación de las fantasías hasta ahora permitidas como inofensivas. Un introvertido no es todavía un neurótico, pero su estado es lábil y desarrollará síntomas neuróticos al próximo desplazamiento de fuerzas que se produzca si no encuentra otras salidas para su gestante libido». «Vorlesungen», 1917.

100/   Herbert Silberer, médico vienés, se había adherido, al igual que Jekels, Sachs y Winterstein, en 1910 al grupo local vienés. *Phantasie und Mythos* [Fantasía y mito], 1910; *Vorläufer Freudscher Gedanken* [Precursores del pensamiento freudiano], 1911; «Über die Symbolbildung» [Sobre la formación del símbolo], *Jahrbuch*, III, 1915.

Este caso me parece confundir el narcisismo con su opuesto: la inseguridad y duda acerca de sí. Pues esto únicamente es lo que depende, en su aspecto pulsional, de la reacción exterior; el error erótico del narcisismo reside, precisamente, en que su propia explosión amorosa casi le resulta suficiente; que su descarga hacia el exterior le supone un contacto suficiente con el mundo; y que su gratitud para con su pareja no se debe tanto al amor recíproco que recibe, sino al hecho de que posee suficiente poder como para mostrarle tal explosión amorosa.

Ésta es, sin embargo, la más cálida gratitud, una gratitud que durará más allá del amor. Y en ella coinciden, a la vez, en seres narcisistas el modo más absolutamente egoísta y la manera más «desprendida» de amar (aquella «que no tiene en cuenta al otro») como una y la misma. Todo auténtico amor objetal está **también** unido de forma egoísta al objeto como compensación de su no egoísmo y se rige por la conducta de la pareja.

Las discusiones que afectan al concepto de narcisismo me han obligado a reflexionar ampliamente. Con seguridad que es utilizado en dos sentidos distintos, y ello pudiera conducir, sobre todo en los adversarios, a malentendidos enormemente molestos. Por una parte es considerado, como lo hace Havelock Ellis,[101] como un estadio preciso del desarrollo, pero ya aquí, de dos maneras: primero, como transición entre lo autoerótico y lo homosexual en la primera infancia; pero también como el enamoramiento —que gusta hacer coincidir aproximadamente con la pubertad— dirigido hacia sí mismo, de quien ya ha conocido un objeto pero que descubre en él el más precioso de todos. En este segundo caso, al producirse la total satisfacción de sí, pueden advertirse rasgos próximos a caracteres neuróticos: la confusión entre pulsión yoica y sexualidad; sin embargo, no es necesario que llegue a alcanzarse una fijación semejante. Y del mismo modo, una fase puberal como ésta, este «segundo nacimiento» puede mostrar trazos que, como en la neurosis,

---

101/   «El término narcisismo proviene de la descripción clínica». Havelock Ellis, neurólogo inglés, lo había escogido en 1899 «para designar aquella conducta por la cual un individuo trata a su propio cuerpo de modo análogo a como un objeto sexual, contemplándolo con agrado sexual, acariciándolo, tocándolo, hasta alcanzar con este proceder la completa satisfacción». *Einführung des Narzissmus*. Las ideas que sobre el narcisismo contiene este pasaje del diario son nuevamente reconocibles en el ensayo «Narzissmus als Doppelrichtung», publicado por Lou A.-S. en *Imago* en 1921.

nos recuerdan la capacidad creativa en donde yo y sexo parecen volverse a unir en una vida aparentemente nueva.

Consideremos ahora el narcisismo en sentido creativo, no como un estadio evolutivo, sino como un compañero perdurable de toda vivencia profunda, por una parte, como algo siempre presente, y por otra como algo situado mucho más allá de nuestras posibilidades de acceder, desde nuestra consciencia, a estadios propiamente inconscientes: en el narcisismo, el inconsciente se da tan sólo en bloque, como «originario», no como una simple base sino como aquello en que todo queda comprendido. Freud tiene toda la razón cuando habla —como acaba de hacerlo— de un concepto límite, del depósito de restos no descifrados, no de la clave para su solución: pero precisamente al definirlo así llega hasta cierto punto a identificarlo con el «inconsciente» mismo (no con el «inconsciente» como sistema de represión), situado más allá del postrer límite humano aún claramente reconocible como tal.

Está fuera de dudas que sobre este particular se encenderán disputas que tan sólo podrán ser apaciguadas por medio de la filosofía. Es precisamente aquí donde el concepto adleriano de órganos asienta su origen psicológico y se extiende hasta alcanzar otros dominios científicos que requieren otros métodos. En lugar de aferrarse a la actual definición de Freud sobre el narcisismo, adopta el principio de que hay que aferrarse al derecho de la psicología a poseer sus propios medios y métodos *quand meme*, es decir, allí donde lo psíquicamente articulado desaparece debe existir el derecho a imponer **su propia oscuridad**, su más característica, en lugar de huir hacia una claridad que le es extraña y que pertenece a otra existencia llamada «física».

Ello significa: adoptar seriamente el principio según el cual lo psíquico y lo físico se **exponen** mutuamente ante nosotros («representan», Tausk), pero que recíprocamente ni se **condicionan** ni se **explican** y por ello, precisamente, no pueden tampoco **ocupar el uno el lugar del otro**. (Por ello no puede obtenerse ningún provecho psicológico del sentimiento de «órgano» de Adler y su reducción no lo es en realidad, es decir, no descansa en una mayor profundidad ni llega a representar nada). Sin embargo, es muy importante ese **derecho a la propia oscuridad**: pues tan sólo podrá llegarse a clarificarla, aunque sólo sea fragmentariamente, si se mantiene fija en ella la mirada y no se la desvía hacia la claridad que le es extraña; eso es lo que ha hecho Freud en parte, y es por ello que debe insistirse en explorar en esa dirección y en que toda la disputa filosófica no se produzca más que para prestarle espacio y derecho de existencia. Toda filosofía en torno a la cuestión freudiana no debe ser sino una ayuda más a la actividad práctica: es allí donde se ha hecho necesaria e indispensable.

Finalmente aparece una tercera y bella acepción de narcisismo: junto al Narciso que contempla amorosamente su reflejo (**triste** —como lo quiere la leyenda— únicamente cuando lo exige su neurosis), y junto a aquel otro narcisismo, para quien esta palabra no resulta tan adecuada porque ya no se contempla en su reflejo sino que **es** contemplado, se **engendra en sí mismo** —y lleno de significación psicoanalítica de hecho «a partir del agua» (aunque no sea más que una simple imagen)— tenemos el Narciso que marcha a la búsqueda de sí mismo, aquel que sabe de sí mismo.

CURSO DE TAUSK
Neurosis obsesiva. El significado de las lagunas

Las últimas sesiones del curso han sido menos frecuentadas causa del comienzo de las vacaciones. Al final de la primera conferencia dedicada a la «angustia» y como transición al tema de la **neurosis obsesiva**: al igual que la «fobia»[102] (la angustia) es un muro de contención frente a la «agresión», como el «ritual lo es también frente a la «fobia». Explicó como tras el ritual del neurótico obsesivo se oculta la angustia, complementando así la concepción de Freud sobre las neurosis obsesivas (véase, *Zwangshandlungen und Religionsübungen* [Actos obsesivos y ejercicios religiosos]): «...Ya que hasta el momento no ha sido posible

---

102/ «Fobia» es el temor neurótico ligado a una situación, objeto u actividad específica (agorafobia, temor a determinadas enfermedades, etc.) en tanto en cuanto es posible distinguirlo de la angustia (propiamente dicha) ante lo desconocido, síntoma de la neurosis de angustia y no de la neurosis obsesiva. Esta distinción debe hacerse porque los estadios de angustia del neurótico obsesivo también están ligados a determinadas condiciones. Como «agresión» debemos entender la manifestación de una animadversión impulsiva u hostilidad, y como «ceremonial» la ejecución minuciosa y obsesiva de ciertos rituales. El trabajo «Zwangshandlungen nud Religionsübungen» [Actividad obsesiva y ritual religioso] apareció en 1907.

demostrar el probable criterio sobre el que descansa en profundidad la neurosis obsesiva a pesar de que su presencia parece ser intuida en todas y cada una de sus manifestaciones». Sin duda, debe tratarse de la **angustia**, y Freud lo afirma ya al añadir: al igual que en la religión, también aquí se trata de medidas de defensa y de protección.

Al concebir Freud la neurosis obsesiva como «opuesto patológico a la formación de la religión», como «religiosidad individual», profundiza en algo común a todas las religiones. La magia y los conjuros son un intento de disminuir la angustia ocasionada por algo que amenaza la propia existencia, y se basan en la imitación o la simulación de una especie de justicia natural que se conjuga con la voluntad humana. Nuestra explicación y dominio del mundo resulta cada vez más mecánico, y es por ello precisamente que nos atrae, cada vez más, en los actos o las cosas su sorprendente aspecto exterior y su genialidad interior; pero para el hombre primitivo, envuelto en un caos de sensaciones resultaba imprescindible que toda salvación y representación de la divinidad adoptaran el carácter de estereotipos para poderse sentir a través de ellos en estrecha relación con los acontecimientos. El arte y la religión de la Antigüedad nos hablan con claridad de los rituales como refugios y formas de unión y conciliación. Pecado era precisamente romper **este** estado de cosas, y no cualquier acción que pudiera cometerse, terreno donde nosotros buscamos, hoy en día, lo pecaminoso (hasta cierto punto); de este modo podría constituir pecado el más pequeño error productor de una distracción; como, por ejemplo, un olvido, un pestillo no echado, pueden entrañar hoy en día catástrofes elementales de transcurso **físico** en un engranaje técnico: el pecado era, entonces, todavía algo relacionado con las **realidades** y no separado artificialmente de sus consecuencias.

Tausk tuvo sus mejores momentos al afrontar en las conferencias sus fallos memorísticos: (Al no poder recordar el nombre de las montañas españolas: «en las..., bueno en esas malas montañas que ustedes conocen...» y al no poder enumerar los cinco sentidos: «...que todos ustedes conocen a la perfección»). Ocurre a la inversa cuando alguien está dotado de una excelente memoria, puesto que debe adornar sus conocimientos de tal modo que puedan ser olvidados como **conocimientos**, debe también camuflar la **riqueza** de sus conocimientos precisamente allí donde el otro hace resaltar impertinentemente sus **lagunas**. De otro modo, resultaría muy fácil argüir que la impresión personal descansa tan sólo en la memoria: se consigue más cuando se da la impresión de duda que si se dan muestras de estar asentado sobre tierra firme.

También en otros terrenos pueden constatarse efectos análogos: **todas** las lagunas poseen el poder de aumentar el impacto personal (ya que somos indefinibles en nuestro más íntimo ser, al no ser dibujables sus contornos), y **todas** las positivas riquezas personales **pueden** ponerlo en peligro desde el momento en que por su causa surja la sospecha de que pretenden sustituir, aumentar o simplemente precisar lo indefinible. (Esto es perfectamente aplicable a Tausk, pues en él nacen como resultado de un entusiasmo interior).

E igualmente significativo resulta que nuestros sentidos no sólo limitan el mundo, sino que lo construyen con la ayuda de grandes lagunas (del mismo modo a como los niños juegan con sus construcciones), mientras que incluso otras criaturas que nos rodean (por ejemplo, algunos tipos de hormigas que pueden «ver» lo ultravioleta) pueden obviar o alejar estas lagunas, estamos condicionados por la ilusión que supone el considerar las lagunas como positivas piezas de construcción poseedoras de validez objetiva; en tal caso, lo principal es la infinidad que **crea por sí misma un mundo exterior**. Como en un cuadro impresionista envuelto de aire por doquier. (La impresión de la esencia de un ser humano radica allí donde percibimos la humildad y la grandeza como un todo).

COLOQUIO VESPERTINO
Psicoanálisis y teoría de la evolución
(miércoles, 12 y viernes, 14 de marzo de 1913)

Después de que Tausk hubiera finalizado por la tarde su exposición sobre el «Problema del padre»,[103] nos dirigimos rápidamente a la asociación; me adelanté sola ya que Freud me esperaba en la calle y subimos juntos. Luego, su inquietud (al aproximarse a sus concepciones) y su pregunta por escrito durante la conferencia —me hizo llegar un papeli-

---

103/ «Der Vaterkomplex» [El complejo del padre]. La conferencia no ha sido publicada.

to—: «¿Lo sabe ya?». Le contesté: «Naturalmente que no», con respecto a las confidencias que Freud me había hecho. Rechazó lo expuesto porque faltaba la aplicación psicoanalítica sobre la neurosis (que había sido cuidadosamente evitada) y porque la referencia al matriarcado según Bachofen había vuelto unilateral la concepción.

El viernes, invitada a casa de Freud. Freud habló ya antes de la cena, y largamente después, con muy buena disposición sobre todo lo referente al problema Tausk. Al final habló muy bien y con ternura. Me retuvo mucho rato hasta el punto de que sobre la una me leyó y comentó el trabajo que acababa de terminar para *Scientia*.[104] Se trata de un resumen de las posibles aplicaciones del psicoanálisis en los terrenos científicos y prácticos. Me acompañó sobre las dos y media a casa.

Algunas veces tengo la impresión de que, si en el psicoanálisis no debe ya figurar de modo preponderante el interés filosófico-teorético, también debería excluirse con mayor decisión la influencia de la teoría evolucionista, por ejemplo, en su dogmatismo haekeliano, como ocurre en el enfoque genético. Pero como se trata de una terapia y de complejos que han derivado en enfermedad, el hecho de hacer consciente aparece como lo más «elevado» frente a lo más «primitivo», lo «atávico» y esta consideración, de orden meramente práctico, se fija con carácter irreparablemente filosófico en una sobreacentuación de la conciencia, como si todo infantilismo fuera patológico por falta de madurez. En lugar de esto, el psicoanálisis debería liberarse de la teoría evolucionista (o lo que se presenta como tal) reflexionando profundamente acerca de sí mismo. Pues lo que puede apreciarse como «ontogénico»[105] en

104/   «Das Interesse an der Psychoanalyse» [El interés por el psicoanálisis]. El trabajo apareció en la revista políglota *Scientia*, Bolonia, 1915, en alemán y francés. (I. Interés psicológico. II. Interés del psicoanálisis para las ciencias no psicológicas: interés lingüístico, filosófico, biológico, evolutivo-histórico, histórico-cultural, artístico, sociológico y pedagógico).

105/   «La ontogénesis (evolución del individuo) puede ser entendida como una repetición de la filogénesis (evolución de la especie); "ley básica de la filogenia" de Häckel, mientras ésta no sea modificada por una vivencia reciente más próxima, individual. La dotación filogenética se manifiesta tras el proceso ontogénico. En el fondo, la disposición constituye la derrota de una vivencia más primitiva del tipo, según el cual la nueva violencia del individuo es suma de los momentos accidentales». Prólogo de 1914 a la tercera edición de *Drei Abhandlungen*. Las palabras de Jung según las cuales los enfermos mentales padecen de las reminiscencias de la humanidad, pudieran ser

el psicoanálisis, va de hecho más allá de aquello que construimos, con mayor o menor apariencia de veracidad, como «filogenético», y su importancia va mucho más lejos que la mera circunstancia de que se haya «producido» de tal o cual manera: el ser mismo es tomado así por su raíz y ésta somos aún «nosotros». La línea de la consciencia que adopta un sesgo abrupto, pierde significado por el círculo cerrado del inconsciente que la rodea y para quien no existe en el presente, ni arriba ni abajo. No sólo aquello que llamamos «infantil» a partir de la idea de fijación y regresión, y a lo que damos una connotación patológica, queda comprendido definitivamente en su interior, sino también aquello que, sin recurrir a un extranjerismo, denominamos «propio de la niñez»[106] en el sentido del primitivo y continuo comienzo, o dicho de otro modo, de lo creativo, y sin el cual ningún instante de la existencia es poseedor de vida. Y cuando las neurosis nos llevan en el curso de su curación a sobrevalorar el papel que corresponde al hecho de volver conscientes las cosas, deberían ser ellas mismas quienes nos condujeran a poner el acento sobre el **significado no meramente genético del inconsciente**. Pues sus fijaciones no son en el fondo graves porque regresan, sino porque no llegan lo suficientemente lejos, porque se aferran a algún punto del camino antes de haber alcanzado el origen de nuevas posibilidades creativas: toman **cualquier estación de final de trayecto por el fin**, y así, detalles del pasado son ahogados en las efervescentes fuerzas de las que hubiera podido nacer algo nuevo. Pero los neuróticos lo intuyen y sienten de algún modo, y —por muy tergiversado y mal comprendido que esto sea— nos aportan alguna información de aquello a lo que tan sólo accedemos en nuestros sueños, y por ello mismo se nos aparecen como más locos y al mismo tiempo más sabios que quienes poseen la univocidad del sano. Y esto sucede de un modo especialmente revulsivo con los psicóticos y enfermos psíquicos más graves, de los que Jung ha sabido decir tan bellamente que padecen las reminiscencias de la humanidad: están fijados, más allá de las vivencias individuales, a **verdades que un día poseyeron un carácter creador** sin poder retornar por este camino milenario hasta las mismas fuentes de la capacidad creativa,

---

una reminiscencia de Lou A.-S. de la conferencia de Jung «Der Inhalt der Psychose» [El contenido de la psicosis] de 1908.

106/   (N. del T.). La autora opone «infantil» a *kindlich* en el original.

naturales en el sano, es decir, las de la persona capaz de obrar conforme a la economía del camino más corto.

(Al margen:) El ser humano más creativo crearía continuamente a partir de lo más primitivo.

AISLAMIENTO Y REUNIFICACIÓN

En la interpretación que Freud da al sentimiento de culpa[107] se anticipa ya la componente de angustia de que habla Tausk. Pero lo esencial es que (dejando aparte toda disquisición genética o histórica) tanto el **conflicto** paterno como la veneración del padre vienen dados, desde siempre y para toda la humanidad, por el hecho de que **nosotros mismos** somos sus portadores a la par que resulta algo exterior. **Esto** es lo que hace surgir en el padre la figura de Dios; o expresado a la inversa, lo que hace que la necesidad de Dios se realice en la posesión del padre. En la auténtica existencia humana, esta totalidad globalizadora en que se confunden uno y mundo exterior (ser protegido y emancipación, dependencia y soberanía) se disgregan con naturalidad en actitudes ambivalentes; deberían constituir el punto de partida de todo esfuerzo humano.

Sí, quizá que toquemos en este punto lo más profundo del ser humano: el hombre desea aislarse conscientemente, oponerse: el punto de partida entre esta marcha y el eterno cordón umbilical radica precisamente aquí. El animal no llega nunca a alcanzar este grado de independencia ni esta increíble necesidad de reunificación.

UN LUGAR COMÚN. HOMBRE Y MUJER

Por la tarde, con motivo de una conversación sobre «mentes creadoras», hizo Tausk una observación que me ha resultado muy esclarecedora. Entre otras cosas, el que el conocimiento de lo físico, al revés de lo que ocurre con lo psíquico, posea un límite en sí mismo, es decir, que no se puede llevar más allá ese mismo conocimiento, sino que cada vez deben

---

107/   «El sentimiento de culpa fue en un principio temor al castigo de los padres, o más exactamente, a la pérdida de su amor...». *Einführung des Narzissmus*. «Está fuera de toda duda que puede verse en el complejo de Edipo una de las fuentes principales de los sentimientos de culpa de que tanto padecen los neuróticos». «Vorlesungen».

ser descubiertos nuevos hechos, o dicho de otra manera, invertir en múltiples descubrimientos. En cambio, en el terreno psíquico, a partir de un punto pueden establecerse siempre nuevas conexiones: cualquier descubrimiento aislado se halla de por sí en el centro de un todo.

Una visión similar se desprendió de algo muy distinto durante nuestra conversación de la tarde siguiente. Estaba bien lo dicho por Tausk: el lugar común no es el resultado de una pobreza de espíritu, sino más bien de falta de vida, es simplemente aquello que posee el poder para avanzar por sí mismo, y que con indiferencia de la inteligencia se va deteriorando hasta volverse banal. Esta es la razón por la que cualquier concepción negativa de la vida, por muy fundamentada y plena de espíritu que resulte, está condenada al fracaso. Inversamente, toda afirmación vital posee a nuestros ojos mayor profundidad, la profundidad de lo incontrolable que se manifiesta por sus incontables interrelaciones (así ocurre cuando dice Nietzsche que «todo placer aspira a la eternidad, requiere profundidad, una eternidad profunda» y poco importa la manera como nuestra concepción objetivo-psicológica analice el concepto de placer). Lo esencial continúa siendo (sobre ello nos pusimos de acuerdo tras una breve discusión) que se aparta de la reflexión, de la integridad de la vida, tal y como nos la representamos, pura y simplemente como viviente en nosotros mismos; mientras que la negación de la vida que tiende a una carencia de vitalidad viene a presentar un **síntoma** del mal de nuestro tiempo. El ejemplo del propio Tausk cuando estudiaba el bachillerato: como llegó a la crítica de Dios, objetiva y justificada en apariencia, pero secretamente condicionada en realidad por desplazamiento del padre, que se mantiene intangible como la vida. Así la crítica que hacemos de la vida, aunque vaya investida de carácter científico, no es más que el producto de la enfermedad en cuyo seno vivimos, actuamos y somos; enfermedad con la que nos identificamos y a la cual podemos hacer frente por caminos tanto mentales como prácticos con mirada escrutadora; y es en momentos de plena intuición en los que —conociendo, viviendo, construyendo— podemos afirmarlo repetidamente ya que no estamos imbuidos de prejuicios, ni drogados por nuestras propias deficiencias de cada instante.

Si seguimos la vía de una concepción **no** intuitiva de la vida, de una concepción accesible a nuestro **conocimiento**, puede llegarse también a la representación de una progresiva degradación de la vida por causa de la cultura; cultura producto de la falta de vida, cultura producto de los débiles.

En tal caso se trataría de los hombres. Ellos serían el sexo débil, considerados desde la perspectiva no cultural y narcisista de la mujer, que quizá no alcance las más elevadas intuiciones del espíritu pero que en contrapartida, y por esa misma razón, basa su esencia en una intuición de orden vital y espiritual a la vez.

La mujer como mascota. En realidad regresa de algún modo a lo narcisista,[108] al igual que el neurótico, y no permanece de modo indi-

108/ Según Freud, durante la pubertad «que aporta al niño el gran impulso de la libido» (la sexualidad del hombre es más lógica, más accesible para nuestro entendimiento), tiene lugar «una especie de retroceso... debido a una nueva oleada de represión, que afecta particularmente a la sexualidad del clítoris (hasta entonces determinante). Lo que se reprime en este momento es un elemento de la vida sexual masculina». *Drei Abhandlungen*. A ello se refiere la nota de Lou Andreas-Salomé en su ensayo «Zum Typus Weib» (*Imago*, febrero de 1914): «De este modo, lo femenino se repliega sobre sí mismo, se retrasa, al margen del desarrollo final; y ello se produce precisamente a través de su propia madurez. De hecho, todas las virtudes específicamente femeninas proceden de ahí, por su mismo sexo, como ocurre con la abnegación: allí donde la autoconsciencia femenina rivaliza con la masculina en resultados puramente humanos, es de esas virtudes de las que esta autoconsciencia quiere liberarse a través de un proceso de emancipación.

»A decir verdad, me resulta menos fácil hablar de virtudes y de resultados que de aquello en lo que me siento más competente: de la felicidad. En efecto, en lo que respecta a la felicidad, el estado de cosas anteriormente mencionado puede enfocarse desde otro punto de vista. La ínfima diferenciación que se manifiesta en esta regresión traza alrededor de la vida pulsional que aspira cada vez más a la separación, una especie de círculo limitador que la mantiene en una conexión más de acuerdo con el punto de partida común: pero esta circunstancia no representa un simple "paso hacia atrás", sino una reinstauración del pasado a un nivel superior —como un medio psíquico de permanecer en sí mismo, como una especie de crecimiento vital—. En efecto, precisamente en el interior de la propia pulsión sexual... se produce una nueva diferenciación de la agresividad de la pulsión del yo y resulta, de este modo, una alteración del desarrollo. Lo "femenino" (siempre entendido desde un principio y fuera de todos los grados y sutilezas de la unión personal entre "masculino" y "femenino"), precisamente gracias a su inversión de lo sexual sobre sí mismo, puede permitirse este rendimiento paradójico de separar la sexualidad y la pulsión del yo al reunirlos. Se escinde, pues, allí donde lo masculino se mantiene unívocamente agresivo, pero por el contrario se conserva unido allí donde la agresividad no inhibida de este último se separa en direcciones opuestas según esté más próxima al yo».

ferenciado como el animal; una regresión sin neurosis. En el fondo, el deseo de convertirse en la esposa de un neurótico no sería sino un deseo de curación. Y siempre, una aspiración a la felicidad. Pues allí tan sólo la sexualidad no supone una renuncia a los límites del yo, no constituye un dilema; por el contrario, se mantiene como patria de la personalidad en la que puede incluir todas las sublimaciones del espíritu sin abandonarse a sí misma. «Da como lo hace una mujer que ama. El fruto de la entrega permanece en su regazo».

PLACER PRELIMINAR Y PLACER FINAL

Ayer hablé nuevamente con Tausk acerca de por qué me parece una impureza metodológica el que el placer preliminar aparezca en la descripción psicológica, mientras que el placer final,[109] tan sólo se describe de manera puramente fisiológica, sin que se recoja en su propio campo el punto culminante del transcurso psíquico. Precisamente por su gran descarga emocional, el acto final disuelve lo espiritual casi hasta la pérdida de la conciencia, o bien la relega a segundo plano; a la inversa, la ternura espiritual no requeriría, cuanto mayor fuera su volumen, de un apoyo físico: y la mayor de las ternuras será a su vez la menos exigente, **en tanto en cuanto** sería la que demandara una menor expresión corporal para alcanzar la plenitud de su ánimo.

Como señaló adecuadamente Tausk, la ternura es un concepto a la vez que un terreno fronterizo de la consciencia, y por ello mismo es capaz de concebir y trazar conscientemente sobre ella una línea divisoria. En el acto mismo se nos escapa, bien sea «descendiendo» hacia lo orgánico o elevándose por encima de nosotros; es decir, no alcanza o bien borra la consciencia. Así, no se llega a una descripción de los estadios inferiores y superiores, o de otro modo, no queda sino concebir la ternura como simple representación orgánica o bien recurrir a la metafísica.

Aquí tropezamos una vez más con el hecho de que la representación física entra de nuevo en escena, allí donde no podemos acompañarla

109/   Términos utilizados por Freud por primera vez en *Drei Abhandlungen:* «El placer preliminar es entonces igual (como placer por excitación de zonas erógenas) al que podía corresponder al impulso sexual infantil, si bien en un grado menor, mientras que el placer terminal (o "placer de realización") es nuevo, es decir, posiblemente ligado a condiciones que se han instaurado con la pubertad».

por estar nuestra inspiración limitada por la conciencia; y también sucede que en consecuencia y como su símbolo más elevado, contenga más que aquello que nos es accesible en nuestro entorno, al igual que ocurre con los misterios «supraespirituales» de nuestro amor. Pero una vez considerado como figuración física, uno puede nuevamente representárselo como base, como el más grosero cimiento de todo aquello que no ha alcanzado aún la cualidad de espiritual: como la causa misma de nuestra ignorancia.

De nuevo veo claramente **para qué** sirven las expresiones metafísicas y por qué debemos continuar utilizándolas al tiempo que las **describimos**, independientemente de su significado inicial; de no proceder así echaríamos a faltar letras en nuestro alfabeto espiritual. (Más que una simple letra, y si fuera una X no habría manera de hacerse con ella).

BARROCO[110]

Tausk me contó hace poco algo curioso: cómo después de períodos de intensa productividad **intelectual**, y habiendo salido de ellos por perturbaciones exteriores e interiores, experimentaba espontáneamente una **hipersensibilidad** a las formas y a las líneas; me relató que podía observar entonces los movimientos de un caballo en la calle o sentir todo el universo de presentidas relaciones contenidas en el ornamento en forma de S de la pata de una mesa y como si vivenciara entonces aquello que lo había conducido a esas manifestaciones formales y descansara en ellas con infinita abundancia.

Ello es ciertamente típico de algunas cualidades para las cuales el pensamiento lógico, por muy lógico que sea, no es más que un medio, un camino a través del cual alcanzar conocimientos sintéticos y vivos.

110/   Como nota a esta observación, Lou Andreas-Salomé apunta lo siguiente de *Formprobleme der Gotik* [Problemas formales del gótico] de Wilhelm Worringer: «Sentimos como barroca toda manifestación de estilo que muestre una vida orgánica sometida a una presión excesiva, y esta hiperpresión se presenta siempre que... las posibilidades orgánicas de expresión deban dominar una vida que se encuentra, en principio, más allá de sus fuerzas y no puede ser dominada más que por fuerzas supraorgánicas». También Rilke, aconsejado por Lou Andreas-Salomé, estudió los libros de Worringer; véase la correspondencia de Rilke con Lou Andreas-Salomé, con fecha del 22 de julio de 1915.

Si surge algún obstáculo, y no puede seguir su vía habitual, explota de algún modo al contacto con las formas reales de los objetos, de tal modo que en un momento se desata el cúmulo de sus relaciones internas y «las piedras llegan a hablar».

Esta cualidad podría ser del mismo tipo que aquella que, a la inversa, conduce a una meditada arquitectura, al desarrollo y a la construcción intelectual de aquello que emocional o activamente permanecerá inarticulado. Pero en el seno de esta arquitectura, pronto peligrará la unidad del estilo al irrumpir en ella la protesta de una vida que pretenderá intervenir innecesariamente. La línea lógica y clásica desembocará muchas veces en lo barroco, pues lo barroco no es más que el punto en que lo clásico pierde su pureza por la intrusión de motivos vivientes, de la inagotable riqueza de las posibilidades vitales que destruyen y construyen **a un tiempo**. Con el Barroco se ha construido un estilo artístico aparte; pero con seguridad que una cualidad que opera **intelectualmente** no podrá expresarse de modo más altamente producto en el arte puro, sino que, por el contrario, precisará de aquello que une el arte al pensamiento y el pensamiento a la vida. Si se contempla el Barroco desde el punto de vista de la historia del arte veremos que se hace a la vez más fastuoso y más odioso por la creciente falta de autenticidad del material, a cuya pureza el Renacimiento había rendido culto, pero no podemos olvidar que el Barroco ha puesto tales materiales al servicio de grandes sueños arquitectónicos que no hubieran podido ser jamás realizados de haberse mantenido la fidelidad a materiales más preciosos y auténticos. (Ocurre algo análogo con la explosión a que la lógica se ve sometida por planes ideales que desde su interior saltan sobrepasándola). Lo característico es que el arte se vuelve barroco con la aparición de las cortes; de hecho, con los «príncipes educadores» (siglo XVII), con el tipo de centralización y de edificación colectiva de la cultura: el hombre con condición barroca desea actuar y festejar a alguien o celebrar algo; no es un objeto solitario. La caída de esos tiempos reside en la invasión de lo colectivo y de la corte por la **mujer** que se convierte en el eje (Francia). Con este afeminamiento todo será admitido, hasta el discurso más valiente y la posibilidad más audaz hasta el punto de que casi vemos surgir no sólo los más impertinentes pensamientos sino también la severa y brutal realidad de la revolución.

PERVERSIONES

1. En las *Drei Abhandlungen zur Sexualtheorie* [Tres ensayos sobre teoría sexual] ha pronunciado Freud palabras dignas de un médico,[111] bellas y auténticas a la vez: «Quizá sea precisamente en las perversiones más repugnantes... en donde tiene lugar una porción de la labor psíquica a la que no se puede negar, a pesar de su horrible resultado, el valor de una idealización de la pulsión». Obliga a la reflexión el que existan perversiones[112] que por muy horrible que sea su apariencia, permanezcan tan próximas al derrotero que conduce a la sublimación de la libido: pues la «desplazabilidad» de la pulsión, que hace posible la sublimación, es precisamente la que hace posible también la perversión; mientras que el amor objetal (y en especial ese amor «auténtico» ya pasado de moda) no gusta de desplazarse e, instalado tras su objetivo sexual como tras una cálida estufa, va perdiendo progresivamente toda movilidad.

Este es por lo menos un motivo de por qué no deja de preferírselo, con razón, a las perversiones: y estas condiciones hacen que nos salgamos de nosotros mismos y nos volquemos en la realidad. Sin embargo, nuestra sexualidad no tiene un deber más importante que el de hacernos alcanzar la realidad transportándonos a través del puente de nuestra naturaleza física; y las uniones que se producen no tienen lugar de un ser humano a otro, sino que tienen un alcance muy superior. Pero para nosotros, las **personas** encarnan mejor la realidad exterior que nosotros **mismos**, a quienes nos está

111/   Lou Andreas-Salomé lo cita también en su *Lebensrückblick* del siguiente modo: «Freud había incorporado ya las palabras "sublimación" y "sublimar" a su terminología (sin considerar el juicio de valor que con excesiva facilidad podía así introducirse); quería expresar así una desviación de la finalidad sexual última. Ya se le sonreían intencionadamente con lo sobreentendido. Pero él había hallado una de sus más valiosas palabras (una palabra que debiera haber sido suficiente para acabar de golpe con cualquier malentendido): "incluso las perversiones sexuales más prohibidas... por muy horrible que sea su resultado, deben considerarse como sublimación", ya que, "retenidas en fases sexuales infantiles, han permanecido apartadas del objetivo que les corresponde por su madurez física"».

112/   En cinco lecciones «Über Psychoanalyse» resume Freud: «una evolución tan compleja de la función sexual... no es seguida sin dificultades por todos los individuos (...) Puede ocurrir que no todos los impulsos parciales se sometan al dominio de la zona genital; un impulso de esta naturaleza que haya preservado su independencia muestra entonces lo que nosotros denominamos una **perversión**, y que sustituye la finalidad sexual normal por otra propia». «Las neurosis se conducen con respecto a las perversiones como lo negativo frente a lo positivo; en ellas aparecen los mismos componentes pulsionales como portadores de los complejos y formadores de símbolos que en las perversiones, pero en este caso obran desde el inconsciente; han sufrido pues una represión, pero siguen existiendo a pesar de ella en el inconsciente».

permitido vivir en nuestro interior, cosa a la que no podemos hurtarnos más que retornando al ser universal (al ser de todos); por ello, la dirección y la salvación no se hallan más que en lo personal, lo que ha comportado un alto grado de apreciación del amor objetal y una opinión horrenda e inquietante de las perversiones. Pues esta apreciación no parte exclusivamente de «lo moral». Emana precisamente de esa carencia de contacto con la realidad que no puede ser reemplazada ni por las fantasías más sublimes. Dado que las caricias perversas, tanto si son delicadas como brutales, se producen en la superficie corporal y se combinan sabe Dios con qué, más allá del cuerpo y su funcionalidad más fiel, parecen resbalar secretamente no sólo más allá de los límites del amor, sino también de las fronteras del universo, intentando en vano palpar con sus dedos y asirse a algo, en la nada.

2. Discusión con Tausk sobre el tema de cómo en el curso del desarrollo las zonas erógenas se ponen al servicio del yo; cómo, por ejemplo, la actividad de los instrumentos sensoriales se ve sometida **por sí misma** a la sublimación. Este punto me ha aclarado muchas cosas. Y clarifica también el que, teniendo una patria común **todas** las sublimaciones, toda excitación y peligro que pueda surgir entre pulsión yoica y sexualidad se den también cita allí. Por un lado, elaboraciones yoicas que junto a la libido aún disponible se elevan hasta el valor de lo artístico y las maravillas de la intuición; por otro, deseos y visiones sexuales que consiguen mantener la autovaloración al no dar más que un paso aparente que les introduce a medias en el terreno de la sexualidad. Se aproximan así a las perversiones, pero tan sólo puede hablarse propiamente de ellas cuando el objetivo sexual genital ha sido plenamente abandonado en beneficio de un sustitutivo semejante. Si ello tiene lugar es porque la pulsión yoica y la pulsión sexual han llegado a confundirse, malográndose ambas en sus respectivos dominios. En las perversiones, de las que podemos tomar como ejemplo clásico el sadomasoquismo, ello se nos muestra con toda claridad: en el sadismo, la agresión yoica se convierte, al «limitarse» a lo sexual, en puro placer de dañar al otro, y en el masoquismo, lo sexual, en una dilución de sus límites, impide el ejercicio de los derechos del yo. También pertenece a Tausk la siguiente explicación genética del sadomasoquismo, y que a mí me parece la más plausible: éste emanaría de una época en la que el niño no puede alcanzar el placer sexual terminal y por ello se libra al placer preliminar de la pelea (al margen: aún sin pelea: extremando la intensidad = dolor), fijando así el ataque o la derrota que más se acerca al objetivo final. La prosecución sin fin en el dolor, bien en infligirlo o en aceptarlo, encuentra allí su raíz.

INFIDELIDAD

1. En el curso de una conversación dijo Tausk que las facultades espirituales de una mujer, su capacidad de unirse espiritualmente a muchos, no era

sino poliandria elaborada (sublimada). (Quizá la ausencia de celos pueda significar algo parecido, producto de una incomprensión de las relaciones duraderas). Hay dos particularidades que pueden ser observadas al respecto: primero, que seres que no son «fieles», no por ello dejan a una persona por otra, **sino que se ven impulsados a regresar a sí mismos**, reapareciendo como si volvieran del espacio. Su infidelidad no es, en consecuencia, una traición. Pero en segundo lugar, el hecho de separarse de personas a las que han estado unidos no tiene por qué ser considerado necesariamente como un abandono, puede muy bien ser un gesto de respeto que les devuelve a la totalidad; no se trata de un rechazo porque sean demasiado limitados o insuficientes, sino de algo que los sitúa en la serie de infinitas interrelaciones que se cierran a su paso acogiéndolos en toda su grandeza.

En tercer lugar, queda por hacer una reflexión: para una mujer no resta sino la elección entre la insuficiencia y la infidelidad. En el amor, es como un árbol que aguarda el rayo que ha de partirlo en dos, y como él, también, aspira a florecer plenamente. Teniendo en cuenta que no puede hacer una cosa más que a expensas de la otra, no le queda más solución que llegar a un compromiso. A no ser que prefiera arriesgar **todo** el árbol, **pero en tal caso plantará nuevamente la semilla hundiéndola en la tierra**. No hay que interpretar como orgullo el que precise constantemente de un nuevo comienzo: ¿no es acaso un signo de modestia el ocuparse siempre de la semilla (tan alejada de todo árbol y primavera, y que tiene su puesto en el surco) en lugar de soportar para siempre un árbol escindido por el rayo?

En cuarto lugar, se podía añadir que sólo la renuncia a los hechos, sólo la resurrección de lo ilusorio **permite** decir: «¡Quédate!» o bien: «¡Eres tan bello!», con lo cual el sentimiento se sitúa por encima de cualquier fidelidad vulgar: se convierte en una bendición que alcanza todos los objetos futuros, compensando su carácter perecedero.

2. Con frecuencia he podido efectuar la siguiente observación: tanto lo que nos atrae de un objeto como lo que más tarde nos aleja de él proviene de una misma impresión global de carácter cada vez más profundamente simbólico. Puede estar referido a un gesto, a un modo de caminar, a la forma de la nuca, a la mirada, al tono de la voz o a algo aún más superficial; pero ese detalle parece decirlo **todo**. Aquello que manifiesta contiene de algún modo en su interior el **contorno** de ese ser, aquello que lo caracteriza en su fisonomía interior y con ello, en sus **límites** personales propios y exclusivos, y en los cuales aprendemos a captar en definitiva sus límites.

Mientras, uno se cree fiel, y eso lo creemos todos en alguna ocasión, pues ¿quién no se toma alguna vez a sí mismo como parangón de nobles virtudes?, observa estos pequeños signos de forma que le permiten intuir en el fondo los límites de la complacencia, pero sin darles especial importancia, como hace una persona sana con un constipado, sin pensar de forma inmediata en una pulmonía. Más tarde, ocurre algo misterioso: puede suceder que en medio de la pasión más declarada, y ante el temor de perderse en ella, se **acechen** esas pequeñas y traidoras puertas de salvación por las que poder escapar a tiempo, y a través de las cuales podemos ver cómo nos hace señas la libertad. Hasta el momento en que se renuncia al temor y se llega a tolerar, con sentimientos más mitigados, la presencia de débiles trazos de antipatía en el seno de la simpatía misma; del mismo modo se llega a aceptar la idea de la muerte: siempre puede sorprendernos, bien sea a nosotros o a nuestro amor, pero tanto al uno como al otro no perderemos nuestro tiempo en tomarle el pulso. Por el contrario, procuraremos utilizar toda su fuerza combativa.

El gran erotismo simboliza en sí mismo toda la sexualidad, de tal modo que la unión física se convierte en símbolo de la unión espiritual: y ello es válido sobre todo para la mujer, cuya naturaleza más hermética une en su interior contradicciones no ordenadas. Pero no se puede olvidar que, **precisamente por ello, el hombre no renuncia, como persona, a ninguno de sus límites: también él se convierte en símbolo de unidades que se extienden más allá de sí mismo.**

3. Cuando se hace un agujero en la arena, y por hondo que se llegue a excavar, los granos extraídos vuelven a caer en la obertura hasta llenarla de nuevo. Sin embargo: **el lugar que ocupa cada grano con respecto a los demás se habrá visto modificado**. Y ello, independientemente de que el agujero no exista ya como tal agujero. Y la transformación se consolida.

No se puede negar que se precisan especialmente dos condimentos (aunque no sólo estos) para que los sentimientos puedan ser conservados: a saber, la ambivalencia o la flema.

Los sentimientos, cuyo reverso permanece «vuelto al inconsciente», no pueden girar nunca del todo hacia nosotros; en consecuencia, no llegamos nunca a hacernos una idea de su aspecto; si lo consiguiéramos, quizá sucedería con nosotros, utilizando una imagen de Sais, lo que se dice ocurrió a quien contempló el rostro de la verdad: el que la ve, muere.

La flema, en cambio, se ahorra simplemente una intensidad de rápida ebullición. Lo que no es utilizado de forma intensiva se conserva largo tiempo nuevo.

Aquel que no está en absoluto (o poco) predispuesto a la ambivalencia debe facilitar su completa orientación hacia el ser humano o el objeto mediante interrupciones periódicas que le hagan posible una **plena dedicación a sí mismo**. Es entonces cuando la sensación preexistente escapa alegre y agradecida a su mirada, en lugar de mostrarse descontenta y rencorosa como ocurre en toda situación de ambivalencia, la cual no llega a liberarse nunca plenamente de semejantes sentimientos; lo que no es obstáculo para que se siga llamando «infidelidad» tan sólo a esa primera forma, pues es precisamente la fidelidad a disgusto la que tiene la virtud de ser duradera.

> Un neurótico, es decir, alguien muy ambivalente no puede ser curado de su fidelidad («fijación») si se parte sólo de uno de los dos polos, sino únicamente si se pasa a considerar el trasfondo de ambos: su fidelidad no desaparecerá hasta que no sean desenterradas las raíces del odio.

ALFRED ADLER

(viernes, 21 de marzo de 1913)

El día de Viernes Santo me despedí de Adler en el Alserhof. No le había visto desde finales de febrero. Tuvo que desplazarse desde su casa pues yo no deseaba encontrarme con los que allí se habían reunido. Hubiera preferido callar (como es deseo de Freud); pero eso no fue posible y discutimos sobre él.

Mi mejor recuerdo de las obras de Adler se refiere a su libro *Über die Minderwertigkeit von Organen* [Acerca de la inferioridad de los órganos]. Sobre todo el modo como se describen allí los órganos inferiores así como su carácter **infantil**, y el que, como tales, sólo puedan desarrollarse después del nacimiento, sin poder llegar hasta nosotros por una ira «nerviosa», más que gracias a su capacidad de sobreexcitación, algo que no está al alcance de órganos más especializados, pues se agotan, en cierto modo, en sus capacidades fisiológicas. Todo ello posee para mí, aún hoy, un enorme interés y creo merece se reflexione al respecto, viendo la base orgánica de los descubrimientos hechos por Freud en armonía con ciertos estudios biológicos recientes sobre las glándulas endocrinas y similares.

Sin embargo, nada puede hacerse psicológicamente a partir del mero «sentimiento de órgano» (desde una concepción médica); permanece como un coto cerrado, y no es posible reemplazar con él la base en que se apoya Freud. Allí donde fuera posible demostrar orgánicamente nuestra vida psíquica ésta dejaría de serlo para nosotros, a nuestros ojos, pues para ellos sólo sería un expediente de aquello que es psíquicamente incomprensible, y al contemplarla físicamente activa en sus procesos, perderíamos la noción de existencia de un psiquismo. Esto es precisamente lo que ha hecho impensable no sólo el viejo materialismo ya tan desacreditado, con su forma de derivar unas cosas de otras como causa y efecto, sino también aquello que cierra el paso al establecimiento de un paralelismo, con todas sus trabajosas «localizaciones», entre procesos psíquicos y sustrato orgánico. El psicoanálisis, con su total separación de métodos y materiales, procede adecuadamente desde un punto de vista filosófico al rechazar toda filosofía, pues con su dualismo aparente da paso a un **verdadero** «monismo».

Se debe insistir, pues, en consecuencia, en que el psiquismo, cuyas funciones sorprende Adler en la formación de la «ficción», no es un ente que flota en el aire, sino algo de idéntico significado real para nuestro pensamiento práctico (es decir, para el pensamiento más acá de los problemas epistemológicos) que el sustrato fisiológico para la investigación médica. Es casi como si para Adler la oposición dual hubiera surgido de una multiplicidad arbitraria, de la «ambivalencia»[113] (que dice haber establecido antes que Bleuler), a partir de su superación psíquica inconsciente y hasta convertirse finalmente en pura y simple arbitrariedad; y se podría hacer un mal chiste diciendo que ha tomado el narcisismo de forma excesivamente estricta según la significación terminológica por él mismo establecida y se ha contemplado tan largamente en él que no le ha quedado de Narciso más que la imagen. Llegado a tal punto, sustentó su teoría de la ficción, tal y como nos la presenta en *Nervösen charakter*, sobre la filosofía del «Como si» de Vaihinger, es decir, sobre algo que habla de puras construcciones auxiliares del pensamiento teórico, de *arrangements* que han de distinguirse absolutamente en dos sentidos del propio pensamiento de Adler: en primer lugar, en cuanto que son entendidos conscientemente, y en segundo lugar porque están al margen de cualquier cuestión de valor (algo en que hace hincapié Vaihinger, pues en modo alguno quisiera entrar en colisión con el problema kantiano del valor moral, a pesar de que, en lo teórico, haya dejado de ser un kantiano de los que siguen el texto al pie de la letra). En total oposición a estas ficciones finales teóricas, las adlerianas actúan únicamente por su carácter inconsciente, pues mueren al hacerse conscientes y son única y exclusivamente reservas de valor, ¡inaccesibles a cualquier crítica! Además, no podemos olvidar que no se trata de la ficción en tanto que síntoma

---

113/ La expresión «ambivalencia» (doblevalencia) se debe a Bleuler. «Queremos significar con ella la existencia de sentimientos opuestos, de ternura y animadversión, dirigidos hacia una misma persona». Situaciones de ambivalencia emocional «coexisten perfectamente en el niño durante mucho tiempo». «Vorlesungen».

de enfermedad, sino de la manifestación central del individuo sano (como síntoma único que señala la existencia de manifestaciones psíquicas en el homúnculo adleriano) y por ello mismo, se le escapa toda posibilidad de distinguir en este terreno al enfermo del sano. Pues la diferencia de hecho entre ambos, a saber, que la ficción sana no existe, puesto que el más temerario de sus sueños proviene de esa realidad fundamental que Adler niega y a partir de la cual creamos nuestra vida en su realidad exterior, lo haría retornar a Freud.

Se daría cuenta entonces de que el espíritu procede de modo mucho más simbólico de lo que cree, precisamente porque tiene algo que simbolizar: lo positivo, a partir de lo que se crea a sí mismo y que en el enfermo se halla deformado en vacua ficción, en él se convierte en imagen de aquello que es con tanta intensidad que no puede verse reducido ni a imagen ni a palabra alguna.

COLOQUIO VESPERTINO
Despedida
(miércoles, 2 de abril de 1913)

Tras tantas despedidas todos estos días —en el ambulatorio y en casa de mi querida y vieja Ebner (el 29 de marzo)— llega el último de mis miércoles.

Sachs[114] habló (sobre Swift) bien y en tono divertido, sin hacer casi uso de anotaciones. Freud quedó muy satisfecho. Tomé nota de uno de sus comentarios (que no hacía referencia al tema): la delimitación pura del campo de las neurosis frente a la psicología, tanto general como adleriana, resulta imprescindible para el psicoanálisis cara a la formulación de sus problemas.

114/   El Dr. Hanns Sachs, redactor de *Imago*, fundada por él a principios de 1912. Se había interesado, desde 1916, por la teoría de Freud y formaba parte desde 1910 del grupo local vienés. Publicó en 1913, junto con Rank: *Die Bedeutung der Psychoanalyses für die Geisteswiessenschajten* [La importancia del psicoanálisis para las ciencias del espíritu] en recuerdo de la novela de Carl Spitteler, *Imago*, (1906). Esta novela es, en opinión de Sachs, una creación intuitiva de «la historia de un amor que resurge de la represión, que entra primero en escena disfrazado de repugnancia y desprecio, luego en sueños, y mediante una "conversión en lo somático", lucha por expresarse hasta conseguirse imponer de nuevo a la conciencia».

Así, por ejemplo, la teoría de la inferioridad de Adler es, sin duda alguna, de importancia **social** tanto para el desarrollo del carácter como para las experiencias que se acumulan; pero por muy importante que pueda ser para cualquiera el ser físicamente disminuido, incluso en sus genitales, esto sólo esporádicamente puede ser causa de una neurosis, mientras que, a la inversa, son muchos los neuróticos cuyo cuerpo permanece por completo intacto. Por ello, las causas básicas deben buscarse en la mayor profundidad posible de elaboración psíquica, pero también en el interior del psiquismo.

Cuando descendí con Freud, me invitó a acudir el domingo y me preguntó riendo, al tiempo que se volvía hacia los que nos seguían, si no debería escenificar una despedida. ¡No!, pero poco antes, cuando todavía me encontraba sentada junto a él, me vi casi impulsada a pedir la palabra y hubiera dicho:

¡Señores!, no he querido participar en las discusiones; he dejado que lo hicieran ustedes por mí; pero sí quisiera darles las gracias. Agradecer al psicoanálisis el que exija de nosotros algo más que un trabajo de despacho y que me haya conducido a una especie de fraternidad con todos ustedes. La razón por la cual me parece tan vivo no es una hinchada mezcla de ciencia y de sectarismo, sino que eleva al rango de principio vital el más alto galardón de todas las ciencias, la franqueza, que no deja de aplicar una y otra vez a la más individual de las realidades, inclinando así la vida ante el conocimiento, del mismo modo a como cimenta su hazaña científica haciendo que el conocimiento de la estrecha y reseca psicología académica se vea obligado a inclinarse ante la vida. Es por eso, precisamente, que tienen lugar escisiones y disputas más difíciles de allanar que en cualquier otro terreno sin que se ponga en peligro el conjunto de conocimientos y métodos. Ello continuará siendo un problema en el próximo futuro. Pero toda labor no sólo intelectual sino simplemente inmersa en la vida, que eleva a la categoría de principio fundamental la fidelidad a una colectividad sincera, hace que sea bello e incluso una alegría —por lo menos a ojos de una mujer— el ver hombres que se hallan enfrentados en la lucha. Pero pasemos a la segunda parte y que hoy ocupa el primer plano: el agradecimiento. Por todas estas tardes, incluso las aburridas, a quien las hizo posibles y a quien les ha consagrado su tiempo presidiéndolas. Y es así que lo que corresponde a cada sexo dentro del universo se halla aquí bien separado y, en consecuencia, unido. Pues, los hombres pelean y las mujeres rinden homenaje.

ÚLTIMA VISITA A FREUD
(domingo, 6 de abril de 1913)

El domingo fue mi última visita a Freud. Tomando el té hablamos de la diferencia que existe entre anomalías (que pueden llegar enormemente lejos) y neurosis; de cómo, tan sólo en contadas ocasiones, es posible hacer desaparecer las perversiones y de que por lo general debemos contentarnos con aceptar su presencia. Más tarde, en su despacho: sobre el conflicto entre terapia e investigación. En efecto, los enfermos son un material conmovedor en cuanto que son **ellos** quienes, por su enfermedad, facilitan al médico su conocimiento que un **internista** puede adquirir, al menos parcialmente, en el cadáver o en un cuerpo insensible. Pero habló también de cómo los conocimientos adquiridos —la mayoría de los cuales provienen de casos incurables y desgraciados— permitirían en el futuro lograr una terapia cada vez más segura hasta hacer posible que se pueda diferenciar, como en la medicina, el médico práctico del investigador.

Al mismo tiempo insistió con fuerza en la necesidad de permanecer siempre en estrecho contacto con el material clínico. (Esta dificultad de mantenerse trabajando en el inconsciente corresponde —a mi juicio— al carácter constantemente nuevo y curioso de los resultados, que no cesan de abrir nuevos caminos). A este enorme trabajador, con 10 horas de análisis diarias, además de sus trabajos teóricos nocturnos, le «bastarían» 7-8 horas de análisis.

A la larga, tampoco serían suficientes menos horas, pues con la investigación psicoanalítica ocurre algo parecido a lo que pasa con los sueños, que si no son conservados en la superficie mediante asociaciones que se concentran en ellos, se hunden sin salvación posible. Son y serán dos mundos; y uno intuye en su interior hasta qué punto esta poderosa mente se encuentra secretamente en el **otro**, el mundo de los normales. Quizá su obra sea genial por haber constituido una **labor sobre los demás**, y sólo parcialmente un trabajo sobre sí mismo.

Al partir con sus rosas, me alegré de haberlo encontrado en mi camino y de haber podido **vivir** este encuentro como algo destinado a cambiar mi vida.[115]

MIRANDO ATRÁS

Cuando echo un vistazo a esos sábados y miércoles y a los últimos ensayos de Freud a lo largo de este medio año, tengo la sensación de que en cinco puntos ha dado mayor flexibilidad a sus concepciones:

1. Respecto al material reprimido como **único** contenido de su inconsciente
2. Respecto a la neurosis como trastorno **bilateral** de la pulsión yoica y de la pulsión sexual.
3. Respecto a la más neta implicación del yo en el narcisismo.
4. Dejando abierta la definición más apropiada del término censura.
5. En la observación de que, en el sueño, los contenidos sexuales pueden adoptar una forma asexual y a la inversa.

Sobre estos puntos el factor yoico se ha visto aparejado al factor sexual y en este sentido puede apreciarse una cierta aproximación hacia aquellos que amenazan con separarse o que ya lo han hecho, con la sola excepción de Adler. Pues tan sólo Adler se encuentra al margen de este problema; no pretende acentuar el factor yoico sino eliminar el factor sexual, es decir, negar la duplicidad de relaciones. Pero esto es precisamente lo decisivo, y Freud conserva la razón al respecto.

115/ Esta expresión queda explicada por lo que Lou Andreas-Salomé afirmaba en esta época, es decir, que Freud, y, en consecuencia, el psicoanálisis, habían adquirido gran importancia para ella «como la aparición de algo nuevo **en los fundamentos,** algo, en todo caso, a lo que no hubiera accedido nunca directamente». Véase también las distintas declaraciones de Lou Andreas-Salomé respecto al tema del «narcisismo».

2 Budapest
(del 7 al 9 de abril de 1913)

CON FERENCZI

Todo cuanto me ha mostrado Ferenczi provenía de su diario y de seis estudios que hemos entresacado del mismo; no deseo hacer constar aquí más que algunas observaciones que acudieron posteriormente a mi mente cuando procedí a seguir las orientaciones que contenía.

1. «La insuficiencia de la conciencia frente al derroche de la naturaleza». El **grado** de determinación crea la impresión de **libertad**. La «voluntad» = la pasividad que desemboca allí donde las inhibiciones le han dejado espacio para ello, y con mayor violencia cuanto más estrecho resulta el espacio que se le brinda.

    Se puede decir que tanto lo consciente como lo inconsciente poseen **su** propio modo de unificación y de fragmentación. Lo que se manifiesta en el sueño es tan único en su contenido latente que no resulta obstaculizado en absoluto por su colorido contexto; y a la inversa, exigimos a las numerosas percepciones de la vigilia que capten las cosas como «materiales» y a su conjunto lo denominamos «realidad».

2. La primitiva concepción de Freud establecía que el único contenido del inconsciente estaba formado por material reprimido; en algún lugar de sus trabajos posteriores, y también en cierta ocasión en su curso, se desprendió de esta opinión a propósito de un material que **casi** había llegado a ser consciente pero que había sido expulsado de allí antes de su irrupción. En el primer caso, no se encontrarían en el inconsciente más que los elementos de pensamiento que representan **rudimentos**, pero no aquellos elementos originarios que le pertenecen. E incluso, en el segundo caso, esta cuestión permanece abierta.

Pero por otro lado, si Freud aceptara la respuesta al problema que brinda Ferenczi (y que no conoce) surgiría una segunda dificultad, la de que la diferencia específica entre «inconsciente» y consciente se nivelaría y el conjunto adoptaría algo de las gradaciones adlerianas. Sería un punto peligroso, de todos modos, el enfrentarse a Adler y a los otros «apóstatas» sobre un terreno común (aunque sólo lo fuera por un malentendido).

A partir de la represión de aquellos pensamientos que parecen irrumpir pero que no se han hecho aún plenamente conscientes (aquellos pensamientos que, por así decirlo, son sojuzgados antes de germinar), podría pensarse que la tendencia a reprimir no domina únicamente en las alturas del conocimiento, sino que también se halla presente en todo nuestro ser subterráneo y que constituye el contorno natural de nuestra fisonomía interior a través de la selección y la defensa instintiva frente a los estímulos posibles. Del mismo modo a como todo organismo vivo manifiesta sus limitaciones vitales en el ritmo de sus reacciones. Ello decidiría desde el comienzo, y la capacidad germinativa del pensamiento y su posterior represión fuera de la consciencia no sería más que la repetición reforzada de aquello que sucede de todos modos (hasta las mayores profundidades de lo somático). En tal caso, el inconsciente contendría de hecho, y en forma larvada, todos los elementos posteriormente conscientes, al igual que todas las formaciones ideales.

En mis conversaciones con Ferenczi he podido ver con toda claridad por qué quien quiere a Freud se ve arrastrado a desear para él la más tolerante política con respecto a los disidentes: porque es la más propicia para su tranquilidad y su trabajo e, indirectamente también en este sentido para su causa; pues a fin de cuentas, aquellos que escogen otros derroteros le ayudan involuntariamente a proseguir su camino, es decir, tienen que tomarlo necesariamente como referencia. (Por ello desea Freud una libertad «sin dogmatismos»).

Por el contrario, para aquellos que le sucedan, esta política podría ser la más peligrosa. Ellos son los que se verán obligados a hacer frente a todas las contradicciones con su propio destino personal.

Lo temible de toda ambivalencia no es sólo que deje penetrar el odio a través del amor. Me parece aún más peligroso para las relaciones objetivas, en esta lucha contra la ambivalencia siempre amenazante, el no atreverse a recorrer el límite sano y natural de **toda** relación. Sin duda alguna los pensamientos de Ferenczi contienen muchos elementos que van a alejarlo de las concepciones filosóficas de Freud. Y por muy fantástico que pueda parecerle en sus consecuencias, no estaría nada mal el que su modo de ver las cosas llegara a influir en la perspectiva filosófica de Freud. Pero resulta muy característica la manera cómo Ferenczi habla de sus más preciadas ideas, con las que en cierto modo vive en una soledad más bien pronunciada (uno puede apreciarlo fácilmente en el modo como las transmite), diciendo que no son más que «cosas suyas», resultado de su «curiosidad patológica», o su «vivo deseo de saberlo todo».

Estos días pasados en Budapest son de gran valor para mí, después de haber convivido ya aquellas horas en Viena con Ferenczi, a quien me siento cada vez más próxima. Sus trabajos (y su modo de realizarlos) me interesan apasionadamente. Teniendo en cuenta cual es, hoy por hoy, la labor de Freud y cuáles sus próximas ocupaciones, es quizá demasiado pronto para hacer públicos los trabajos de Ferenczi: ¡pero **son** complementarios! Por ello algún día tiene que llegarle a Ferenczi su momento.

3 Gotinga
(mediados de abril a mediados de agosto de 1913)

LOUFRIED
Pascua
(Gotinga, 11 de mayo de 1913)

Desde sus cartas del invierno[116] Rainer no ha vuelto a dar señales de vida, pero contemplo sus sandalias que descansan en el pasillo y rememoro aquella semana de Pascua que pasó aquí (hace años).

Hace un año, estuve por Pascua finalmente con B. Al pensar en ambos a la vez se me ocurre que aunque procedan de puntos alejados y opuestos acaban por coincidir a medio camino.

Ambos rubios, de boca sensual y frente magnífica, pero tan distintos por otra parte.

116/   Estas cartas invernales están fechadas en el invierno anterior a la estancia de Lou Andreas-Salomé en Viena, de 1911 a 1912, cuando el propio Rilke se interrogaba acerca de la conveniencia de someterse a un análisis. Lou Andreas-Salomé influyó en gran manera en su negativa. (A su modo de ver no se podía empezar un análisis «con un artista ya **acabado,** sin graves riesgos»); véase su correspondencia con Rilke, notas a la carta dirigida a Rilke el 20 de enero de 1912; Lou expuso con más detalle este punto de vista en su ensayo «Narzissmus als Doppelrichtung» [Narcisismo como doble dirección]: «Por lo que se refiere al psicoanálisis, en un artista cuya producción está viva, pienso que hay que esforzarse, con la mayor prudencia y la mayor severidad, en separar dos tipos de acción posible: una, liberadora para el arte, por lo cual las inhibiciones, los bloqueos, son eliminados por los procesos de sublimación liberadores de formas, y, según las circunstancias, la que es peligrosa para el arte, en el sentido en que puede alcanzar la oscuridad donde madura el fruto. Es difícil saber, dado el estado actual de nuestros conocimientos, restringidos en lo que se refiere a la realización de procesos creativos, si, en el caso de un análisis más profundo, podríamos mantenerlo exclusivamente en el nivel de lo personal, dejando a un lado la estética». Las «semanas de Pascua» son las de la primera visita de Rilke a Gotinga (*Loujried* es la casa de Lou Andreas-Salomé en el monte Rain) después de Pascua de 1905. En lo referente a la descripción física de Rilke que consta aquí, es probable que Lou Andreas-Salomé se refiera a la foto de Rilke tomada en mayo de 1909 (como máximo) que tenía ante sus ojos. (Pascua de 1905, Gotinga; febrero-marzo de 1906, Berlín, mayo de 1909, París).

La cabeza de Rainer, con su mentón huidizo y su casi inexistente occipucio, se asienta sobre sus delgados hombros y su fina nuca; B. es rechoncho, su cuello es corto, y casi no existe separación entre su masivo occipucio y los hombros; sus mandíbulas se marcan y su fisonomía de torre podría ser dibujada de un solo trazo. Con cierta exageración podría afirmarse, en una impresión general: aristócrata enfermizo, el uno, y advenedizo que se ha hecho a sí mismo, el otro.

Rainer posee una hipersensibilidad que le ha llegado tanto por vía hereditaria como por la educación (los padres, seres nerviosos, de matrimonio desgraciado y separado; educado inicialmente como una niña en sustitución de una hermanita fallecida, más tarde sin hogar, desplazado por instituciones militares y similares). Ha conseguido corregir estas desventuras gracias a su genio creador, y ha alcanzado su máxima humanidad por la propia disciplina que se ha impuesto **al respecto**; aunque lírico, se concentró desde muy pronto y sin contemplaciones, no permitiéndose el menor diletantismo ni la más pequeña indecisión mientras que como hombre tiende a distraerse.

B., por el contrario, proviene de la realidad y en cierto modo también de la banalidad (comerciantes, aquí es el padre el frívolo, mientras que en el otro caso lo era la madre), y algo banal y brutal radica en su interior. Corrigió esto con una nueva brutalidad: un giro total de su personalidad, dándole el aspecto vital de un salvador y del más noble de los «colaboradores», pero viendo limitada también su capacidad creadora por una falta de libertad interior. Tiene una apariencia polifacética, a veces diletante, porque está dispuesto a alcanzar, sean cuales fuesen los medios, su «propia» meta espiritual: **medrar**.

El uno, histérico típico, que se pierde en sus estados corporales, desamparado en sus propios abandonos, bien sin amor, o perplejo ante el desconocimiento de a quién pertenece cuando no se adentra como redentor en la patria de la creación. El otro, neurótico obsesivo también típico, atado por mil fijaciones y reproches, siempre excesivamente «cobijado», preso y encerrado en su propio quehacer y en su propia naturaleza, sin hallar en eso refugio sino tránsito, camino, puente que le una al mundo. El sueño de Rainer es: «Ser una cosa entre las cosas», ser integrado finalmente en paz; frente a esto, contrasta el horror de B. cuando le hice conocer un sueño mío en el que se convertía en estatua, y dijo de sí: «Estoy convirtiéndome en un objeto». Por esta razón, Rainer se siente libre entre la gente, y se muestra casi exuberante y dispuesto a todo, deleitándose en el contacto con los actores, en las representaciones, en ser amado, aún siendo en el fondo un solitario a ultranza, pues se libra a todo eso consigo mismo. B., entre las demás personas, se muestra desconfiado, tímido, repleto de un encendido y no confesado orgullo. Nunca olvidaré la aguda y temblorosa voz de escolar en su conferencia.

El secreto deseo de Rainer sería ser médico rural, algo idílico y portador de ayuda, bendito, santificador, sacerdote, monje; algunas veces impresiona a los jóvenes por ese ideal de perfección del que está tan alejado en **realidad**. B., por el contrario, se entusiasmó con la pequeña anécdota,[117] casi napoleónica, de mi padre sobre Nicolás I y los decembristas: agresión, plenitud de poder, explosión de cruel orgullo, que de golpe desgarra toda su bondad burguesa.

Lo que le hace más desgraciado de lo que pueda ser Rainer con todos sus desesperos es que no puede prescindir de la profesión burguesa de médico ni del halo celestial tan laboriosamente adquirido. Pues aunque esto pueda suponer un vuelco total de su naturaleza, un pasar a sustentarse sobre la cabeza y deje de quejarse de que no siente, en tales circunstancias, más que frialdad en lugar de amor humano (en otras palabras: utiliza a las personas como medio para exteriorizarse y ayudarse a sí mismo), es su único puente posible hacia el exterior, el único sucedáneo que le permite una afirmación temperamental. También ocurre igual en su vida amorosa: incluso su matrimonio y su mujer se adaptan a este esquema de forma terrible y extraordinaria, al constituirse él en el cuidador de su mujer, en el sostén y salvador de su vida —tan sólo así ha podido **permitirse** amor, y cínicamente de esta manera ha podido **hacer posible** la presencia a su lado de otro ser humano y construir con él una «soledad a dos»—. Sólo así legitima su dejarse llevar a pesar de que ello acabe por cerrarle posibilidades de avance en el mundo y en sus profundidades interiores. Por esto, su temperamento sexual, por delica-

---

117/ El levantamiento de los decembristas, después de la muerte del zar Alejandro I, obra de oficiales nobles rusos el 14 de diciembre de 1825, fue reprimido por el nuevo zar, Nicolás I, quien, según contaba uno de sus generales, había exclamado: «hay que fusilar a esta canalla». Es probable que este acontecimiento histórico fuera la base de la anécdota que Gustav von Salomé (1804-1879) había contado a sus hijos. Él mismo era general ruso y miembro del Consejo de Estado.

do que parezca, posee bases más enfermizas que el de Rainer, también delicado en apariencia y que se entrega sin descanso. Las deficiencias de Rainer se proyectan hacia el **exterior** o hacia su propia superficie; el abuso, el debilitamiento, no son secretos **para él**; puede confesarse todo a sí mismo porque es a partir de semejantes ocasiones que surge en él la hora del genio y de la gracia. B. no puede confesarse: ésta es la premisa de una vida en total transformación; y es por ello que, en compensación de los horrores de la propia ocultación, no puede alcanzar la gracia, sino que se da la palpable constancia de una perfección agotadora.

MECANISMOS DE CULPABILIZACIÓN

Los descubrimientos de Freud han completado bellamente la concepción según la cual el arrepentimiento y otros sentimientos son engendrados por prohibiciones cuya utilidad original ha sido ya olvidada, de tal modo que el temor al castigo aparece místicamente ligado a la acción cometida. Es de extraordinaria importancia que podamos por fin aprender en el neurótico que existen sentimientos de culpa y de angustia que no tienen el origen indicado y que pueden fijarse, sin ninguna tradición previa, a los actos más inocentes. Vemos cuál es el mecanismo que interviene, que puede intervenir en cualquier momento, sin que se pierda por ello nada de la fuerza fantasmagórica que creíamos lenta y casi filogenéticamente conquistada. Pierde validez entonces la objeción que, de modo más bien intuitivo, interponían algunos a la concepción de una génesis utilitarista de los remordimientos de conciencia: sentían correctamente cómo, independientemente de cualquier origen pragmático, podían brotar tales inquietudes a partir de sus propias e incomprensibles fuentes.

En el **segundo** punto de la represión pulsional, aquella sin prohibición especial (ajena o propia), producto de enfrentamientos pulsionales, me parece que no se hace una distinción lo suficientemente precisa. Naturalmente que cuando una pulsión se ve rechazada por su vecina o su contraria surge dolor y una especie de enfrentamiento: en este sentido, la enfermedad y la salud no se diferencian más que por una cuestión de grado; sin embargo, en este dolor y enfrentamiento, lo que queda a salvo, en el centro más personal de sentimientos de culpa y arrepentimiento y escisión, es que ambos, tanto pulsión como contrapulsión actúan como expansores vitales y no como inhibidores de la vida. Representan la fricción interna de la personalidad cerrada gracias a la cual avanza y se enriquece pronto junto a la pulsión que logra imponerse; resultan también perceptibles las restantes y aprende a englobarlas e introducirlas en el ámbito consciente del yo. El resultado no es, en consecuencia, una escisión sino un grado superior de integración de sí mismo.

Para esto resulta indiferente que las pulsiones egoístas se hayan impuesto a las altruistas, o que haya sucedido a la inversa, si bien es cierto que únicamente se tiende a confundir la primera situación con los remordimientos. En ambos casos, el dolor consecutivo representa simplemente el precio por la imposición que uno se ha permitido: precio establecido por la naturaleza y que no aumenta sino en función de la vivacidad de nuestro sentimiento yoico. Allí donde éste dejara totalmente de existir no deberíamos concluir una personalidad más integrada, sino más rudimentaria o atrofiada y que, en cierto modo, no toma nota en su totalidad de lo pulsional que se mueve en su interior —que prescinde todavía o ya de esta totalidad—. Sin embargo, lo que me parece más interesante de todo esto es que lo cualitativo se esfuerza por regresar a proporciones cuantitativas pues se trata de una cuestión puramente de dimensiones el que, por ejemplo, un egoísmo se mantenga como una gratificación pulsional o que puedan manifestarse a continuación sus consecuencias en el seno de nuestro mundo sentimental, es decir, si este egoísmo puede soportar el explotar a continuación con el único objeto de adherirse constantemente a formas más amplias y de considerar toda muerte como resurrección y todo dolor como acrecentado aguijón vital.

Creo que: del mismo modo que una objeción interna contra la génesis de una conciencia meramente utilitaria está justificada a partir de lo patológico que permite el brote espontáneo de los sentimientos de culpa (cosa probada por Freud), también estará justificada una objeción semejante contra una suplencia llevada a cabo únicamente desde lo patológico, puesto que nuestras exigencias vitales surgen mucho más espontáneamente de lo más vivo tan sólo donde existe discusión, lucha y oposición, que permitan el regreso creativo y constante hasta la más profunda relación existente entre ambas.

En el miedo a la muerte hay algo que hace pensar en un tipo especial de sentimiento de culpa: a través de él se venga a veces el hecho de que en alguna ocasión no hayamos amado suficientemente la vida, es decir, el que hayamos reprimido mucho de ella y que por ese motivo no hayamos permanecido (nosotros) unidos a ella. Entonces, ha tomado la imagen de la muerte, es decir, no **nos** ama ya lo bastante. Un desplazamiento semejante se traduce en angustia. El amor a la vida es el único medio probado de ser respetados por la muerte pues la muerte es un prejuicio.

CRUELDAD. COMPASIÓN

Frecuentemente se entiende como crueldad algo que no lo es, es decir, algo que no presupone ninguna crueldad en el ánimo de la persona implicada, pero que la recuerda por un **resultado**; así, cuando se causa un dolor sin intuir siquiera la capacidad del sujeto para experimentar ese dolor (como sucede frecuentemente con los niños), o cuando se descarga una reacción de odio durante un acceso de ira que puede dirigirse, de modo igualmente espontáneo, contra un objeto inanimado y cuya destrucción está en función de la satisfacción que el hecho nos produce, sin que nos preocupemos por la cuestión de si ello puede representarle algún sufrimiento.

La auténtica crueldad, como específico proceso psíquico, tiene su origen allí donde la maldad natural e inocente, lo salvaje, lo brutal, tal y como lo manifiestan los animales para sus más vitales fines, no se mantiene ya dentro de estos dominios de la autoconciencia, sino que se «entre-cruza» con la **sexualidad**, dándole alcance. Y así aparece esa monstruosa singularidad inquietante que caracteriza tan misteriosamente a la crueldad: el que sólo se dirija al ser amado y que se ausente en la misma medida que el amor; mientras que su ejercicio sería penoso para el indiferente e **insoportable** para el que no simpatiza, porque en ella se exterioriza un grado de intimidad que se vería así prostituida. He encontrado que puede descubrirse a personas de este tipo de forma a veces sorprendente en el modo íntimo y pudoroso con que escuchan manifestaciones de dolor o informaciones acerca de sufrimientos: ello ciertamente los excita, pero sin que se muestren curiosos, más bien les tortura, como si tuvieran que espiar las intimidades amorosas de unos desconocidos que quizá les repugnan.

Dado que los seres crueles son también siempre masoquistas, todo el problema se relaciona con una cierta bisexualidad. Y ello es profundamente significativo. La primera vez en mi vida que hablé de este tema con alguien lo hice con Nietzsche[118] (ese sadomasoquista **consigo mismo**). Y sé que después no osamos mirarnos el uno al otro.

También la **compasión** puede tener diversos significados: identificación por simpatía (libido homosexual); identificación a partir de la idea de que pueda sucedernos algo parecido; identificación a partir de sentimientos de culpa, directamente o por desplazamiento (por ejemplo, sobre angustia ante aquellos cuya muerte se desea, o hipersensibilidad para con todos los seres vivos como consecuencia de una brutalidad ejercida contra uno de ellos: reacción).

REALIDAD

En el breve y más filosófico de los trabajos de Freud, *Formulierungen über die zweit Prinzipien des psychischen Geschehens*[119] [Formulaciones acerca de los dos principios del acontecer psíquico], se dice que el **principio de realidad** es el rodeo que debe dar el **principio de placer** para alcanzar su auténtico objetivo. Ciertamente que el ser humano se encuentra siempre ante una disyuntiva: por un lado, unirse al todo y unir el todo a sí (como corresponde según Freud al principio de placer inmediato) y, por otro, al creciente discernimiento, capacidad de clasificación y de diferenciación de sí mismo a la vez que del mundo exterior creado, conseguidos gracias a ese «rodeo».

Podría ocurrírsenos que aquello que llamamos «realidad» en esa confrontación entre mundo y nosotros, no sea en el fondo más que el compromiso entre ese doble esfuerzo anteriormente mencionado. De hecho, en cada momento en que nos expandimos plenamente, tanto si se trata de un entusiasmo objetivo como personal, olvidamos la duplicidad que constituimos nosotros y el mundo: y ello irrumpe de nuevo

---

118/ Esta conversación tuvo sin duda lugar durante las semanas de verano que pasaron juntos en Tautenburg-Thüringen (1882); véase *Lebensrückblick*, capítulo «Freundeserleben».

119/ «Con la introducción del principio de realidad se separa una especie de actividad mental que se mantenía al margen de la confrontación con la realidad y únicamente sometida al principio de placer. Se trata de la fantasía, que se inicia con el juego de los niños y que se mantiene más tarde con las ensoñaciones, y que renuncia a apoyarse en objetos reales».

con toda su fuerza cuando nos encontramos en medio y no sabemos si vamos a elevarnos e introducirnos en el todo, o si por el contrario se impondrá el esfuerzo por separarlo lo más nítidamente posible de nosotros.

Al enfrentarnos así a la «realidad» bien entendida, en el fondo nos limitamos a sustituir con esa acentuación del concepto «real» la interrelación que evidentemente existe entre todas las cosas y que tan sólo desaparece en las distinciones e individualizaciones: de este modo se hace justicia a ambas partes. Si no, la «realidad» aparecería poco menos que como producto sintomático[120] e inseparable de las manifestaciones proyectivas de un enfermo, sólo que aquí coincide la absoluta mayoría de la humanidad construyendo sobre esta base toda su existencia práctica. Pero precisamente la misma tozudez con que las cosas permanecen y persisten tan sumamente «reales» debe provenir precisamente del carácter de **compromiso** del asunto: pues las cosas constituyen para nosotros lo opuesto, es decir, algo auténticamente exterior, pues la pura y viva función yoica no ha conseguido atravesarlas por completo, sino que ha fracasado al alcanzar ciertos límites; por ello, el propio yo no es «realidad» en sentido externo, sino más bien una función, vida, y puede ser filosóficamente «cuestionado». Real en sentido externo es aquello que ha quedado pendiente a medio camino y que debe complacer, de modo totalmente contradictorio, a ambos.

Por ello, toda la sabiduría del mundo, desde la preíndica pasando por Kant, hasta la moderna teoría del conocimiento, se hallan muy próximas a reconocer la llamada realidad como nueva apariencia y error. Si, a pesar de todo, sus doctrinas permanecieron tan esotéricas y no desmintieron el juicio simple es porque, no obstante, tiene razón. Razón, precisamente porque el método de descomposición por medio del cual establecemos nuestro múltiple opuesto viene a exponer nuestra incapacidad para acompañarlo más allá de nuestra viva identificación: con ello establece algo que va más allá de nosotros (de nuestro aislado yo); es, al mismo tiempo, como un cúmulo de trampas que contienen

---

120/   Los actos sintomáticos (o actos casuales) se diferencian de los actos fallidos por la «supresión de otra situación con la que chocan y que es trastornada por ellos». «Vorlesungen». «Se las excluye "sin pensar", sólo "casualmente"...». *Psychopathologie des Alltagslebens*. **Proyección** es la externalización de un proceso interior.

sin que nos sea directamente visible la esencia de la vida: y siempre íntegra e indivisible en cada una de ellas. «Todo lo perecedero no es sino su símbolo». Así ocurre que no sólo por razones de orientación práctica nos inclinamos ante lo que se denomina «realidad» en sentido externo, como lo decisivo, sino que también en sentido filosófico nada se halla tan próximo a la verdad **como el inconmensurable respeto ante todo lo que es**.

Nuestro conocimiento por fragmentación, percepción y lógica se halla también unido a lo simbólico: en el fondo no es más que una manera más elaborada de formar imágenes para lo unitario, en cierto modo un poder-verlos-aún-más-escindidos, hasta que ésta (la unidad) no deja de ser **completa** hasta en sus más pequeños fragmentos, incluso aunque el más pequeño de todos fuera subdividido hasta sus más mínimas proporciones. Este modo de hacer nos **parece** esencialmente distinto de aquello que denominamos «simbolizar»: y ello únicamente porque hemos centrado nuestra atención **allí** sobre lo distinto, múltiple, de lo que se encuentra reunido; entre tanto ello constituye ya una división de lo indivisible. Allí donde lo inconsciente nos muestra sus deseos, se encuentra ya en el camino que recorre nuestra lógica, y donde distinguimos lógicamente nos situamos en plena comparación que nos habla —por así decirlo— de la «realidad» y no de «Dios», es decir, de esencias. Por esta misma causa, todas las enfermedades mentales se conducen en su delirio —y en cuanto más grave, tanto más aún— «creando realidad», es decir, proviene del extremo opuesto hasta alcanzar el mismo resultado.

SUBLIMACIÓN

El punto de vista genético que se ocupa tanto de lo «primitivo» como de aquello que debe ser superado, hasta el punto de perder provisionalmente de vista lo «primario» duradero, ha dado al concepto de sublimación un peligroso carácter de oposición a lo natural. Naturaleza y cultura que siempre se presentan unidas pues son expresión de la humanidad como tal, son agudizadas históricamente = artificialmente, y el «sublimar» y el «reprimir» están así peligrosamente emparentados.

En realidad, tanto el hombre de hoy como el «salvaje» surgen no sóolo de las limitaciones impuestas por la naturaleza (que tampoco faltan para aquel), sino que también así adquieren su propia esencia, análogamente a como ocurre con la sexualidad cuando, desplazada desde el ámbito de las zonas erógenas a las genitales, adquiere su carácter procreativo. Del mismo modo a como esto no constituye sublimación alguna, es decir, desviación de la finalidad sexual, sino por el contrario, su logro, tan sólo aparentemente la culturalización de la naturaleza constituye su desnaturalización, pues esto es algo que más bien proviene del mismo fondo natural. Tan sólo poseemos dos posibilidades de manifestar nuestro ser: o bien introduciendo el mundo en nosotros a través del sueño, o bien oponiéndonos aisladamente a él rompiendo de nuevo las limitaciones yoicas y volcándonos en lo objetivamente dado. Un ser humano que sufriera de inhibiciones enfermizas y que estuviera predispuesto a la creación, por mucho que se hallara «narcisísticamente» orientado hacia sí mismo, acabaría por asentarse sobre actividades culturales de modo parecido a como, por un camino que se pretendía conducía a la India, ese país de ensueño, se acabó por descubrir ese otro tan opuesto que es América. Lo que se llama «sublimación» es por su propia esencia la realización de nosotros mismos (por lo cual el término de Tausk: elaboración,[121] es cada vez más y mucho mejor utilizado). Se trata de la utilización viva de aquello que nos brinda la naturaleza para sus propios fines, y tan sólo debiera serle permitido la separación de ambos a aquel que ponga su objetivo en el terreno de lo metafísico espiritualista. (Ello no modifica en nada la situación por la cual sufrimos deformaciones y errores nacidos de los intentos culturales, del mismo modo a como toda la existencia natural está llena de los dolores que son producto de su misma insuficiencia).

Tan sólo **aquel** ser que se crea prometeicamente de nuevo su existencia humana en la cultura como segunda realidad, será también un agotado Narciso ante su propia imagen: se contempla en ella; no es el agotado esclavo que se vio involuntariamente forzado a huir de sí mismo. Sólo incorrectamente se ve la oposición entre naturaleza y cultura como el sol y la sombra, en relación con nuestras necesidades de bienestar y de relación yoica; erróneamente cree poderse hacer coincidir el aumento creciente de la sombra con el declinar de los rayos solares: la

---

121/   (N. del T.). *Aufarbeitung* en el original. Puede considerarse en este caso como sinónimo de *bearbeitung* o *verarbeitzing* (elaboración).

imagen ha sido mal escogida. La imagen adecuada sería más bien la de la planta en pleno mediodía: es entonces que proyecta su propia sombra perpendicularmente hacia abajo, una autoduplicación en la que se refleja y contempla su silueta: como su más fina protección para que el gran fuego no la queme antes de fructificar.

AMBIVALENCIA

La posición ambivalente se toma por lo general como enfermiza o como manifestación de humanidad primitiva: particularmente la segunda después de las curiosas experiencias sobre el «significado opuesto de las palabras primitivas»[122] y hechos análogos.

Pero dentro de este conocimiento primitivo se oculta una concepción que los hombres de hoy tan sólo podemos descubrir laboriosamente apelando a todo nuestro saber pues pensar lo relativo, de ese modo, hasta su final significa pensar casi lo absoluto al modo de Spinoza y, de hecho, aunque ellos no hubieran **pensado** espinocísticamente, los hombres de las grandes culturas religiosas antiguas sí **vivían** al borde de lo absoluto.

Sin embargo, eso ha sido así tan sólo porque lo ambivalente se oculta desde el principio e inevitablemente en la raíz de las propias manifestaciones vitales, ya que la ambivalencia no es sino polaridad, dualidad que se emancipa totalmente de aquello que carece de vida: y también

---

122/   Freud había relatado las experiencias al respecto en 1910, en el *Jahrbuch*, en su ensayo «Über den Gegensinn der Urworte» [Acerca de los significados opuestos en las palabras primitivas], que es «una exposición de la obra de igual título del filósofo Karl Abel (1884)». Según la opinión de Abel, «las raíces más antiguas de las palabras» (lo cual se demuestra con el egipcio) presentan a un atento análisis un doble sentido auténtico: «En el idioma egipcio no existen únicamente palabras que signifiquen a la vez "fuerte" y "débil" o bien "ordenar" y "obedecer", sino también unos compuestos como "viejo-joven" (que significa joven), "lejos-cerca" (que significa cerca), "atar-separar" (que significa atar), "fuera-dentro" (que significa dentro)...». Así pues, en un principio no se concebía ningún concepto que no representara también su contrario. Abel señala asimismo indicios de estas «viejas dificultades de pensamiento» en otras lenguas: *without* (con-sin), *wider* (contra) y *wieder* (junto con), *altus* (elevado y profundo). Freud llama la atención sobre estas observaciones «porque el sueño también desdeña las categorías de oposición y contradicción»; así lo afirma en su *Traumdentung*: «como un resultado incomprendido del esfuerzo analítico».

porque todo lo creativo sobre lo que se asienta la cultura humana, nace sólo de ella. Aquí radica la diferencia entre creativo, primitivo y neurótico, tan fluida y clara. El inconsciente, único en sí mismo, se exterioriza por ello alcanzando sus pares opuestos. Si ello se produce creativamente adopta símbolos inteligibles tomados de la superficie; pero si queda atrapado, por poco que ello sea, entonces se atraen mutuamente los opuestos con carácter alterno como sobre una báscula, sin símbolos y de forma positiva. El correspondiente afecto se asemeja entonces a un pez que, atrapado en el anzuelo, se agita todavía en el agua: no puede nadar ni morir.

En el hombre sano es probable que la ambivalencia sea superada por lo natural en un contorno autodefinido, por medio del cual sus sentimientos obtienen una fisonomía y carácter propios: de tal manera que, paradójicamente, su ambivalencia sólo sirve para hacer aún más manifiesta su univocidad.

No siempre se distingue suficientemente entre ambivalencia y manifestaciones reactivas. La renuncia a una pulsión, por ejemplo, por saciedad, y la consiguiente cesión de terreno a un opuesto; esto se caracteriza por la sucesión.

LO ENCANTADO

Los típicos cuentos en que lo feo o lo repugnante se transforma en bello (por ejemplo, un sapo en un príncipe) son interpretados psicoanalíticamente con bastante verosimilitud, considerando que el objeto sexual se transforma por el amor sexual en algo deseado, una vez eliminada la represión. Sin embargo, continúa siendo posible, naturalmente, que lo sexual figure como símbolo del símbolo: lo que resulta mucho más difícil de distinguir que cuando lo simboliza todo y cuando los límites entre lo corporal y lo espiritual no estaban tan estrictamente establecidos de modo unilateral, como ocurre en nosotros.

En todo caso, sin embargo, estos encantamientos de los cuentos permiten muy bien las simbolizaciones. No hace falta que sea el falo, como cenicienta de la cloaca, el que se transforme en príncipe tras el sacrificio de la superación que comporta el llevar a su lecho al sapo. Se trata más bien de que lo que ocupara un lugar simbólico en nuestra vida fuera en lugar de más elevado y deslumbrante, lo más feo o lo más banal: como si determinará los límites de nuestro entendimiento, de nuestra compañía simpática, y se afeara o banalizará por ello. (Verdaderamente también puede decirse filosóficamente que concebimos las cosas como si estuvieran **aisladas** y fueran deficientes, absurdas, porque no las vivenciamos en **toda** su interdependencia, en su autonomía a causa de nuestro propio aislamiento. Pero los hombres primitivos creadores de cuentos, para los cuales uno venía fácilmente a representar de modo simbólico el todo —y no sólo simbólicamente— y a la inversa, **algo mucho más**, se hallaban mucho más cerca de esta concepción. Así quedó oculta e **inaccesible** tras de lo más banal y de lo más feo, la belleza encantada que contenía. Sólo cuando en ocasiones alcanzamos a intuirla es cuando esos objetos que acostumbramos a utilizar fríamente como simples instrumentos carentes de personalidad, se ven rodeados de un halo de grandeza que no les es propio: ello se manifestaría en la particular violencia de la repulsión o del horror (pues de hecho la represión de tales cosas les hace adquirir una gran importancia, por mala que sea, que nos influye en momentos enfermizos y tras los cuales el amor comprensivo que no ha sido vivificado se vuelve activo). El temor de tenerlas que aceptar en su auténtico significado y no ser capaces de lograrlo convierte repentinamente a esas cosas en irreales y terribles; inesperadamente se une a ello la restante realidad, del mismo modo a como un gigante deja que haya seres humanos que se agiten en su dedo meñique. En ello no se ve más que el dedo meñique, pero se intuye en sus consecuencias la presencia del gigante. El temor (la culpa **de no poder**) se libera en el sacrificio (superación del horror), y así comprendemos el sentido maravilloso desprovisto del encantamiento que superándonos a «nosotros mismos», es decir, liberándonos de nuestra propia represión y de nuestras propias limitaciones, nos unimos a aquel sentido del que no son partícipes los casos aislados y banales. En el símbolo sexual se pone ello claramente de manifiesto en el momento en que el falo, pequeño, feo y de poca apariencia, se revela como el progenitor del mundo.

En una observación de Sabina Spielrein[123] sobre el por qué una des-

123/   La analista de Berlín, la doctora Sabina Spielrein, había publicado en el cuarto tomo del *Jahrbuch* (1912) un trabajo sobre «Die Destrucktion als Ursache des Werdens» [La destrucción como origen del devenir]. El párrafo que cita Lou Andreas-Salomé se refiere a ello: «Cuando a menudo nos consolamos de una desgracia personal

gracia se convierte en más llevadera por el hecho de su carácter general (el dolor se asienta sobre la diferenciación de las representaciones yoicas separadas), deja ver con claridad que la disminución no radica tanto en saber **implicados** a otros en la desgracia, sino más bien en sentirse uno mismo fuera de ella. Al no ser uno mismo especialmente partícipe, sino uno más en general, recibe un fragmento de indiferencia esquizofrénica —alejamiento de la intimidad— y habla en su fuero interno refiriéndose más bien a una imagen que a algo afectivo y reciente a la vez.

SOBRE LA LIBIDO

Comentando el libro de Jung sobre la libido[124] ha destacado Ferenczi con justeza que Jung atribuye en él un cambio de opinión a Freud que

---

con la idea de que otros también son desgraciados, como si, para nosotros, al quedar así **legitimado** disminuyera el dolor con la eliminación del azar que nos afecta personalmente. Lo que ocurre, y lo que ha ocurrido en general, no es ya una desgracia, sino un hecho objetivo. El dolor descansa sobre la diferenciación de una representación aislada del yo. Con ello entiendo una representación ligada a la "consciencia yoica"».

124/ Sus dos ensayos del *Jahrbuch* se encuentran reunidos en un libro; *Wandlungen und Symbole del Libido*, contribuciones a la historia del desarrollo del pensamiento, Leipzig y Viena, 1913 (en la cuarta edición *Symbole der Wandlung*). La declaración de que Jung atribuía a Freud «un cambio de orientación que éste no había llevado a cabo» se refiere a afirmaciones tales como: «Siento una gran satisfacción al comprobar que nuestro propio maestro, al considerar el frágil material de la vida mental del paranoico, se ha visto obligado a dudar de la utilidad práctica del concepto de libido en su concepción actual». Únicamente con el «concepto genérico de la libido, que se extiende por todas partes sobre lo sexual reciente (o sexual descriptivo), es posible la traducción, en el psicótico, de la teoría freudiana de la libido». («Al hablar... de "libido", incluyo el concepto genético que amplía, con una importancia considerable, lo sexual reciente hasta **la libido original desexualizada**»).

Freud, en su *Zur Einfürung des Narzissmus* [Introducción al narcisismo], 1914, rechazó de forma radical una tal ampliación del concepto de libido: «Precisamente porque me esfuerzo por mantener alejado de la psicología todo lo demás, incluso el pensamiento biológico, es por lo que deseo dejar aquí bien claro que la suposición de la existencia separada de impulsos yoicos e impulsos sexuales, es decir, la teoría de la libido, descansa al (Lou A.-S. corrige en su ejemplar por lo) menos sobre bases psicológicas que están en lo esencial biológicamente fundamentadas. Seré lo suficientemente consecuente como para renunciar a semejante supuesto si de la práctica psicoanalítica surgiera un presupuesto distinto sobre las pulsiones que resultara más útil. Pero esto no es aún el caso. Pudiera ser que la energía sexual, la libido —en último término y en el fondo— no fuera más que un producto de la diferenciación de la restante energía que actúa en el

éste no ha llevado a cabo, y que intenta inútilmente justificar extendiendo el concepto de libido de tal manera que el yo y el sexo queden armónicamente integrados en su seno. Jung tiene razón cuando observa que, en las interpretaciones del «incesto», el carácter libidinal es tomado frecuentemente con demasiada estrechez como sexual, en el sentido de que el «incesto» corresponde originariamente a un período en el cual no puede establecerse una distinción entre sujeto y objeto. Pero, por ello precisamente, creo yo que tampoco en ese caso se puede hablar de «presexual» en sentido estricto (por la excesiva e inconveniente insistencia de lo yoico en lo referente a las necesidades alimentarias, etc.), pues ambos son todavía uno, y una disputa acerca de prioridades recíprocas de impulsos, más tarde diferenciados, es totalmente superflua. Pero queda claro lo que ha conducido a Jung a tal innovación (dejando aparte su tendencia a efectuar síntesis prematuras que comparte con algunos otros), a saber, el hecho de que **se deban a ella los más bellos descubrimientos en lo referente a la relación existente entre regresión libidinal y pensamiento arcaico**; ya que al ser el pensamiento arcaico el pensamiento simbólico, la libido misma por así decirlo se le ha simbolizado en su interior y parece emerger allí en una forma primitiva.

Si se piensa en la concepción de la libido de **Freud** por mucho que haya podido modificarse con el tiempo, llama poderosamente la atención el que toda la vida psíquica deba encontrar en ella su fundamento. En la efervescencia sexual es verdaderamente en lo único en que lo or-

---

psiquismo. Pero tal suposición no posee un carácter significativo». «Tales especulaciones no nos llevan a ninguna parte; ya que no podemos esperar hasta que otra ciencia nos haga el obsequio decisivo sobre la doctrina de las pulsaciones; tiene mayor sentido intentar ver qué luz puede arrojarse mediante una síntesis de los fenómenos psicológicos sobre aquellos enigmas biológicos fundamentales. Familiaricémonos con la posibilidad del error, pero no permitamos que ello nos detenga en la prosecución consecuente del camino que nos abre la hipótesis escogida en primer lugar sobre la oposición que existe entre impulsos yoicos y sexuales que nos ha venido impuesta por el análisis de las neurosis transferenciales (neurosis de angustia, histeria de conversión y neurosis obsesiva), comprobando si es utilizable sin la aparición de contradicciones y de manera fructífera y si es también aplicable a otras afecciones, como por ejemplo, la esquizofrenia». Freud se esfuerza a continuación en refutar la concepción de Jung, «de que la teoría de la libido fracasa ante el problema de la *dementia praecox* (esquizofrenia) y con ello está también liquidada para las demás neurosis». Ferenczi criticó el libro de C. G. Jung sobre la libido en el tomo I, de 1913, de la *Intern. Zeitschrift*.

gánico se manifiesta para nosotros de un modo especialmente **psíquico**: es decir, no únicamente como pudiera ser la influencia de los restantes órganos según su mejor o peor estado, estimulando o definiendo en general según los casos, sino distinguiéndose de ello en dos aspectos: primero, por la peculiaridad de la efervescencia misma que lo (orgánico) genera psíquicamente, y, en segundo lugar por su característica acción sobre el conjunto del psiquismo (por lo que frecuentemente se puede comparar con el efecto de una intoxicación) y toda su capacidad de razonamiento. Así se daba para Freud una visible encrucijada de lo físico y lo psíquico, punto a partir del cual no puede regresar la psicología.

Sin duda es a partir de aquí que la más fuerte impresión libidinal se ha proyectado sobre la humanidad pues los acontecimientos físicos se elevan allí a lo psíquico y lo psíquico se confirma misteriosamente también en lo físico. Si se piensa que el hombre originariamente no puede haber padecido de nada tan profundamente como del abismo que se abría entre él y el resto, como fruto de su toma de conciencia humana, entre su raza y el mundo, del inicio de la separación entre lo interior y lo exterior; todo lo tocante a su libido aparece entonces como un oasis en el desierto, como la tabla salvadora en el raudal de las aguas. Pues en ella por lo menos recobran su plena unidad lo interior y lo exterior, él y el mundo. Qué brillantez debía revestir el centro mismo de esta mera satisfacción del ardor, y cómo deben haberse expandido todas las ceremonias religiosas en torno al acto sexual, más solemnes aún que lo que nos pueda hacer intuir cualquier consagración de amor actual de carácter individual, que no poseen ni una necesidad ni una resolución de la misma tan brutales (como no sea en la enfermedad mental en la cual se pierde pie sobre la realidad). Existe hoy más bien el peligro de que con todas nuestras sublimaciones del amor acabemos por perder el original sentido religioso que poseía la unión de seres humanos en el acto sexual: en el cual nos fundimos con la realidad, el sopor al que nos relega la separación sexual del yo y el mundo se **acredita** ante nosotros como realidad exterior. Porque este simple milagro ha dejado de serlo para nosotros es por lo que estamos en condiciones de captar lo sexual de forma trivial o bien sentimental (romántica). También el hombre primitivo lo conocía y practicaba trivialmente —al igual que sucedía con el impulso de comer: pero conocía también las comidas-sacrificio que compartía con el dios.

BLEULER
Pensamiento autista

Las objeciones de Bleuler[125] contra Freud pueden verse de otra manera si las contemplamos desde un determinado punto de vista.

Es cierto, por ejemplo, que el «principio de placer» de Freud no es suficiente para explicar la autoimposición de afectos displacenteros, pero ambas cosas están imbuidas de una imposición vital que hace que en algunos individuos, incluso los impulsos suicidas puedan estar al servicio del «placer».

De igual modo la voluntad de realidad es quien ocupa el lugar originario, tal como lo ve Bleuler, y no la de alucinar, como opina Freud, pero inicialmente **no llegan a distinguirse la una de la otra**, en tanto en cuanto lo individual se siente fundido con la totalidad; por ello, está uno tan mal orientado en aquella realidad que acaba por edificarse como algo opuesto y exterior, hasta el punto de llegar, con absoluta sinceridad, a utilizar medios muy fantásticos para la consecución de fines reales. De modo inverso, falta esa sinceridad al esquizofrénico y **su** autismo no **tiende** a la realidad concebida en ese sentido.

125/   Eugen Bleuler (1857-1939), profesor de psiquiatría de la Universidad de Zúrich y director del hospital cantonal de Burgholzli, había reprochado en un escrito —«Die Pschychoanalyse Freuds, Verteidigung und kritische Bemerkungen» [El Psicoanálisis de Freud, defensa y acotaciones críticas]— de 1911, y concretamente en *Verteidigung* [Defensa] a los adversarios de la teoría de Freud por sus errores y ataques arbitrarios. Había expresado sus «objeciones» en una segunda obra: *Kritik des Freudschen Theorie* [Crítica de la teoría freudiana] de 1915: «Destruye en su obra una parte tan importante del edificio de la teoría psicoanalítica que los adversarios deben sentirse satisfechos de la ayuda que les presta semejante defensor». *Geschichte der Bewegung*. El ensayo del que se trata aquí (publicado en el *Jahrbuch* de 1912) se refiere al artículo de Freud: «Formulierung über die zwei Prinzipien des Psychischen Geschehens» [Formulaciones acerca de los dos principios del funcionamiento psíquico] y pone frente a frente «el principio de placer» y el «pensamiento autista». Se trata de un pensamiento que «se caracteriza por la preponderancia de la vida interior y por una activa desconexión del mundo exterior». En él predomina la afectividad. «Es por ello que no existe límite preciso entre pensamiento autista y pensamiento ordinario, porque éste se inserta muy fácilmente en la última dirección autista, es decir, afectiva». «El pensamiento autista no está únicamente condicionado por la libido, también lo está por cualquier afecto». Freud había explicado en su ensayo que los procesos psíquicos primarios consistían en la formación de fantasías muy marcadas por el placer. El término «autismo» (retracción enfermiza) fue forjado por Bleuler al igual que el de «esquizofrenia» (*dementia praecox*); también la expresión «Psicología profunda» es suya.

Finalmente, debe tenerse en cuenta hasta qué punto nuestra realidad no permanece teñida de autismos de todo tipo, sino también de que ha sido erigida como realidad únicamente por un pensamiento orientado por afectos, lo mismo que el pensamiento lógico no se ha hecho posible más que gracias a un tal aporte de atención. Del mismo modo a cómo la realidad tan sólo se convierte en «real» con ayuda de lo afectivo, también las formaciones delirantes del esquizofrénico se fundamentan en algún tipo de impresiones. Nada nace de la nada: siempre existe una continuidad.

A la constatación de Bleuler de que el esquizofrénico carece de felicidad en su delirio porque le falta la continuidad del éxtasis y también porque la realización del deseo no comporta la felicidad, deben añadirse dos razones más: en primer lugar, que la esquizofrenia es la consecuencia de una incapacidad para afrontar la vida y que su delirio es tan exorbitante como temible es la resignación a la que se ha recurrido; y también, que el esquizofrénico no ve satisfecho su objetivo en la realización de **cada** deseo, sino que su deseo es ser la totalidad, ser todo lo que no se llega a realizar para él más que parcialmente, al igual que ocurre con nuestra necesidad de ser únicos.

Bleuler descuida algunos de estos aspectos como consecuencia de un cierto racionalismo ceñido sólo a la búsqueda de trastornos del pensamiento; así ocurre también cuando se refiere a la cara «intelectual» del autismo, cosa que no ha sido aún suficientemente estudiada. Sitúa así el autismo entre la función de realidad primitiva y el pensamiento lógico, y sólo un pensamiento muy desarrollado le confiere las funciones combinadas de la fantasía, que ya anteriormente había atribuido Freud al «polluelo que alucina» considerándolo como lo más primitivo. Pero lo esencial no es que la «función de la realidad» represente una actividad «primitiva» y el alucinar o fantasear una actividad «posterior», sino que no podemos considerar, desde nuestra perspectiva, «lo primitivo» más que físicamente, tan sólo como efecto reflejo y como mero estadio previo, mientras que, a su manera, ya lo contiene todo. Del mismo modo a como se niega el «autismo» al polluelo, también puede afirmarse: tan sólo el polluelo en el huevo se encuentra en el lugar hacia donde tiende el esquizofrénico: **en la totalidad**.

RAINER
(Gotinga, del 9 al 21 de julio de 1913)

Cierto anochecer, se encontraba Rainer junto a la verja y antes de que llegáramos a hablarnos nuestras manos se entrelazaron a través de las rejas del jardín. ¡El tiempo que permaneció aquí me colmó de alegría! No se trató de un reencuentro más sino de un reencuentro con **él**, que se hallaba en ocasiones alejado de sí mismo y desrealizado por un «Otro»[126] (como acostumbrábamos a llamarlo). En realidad siempre pude reencontrarlo frecuentemente en sus cartas, pero así, día a día, encontrarlo como él mismo, en cualquier estado de ánimo, a cualquier hora, incluso en las más bajas, como **él**: no recuerdo nada semejante.

Pero el problema sigue siendo el mismo; él no se encuentra mejor en su propia piel espiritual, sino peor. Hablamos mucho al respecto. Tan sólo de una manera puede entenderse el que una mejoría exija el precio de encontrarse peor: precisamente el hecho de que no se sienta escindido en dos seres que se sientan extraños, para padecer el uno por el otro, ese hecho le lleva a sufrir por todo cuanto no se organiza y realiza adecuadamente en su interior, siendo al mismo tiempo parte de sí mismo sin constituir una personalidad escindida. Al mismo tiempo, parece histerizarse todo cuanto en él parece atravesarse, salirse del camino más aún que antes. Al no permitir su personalidad interior la escisión de su centro, sino que a pesar de ello madura y crece, sucede como si no le quedara más que el cuerpo como medio y material con qué expresarse. Y no como antes, mediante crisis o en rasgos únicos y singulares, sino más bien como totalidad. Es más que un cuerpo en el que se presupone una enfermedad y casi un cuerpo que no envejece, como si la maduración de los años hubiera sido sustituida por un titubeo enfermizo y una incapacidad de seguir el auténtico paso del tiempo.

Quizá sea por ello que Rainer se queja de que antes, **cuando** irrumpían momentos productivos transcurrían con mayor soltura, incluso dominando al cuerpo, mientras que ahora, y aunque su mente no esté

126/   Ya en su carta del 26 de febrero de 1901, «Letzter Zuruf» [Última llamada] escribe Lou A.-S. a Rilke: «Lo que tú y yo llamamos, en ti «el otro» —ese a veces deprimido, excitado otras, excesivamente temeroso en ocasiones, exageradamente entusiasmado otras...—. Y en la carta del 2 de julio de 1914, dice: «Ya sabes hasta qué punto te presionaba en tiempos pasados para que reconocieras la existencia del "Otro"».

nunca tan sojuzgada como de costumbre, persista siempre una perturbación que no acaba de desaparecer: por ello, se ha convertido en característico de su productividad el que ésta transcurra a **brotes**. Su propio
cuerpo ha pasado a ser el «otro» para él.

Aquí reside un enorme peligro: el de una escondida hostilidad frente
al cuerpo, una nueva introversión en la medida en que haya podido
disminuir la preexistente por una más plena identificación espiritual
consigo. En la enorme expansividad de su absoluta dedicación a las
cosas —producción lírica o enfermiza histeria— permanece siempre
Rainer corporalmente distante, es decir, como ocupado por recuperar
o sustituir así la existencia material. Ello sin embargo podría agudizarse
ahora hasta constituir una especie de desesperación que tienda desde el
primer momento a alcanzar un sustituto espiritual.

Hay que poder leer todo esto en su obra. Y descubrimos lo siguiente: cuando los *Neue Gedichte* (Nuevos Poemas), y hallándose bajo la
influencia de Rodin, confundía la actividad manual del escultor con la
del lírico, y ello sucedió con fructíferos resultados para él al hacer que
se dedicara a los objetos y distenderlo; ahora ve en ello un método, un
camino, un puente. Por el contrario, la técnica de sus últimos poemas
después de los *Marienlieder* [Cantos a la Virgen] quiere decir más que
lo que dice, no pretende «reflejarse» emocionalmente, pero ello sucede
volviendo la espalda a las gentes a quienes se dirige (eso es lo que significa para él: escoger palabras que no contengan una invitación). Me parece que no deja lugar a un método en el sentido de técnica que implique
expresión y comprensión; más parece tratarse de una nueva forma de
similar introversión como en el caso (ya referido) de lo corporal.

Las *elegien* [Elegías] se elevan poderosamente sobre lo anterior y se
deshacen en promesas y realizaciones. Y cuando leí las primerísimas
Christusvisionen [Visiones de Cristo][127] pertenecientes al año en que nos
conocimos en Múnich, me invadió profundamente la línea de elocuencia
pura y consecuente que, desde el principio hasta el final, las atraviesa y

---

127/   Lo que más tarde se convirtió en la primera y segunda *Elegías* y en fragmentos
de la fecunda época de Duino; véase a este respecto, en la correspondencia, las notas
de la carta de Rilke del 1 de agosto de 1913. Las «visiones de Cristo»: un poema del
joven Rilke; las menciona en su primera carta a Lou A.-S. que era muy conocida entonces por su ensayo: «Jesus der Jude» [Jesús, el judío].

revela lo más íntimo del alma de Rainer. Largo rato permanecí sentada tras su marcha meditando acerca de tales reacciones, y fue como pasear en el interior de un enorme jardín para el que no había llegado aún el otoño.

Las esfinges con álito.[128] Flor de loto. Vaca. Rueda de alfarero. Pueblo beduino. Beduino con el latón, la vestimenta alzada y el doble tropezón del bastón del peregrino y la llamada. El perro cabileño.

Toledo como colina entre colinas, con el río como cinta que rodea su cuello. Camino de Córdoba, el río, tras sombrías riberas de molinos se vuelve luminoso reflejando una casa azul como si hubiera recibido vacaciones de su propio azul.

El Greco: La *Asunción de la Virgen*: casi como impulsada desde abajo más que suavemente izada, levantando el vuelo. *La crucifixión*: en cierto modo hecha presente a través de la recogida al vuelo de las gotas de sangre que ejecuta el ángel, casi distorsionándose en la horizontal por la prisa, y por los ángeles laterales en la pintura de las manos (alas crispadas; en las cosas más antiguas también la línea de la nariz y la línea sinuosa de las piernas). **Toledo** con el hospital extramuros, sobre una nube y además girado, no sólo alejado de su lugar real (porque allí habría estropeado el panorama), la inscripción abajo, en el plano, sujeto por el hilo. El Greco en la Dresdner Galerie en octubre: *La curación del ciego*. El silencio en que transcurre (secretamente como todo milagro) entre los grupos en movimiento; atención de algunos, el observador. Autorretrato. Tan sólo el perro lo sabía con seguridad.

128/ Todos estos nombres son puntos de referencia de Lou A.-S. para los recuerdos que Rilke le confió durante la visita que éste le hizo a Gotinga (del 9 al 21 de julio de 1913). Los países que Rilke rememora son Argelia, Túnez, Egipto, España, el castillo de Duino, Francia, Dresde y Gotinga. Estos relatos se extienden a lo largo de cuatro años, a partir de 1909. Rilke estuvo en el norte de África desde mediados de noviembre de 1910 hasta finales de marzo de 1911, en España de noviembre de 1912 a febrero de 1915. *Rueda de alfarero*: «En casa del alfarero a orillas del Nilo», novena elegía. *El perro cabileño*: «Cuando en Kairuán, al sur de Túnez, se me abalanzó y me mordió un perro cabileño», 16, 5, 1912 a Lou A.-S. *La caza de palomas en Duino*: véase la nota de Rilke al soneto número once de la segunda parte de los *Sonetos a Orfeo*. *La fiesta de Sta. Sarah*: probablemente en Saintes-Maries-de-la-Mer, en Provenza (mayo de 1909). «Marthe es una joven parisina, una hija del pueblo». *La planchette*: en el otoño de 1912, Rilke tomó parte varias veces, en Duino, en el círculo de la princesa de Taxis, en las sesiones de «escritura automática» mediante una *planchette*. Nijinski, el gran bailarín ruso a quien Rilke vio en 1910 y en 1911 en las actuaciones de los Ballets Rusos en París. *Nuestra rana*: en Gotinga, en el parque.

El jardín de Duino: sometido al viento, convertido cada vez más en presencia, y los pasos que resuenan sobre las losas de piedra, y los ratones y los tordos, que se imitan mutuamente. (NB: el escurridizo ánimo productivo se transforma con mayor facilidad en horror, como ante lo esencial).

La caza de palomas en Duino (relatado en los Riesengebirge [Montañas de los Gigantes] junto a los cinco perros). Cuando pasó el placer estético, se sustituyó a las palomas por perros a los que ya se conoce y quiere. Objeción de Rainer: ambos son posibles a la vez, el encanto y la indignación.

Las campanas de Chartres (silla y vértigo). - El pez dorado. - La fiesta de señorita Sarah. - Marthe. - La *planchette*. - (Nijinski). - Nuestra rana.

NARCISO[129]

Esto: es algo que surge de mí y se expande
Dies also: dies geht von mir aus und löst
en el aire y en las sensaciones del bosquecillo,
sich in der Luft und im Gefühl der Haine,
abandonándome con facilidad y dejando de pertenecerme,
entweicht mir leicht und wird nicht mehr das Meine
y brilla, pues no tropieza con animosidad alguna.
und glänzt, weil es auf keine Feindschaft stößt.

Es algo que se eleva de mí sin cesar,
Dies hebt sich unaufhorlich von mir fort,
no quiero partir, espero, aguardo;
ich will nicht weg, ich warte, ich verweile;
más todas mis fronteras se apresuran,

129/ Poema de Rilke: publicado por primera vez por Lou A.-S. —como comentario— a su ensayo «Narzissmus als Doppelrichtung» (1921), omitiendo la cuarta estrofa, el primer verso de la quinta estrofa, así como el cuarto verso de la sexta y la séptima (y última) estrofa. Nota al pie del texto: «(de *Narziss*, de Rainer Maria Rilke. Manuscrito)». Este poema figura al final de la primera parte de este ensayo en cuatro partes. Decía:

«El padrino de esta expresión, Narciso, el héroe del espejo, debe tener la conciencia un poco cargada si sólo exterioriza el erotismo satisfecho por el yo. Pero no olvidemos que el Narciso de la leyenda no se encuentra ante un espejo artificial, sino ante el espejo de la naturaleza: ¿quizás, al no verse en el agua únicamente **a sí mismo**, sino como **un todo**, no hubiera permanecido y hubiera huido? ¿Acaso, desde siempre, haya en la expresión de su cara, además de apasionamiento, la tristeza? De igual modo que ambas

doch alle meine Grenzen haben Eile,
saltan fuera y ya están allí.
stürzen hinaus und sind schon dort.

E incluso durante el sueño. Nada nos une lo suficiente.
Und selbst im Schlaf Nichts bindet uns genug
Centro dado al abandono en mi débil núcleo,
Nachgiebige Mitte in mir, Kern voll Schwäche,
que no retiene siquiera su propio fruto. Huida, o vuelo
der nicht sein Fruchifleisch anhält. Flucht, o Flug
desde cualquier punto de mi superficie.
von allen Stellen meiner Oberfläiche.

Lo que allí se constituye asemejándoseme con certeza
Was sich dort bildet und mir sicher gleicht
temblando en su ascensor en llorados signos,
und aufwärts zittert in verweinten Zeichen,
quizá desearía nacer de una mujer;
das mochte so in einer Frau vielleicht innen entstehn;
pero sin poder alcanzarlo,
es war nicht zu erreichen,

(**Por mucho que intenté forzarlo en ella**).
(wie ich danach auch drangend in sie rang).
Ahora yace en las indiferentes
Jetzt liegt es offen in dem theilnahmslosen
y agotadas aguas, y yo puedo contemplarlo boquiabierto,
zerstreuten Wasser, und ich darf es lang
largamente, bajo mi corona de rosas.
anstaunen unter meinem Kranz von Rosen.

Allí no se le ama. Allí, en el fondo,
Dort ist es nicht geliebt. Dort unten drin

---

cosas se unifican: felicidad y dolor, lo que se aparte de sí, lo que se vuelca sobre sí mismo, lo dado y propia afirmación: ello correspondería únicamente al retrato del poeta».
El poema fue escrito en París en abril de 1915.

no hay sino pasividad de arrojadas piedras
ist nichts als Gleichmuth überstürzter Steine, und ich kann sehen,
y contemplo mi tristeza.
wie ich traurig bin.
¿Era ésta la imagen que ofrecía a sus ojos?
War dies das Bild in ihrem Augenscheine?

¿Fue así como se formó en su sueño, dulce temor?
Hob es sich so in ihrem Traum herbei zu süßer Furcht?
Casi puedo sentir la suya; pues al perderme en la mirada,
Fast fühl ich schon die ihre; denn wie ich mich an meinen Blick verliere,
bien pudiera pensar que soy mortal.
ich konnte denken, daß ich tödlich sei.

Lou Andreas-Salomé a Alfred Adler[130]
(Gotinga, 12 de agosto de 1913)

Hace ya tiempo que deseaba escribir a fin de formular, aunque no fuera más que someramente, aquello que concibo de forma distinta a como lo hacía en el verano pasado, cuando le escribí por primera vez.

¿Recuerda usted que yo había mencionado entonces que a pesar de una cierta divergencia teórica (que yo consideraba más importante de lo que era en realidad), coincidía mucho con Freud sin que ello me molestara? Ahora me parece que esto es algo que caracteriza la situación; toda esta discusión teórica en torno a Freud me parece, de algún modo, producto de un malentendido que no podrá ser nunca aclarado por una nueva contraposición de teorías.

Con toda seguridad, mi interés ha estado siempre centrado en esta dirección y sin duda estos asuntos fueron importantes para mí a causa del problema que planteaba su inserción filosófica. Pero quizá sea esto lo más hermoso de cuanto aprendí con Freud: la incesante alegría, renovada y profunda a la vez, suscitada por el hecho mismo de sus propios

---

130/   El motivo aparente de esta carta fue el Congreso del 18 al 19 de septiembre, en Viena, de los partidarios de la «Psicología individual»; Lou A.-S. deseaba tomar parte en él como oyente. Adler le envió una invitación junto con la respuesta. Lou A.-S. hizo llegar a Freud una copia de su carta y no tomó parte en el Congreso. Esta carta figura reproducida en su mayor parte en las notas al *Lebensrückblick*.

descubrimientos, alegría que siempre nos acompaña y abre nuevos comienzos. En efecto, en su caso no se trata nunca de coleccionar, gracias a sublimes investigaciones, detalles «materiales» que sólo podrían verse dignificados por una discusión filosófica. Lo que sacó a la luz del día no resultaron ser piedras o instrumentos antiguos, sino algo en lo que nosotros mismos nos vemos implicados, y de ahí la importancia de unas intuiciones cuya presencia sentimos de inmediato y que no por ello son menos valiosas desde el punto de vista filosófico; algo similar a lo que supone para el niño la experiencia cuando aprende a decir «¡yo!» por primera vez.

Suponiendo que sometiéramos los descubrimientos de Freud a una fórmula general y que intentáramos resumirlos en una nueva síntesis abstracta, no conseguiríamos avances definitivos ni transformaciones esenciales. Sería como si en el curso de investigaciones sobre el altruismo, acabáramos por ponernos de acuerdo, y con razón, en que el altruismo no es más que egoísmo; ¡ciertamente!, pero no obstante, si queremos profundizar en el problema debemos de inmediato subdividir, analizar, distinguir a fin de conseguir, y aún a pesar de esta reducción, que la red que hundimos en las profundidades del alma humana recoja aquello que nos permita nuevos conocimientos sobre ella.

Para usted, lo más importante no es englobar el todo **en una fórmula única** (como pulsión de poder, «protesta masculina») sino su fundamentación gracias a un sentimiento de inferioridad y su edificación sobre lo orgánico. Su primera obra, que trata de esta noción desde el punto de vista fisiológico, fue de gran importancia para mí y usted ya sabe como aumentó mi interés a raíz de la segunda, que leí justamente en una época en que me encontraba trabajando en un estudio sobre la formación de la ficción religiosa y que quedaba así tan sólidamente confirmada.

No obstante, desde un punto de vista psicoanalítico, no me siento capaz de familiarizarme con ese sentimiento de inferioridad nacido de lo orgánico y ello se justifica filosóficamente. Lo orgánico por sí mismo no explica ni condiciona lo psíquico a nuestros ojos, sino que únicamente lo pone de algún modo de manifiesto (y a la inversa), y por muy verificable que pareciera la exposición, en mi opinión nada de lo que ocurra en el psiquismo podría ser reconocido o considerado como su producto, y lo mismo en el caso contrario. Poder mantener este misterio, esta sombra, esta X, forma parte del derecho que asiste a la psicología en la selección de sus métodos y medios; más allá de lo que pudiera decirse desde un punto de vista epistemológico, prosigue su propio recorrido al igual que lo hacen las ciencias de la naturaleza sin aceptar ingerencias extrañas.

Pero si no existe una prioridad de lo psíquico ni de lo somático, no puedo comprender cómo el psiquismo —considerado como nuevo producto de una carencia, que se mantiene gracias a ficciones y argucias— puede ser presentado bajo un prisma tan negativo. Ciertamente que existen ambiciones de poder basadas en la impotencia, pero simplemente porque bajo el nombre de «pulsión de poder», o como queramos llamarlo por el momento, entendemos un sinónimo de vida que pugna por imponerse por doquier y por todos los medios como constituyendo por sí mismo lo eterno. Pero que esta vida no se pierda en imágenes de sí misma en constante cambio, en ficciones o en símbolos, y que ella misma tenga que convertirse, por añadidura, en un simple reflejo etéreo, en un vacío, en la negación de una negación, es algo que no me parece en absoluto evidente.

Ya durante la primera velada que pasé en su casa le hice una objeción, mientras tomábamos el té, al rogarle en broma que considerara más positivamente lo «femenino»; y todavía hoy el «medio femenino» sigue siendo para mí, a pesar de sus contraargumentos de entonces, aquello que muestra sus garras (no sólo ficticias y aterciopeladas patas, sino verdaderas garras disfrazadas de ese modo) en la «garantía secundaria» como su base pulsional. Y de este modo vuelvo al punto de partida: el «**Inc**» de Freud y el por qué de sus excavaciones en este terreno (en especial la de los fenómenos que yo considero como positivos) me resultan más importantes que cualquier especulación por encima del mismo.

Alfred Adler a Lou Andreas-Salomé
(Viena, 16 de agosto de 1913)

No crea que una actitud crítica puede hacerme perder el equilibrio. Lo que yo le reprocharía es, ante todo, su imprudencia.

Mi posición frente a la escuela freudiana no ha tenido, por desgracia, nada que ver con sus argumentos científicos. No veo en ella, y conmigo todos mis amigos, más que una vana agitación comercial y andrajos de gente ilustrada, del tipo a que hace referencia Mach en el Análisis.[131]

¿Cómo es que esta escuela intenta considerar nuestras concepciones como un bien común,[132] en tanto que nosotros hacemos resaltar sin cesar la inexactitud de sus opiniones? Pero es posible que usted —por eso la llamo imprudente— no se haya percatado de ello.

Para mí, todo esto prueba que la escuela de Freud no cree en sus propias tesis y que tan sólo pretende salvar las inversiones realizadas.

Su comparación con el altruismo y el egoísmo cojea. Ya he expuesto con suficiente claridad que toda persona nerviosa posee la suficiente sexualidad y el grado de libido necesaria para poner a salvo su sentimiento personal. Lo mismo es aplicable a su forma de expresión oral. El hecho de que ambas, libido y palabras, se proyecten fuera de la persona es un problema que no nos atañe ahora. Así como tampoco el hecho de que provengan del material disponible, producto de lo físico. Pero ni la una ni la otra son *natura naturans*,[133] sino artificios corporales que pugnan por expandirse. Así puedo explicar las transformaciones de la libido e incluso su significación teleológica. Sin embargo, sólo estoy en condiciones de explicar tal tendencia de la libido a la expansión si acepto la existencia de impulsos expansivos en su interior.

Ello significaría un error de reflexión de la escuela freudiana si no fuera porque es una inclusión ulterior a fin de evitar mis concepciones. Pero por ello mismo ha dejado de ser algo de alguna manera relacionado con la cientificidad.

Su segunda objeción es respecto al «salto» de lo físico a lo psíquico. Confieso estar secretamente convencido de haberlo resuelto parcial-

---

131/   Según el físico y teórico Ernst Mach, en su libro *Die Analyse der Empfindungen und das Verhältnis des Physischen zum Psychischen* [El análisis de las sensaciones y la relación de lo físico con lo psíquico], 6.ª edición, 1911. En el último capítulo de su libro polemiza con sus críticos en un tono muy moderado.

132/   En todas las ocasiones en que Freud tuvo que hablar de las concepciones de Adler, ya fuera para utilizarlas o bien para rebatirlas, indicó escrupulosamente su origen (del mismo modo que lo hizo antes de la separación). Otros autores, según lo dejan entrever, han dado esto por supuesto. En su ensayo «"Anal" und "Sexual"» Lou A.-S. expuso, una vez más, sus puntos de vista acerca de la teoría de Adler (así como sobre la de Jung) y respondió así, implícitamente, a la carta de Adler.

133/   En relación con el concepto de la *natura naturata* (la naturaleza creadora, incondicionada, y la creada, condicionada), especialmente en Spinoza.

mente. Desgraciadamente los demás no se han dado cuenta todavía. La capacidad vital de una criatura inferior se denomina psiquismo. Y contiene en su interior pulsiones agresivas, tendencias expansivas y una orientación hacia lo que se halla culturalmente más valorizado, hacia el hombre. Unas palabras acerca de los «descubrimientos» y de las «excavaciones» de Freud. Todos mis pacientes hacen descubrimientos análogos. Esto no es nada despectivo. Nos descubre únicamente los «artificios». Freud ha tomado el suyo como real. Esto es lo decisivo. Y ahora no tiene más remedio que idear nuevos trucos para tapar sus deficiencias. Una pregunta: ¿cree usted que si nosotros dispusiéramos de revistas llevaríamos tan lejos y con tanto empuje la táctica del silencio, la identificación y otras? ¡Puede que mis concepciones sean equivocadas! ¿Pero justifica ello que me sea usted robada?

4 Múnich
(del 17 al 20 de agosto de 1925)

CON GEBSATTEL
Arte y vida (Sobre Rilke)

Antes de mi viaje a Viena, en casa de Gebsattel. Con él sobre Rainer: partiendo de la descripción de Rainer sobre (Nijinski), que ha constituido en él como una obra de arte —quizá no haya sido fijada por escrito para poderla **revivir** (verbalmente)—, pues acaso, únicamente de esta última forma permanezca vivo el impulso que contiene (o quizá porque: su cansancio habitual deba impulsarse con la presencia humana, y sea por ello que se destaque tanto en la conversación donde realmente se muestra productivo, entregándose hasta el agotamiento). Sería muy interesante saber si en estos casos su deseo de evitar la fijación del arte se constituye en confesión de su voluntad incurable de mantenerse al margen de la vida; por lo menos del arte romántico frente al clásico —su forma más impura y nostálgica de vitalidad.

A causa de esta marginación, el trabajo de creación no es nunca lo decisivo en última instancia: **podría pensarse** que **en este** sentido un abandono de la productividad pudiera poseer un carácter fructífero al hacer resurgir otra más profundamente oculta como signo de perfección. Por el bien de Ranier quisiera que esta idea se convirtiera en un fruto maduro y alcanzable que llegara a estar un día entre sus manos. (En último término se trata del problema de la **conformación**, que supone a la vez marginarse e infundir vida). El que todo arte surja de la manifestación de un complejo reprimido se corresponde con la marginación vital de sus características perfecciones. Diluye tales complejos en «acción social» al comunicarlos mediante formas conscientes.

Pero del mismo modo a como los complejos no se hacen así conscientes para él, el placer estético se produce al margen de una excitación pulsional que, de otro modo, se movilizaría en la práctica contra un contenido semejante: ambos permanecen «al margen», tanto la formación como el producto.

Ésta es también la razón por la cual cuando un fragmento cualquiera de realidad fortuita se aleja de nosotros, cuando se ve «enmarcado» (como si por ejemplo lo miráramos a través de una ventana o en un espejo), nos parece inmediatamente como si pudiéramos alcanzar a comprenderlo plenamente gracias a una contemplación creciente y no porque conectemos el «contenido» con la realidad restante que lo rodea.

SOBRE FREUD

Una parte de la actitud crítica de Gebsattel frente a Freud proviene de cuestiones personales: del concepto que él tiene de la personalidad, que dio precisamente con estos hallazgos (y como tal interpretación de los mismos). A mí me ha sucedido precisamente todo lo contrario: por ejemplo, cuando leí la *Traumdentung* [Interpretación de los sueños] y comprendí[134] claramente las concesiones que Freud tuvo que hacer con respecto al material de que disponía entonces, frente a tantos adversarios que se mofaban de él: sentí respeto por el sencillo heroísmo de su vida. Es cierto que el heroísmo y lo «excesivamente humano» se hallan muy próximos, especialmente para el psicoanalista, pero incluso cuando se quiere prescindir de una apreciación puramente científica, libre de carga afectiva, de los hallazgos, pienso que está más justificado el respeto que la crítica personal. Frente a un ser que, por una u otra razón, nos parece estar revestido de una cierta grandeza, nos llama más a la emoción que a la frialdad el que quizás haya alcanzado a engrandecerse precisamente a expensas de sus propias debilidades.

134/   Cuando la lectura del libro de Freud *Die Traumdeutung*, 1900, cuyo material provenía en gran parte del propio Freud y de su círculo: «Sólo me cabía la opción entre mis propios sueños y los de mis... pacientes. La utilización de este último material me resultaba prohibida por la inclusión en los procesos oníricos de la complicación no apetecida de la injerencia de caracteres neuróticos. Con la exposición de mis propios sueños resultaba inevitable que abriera a la mirada de los demás las intimidades de mi vida psíquica más de lo que deseaba y a lo que está obligado un autor que no es poeta sino investigador de la naturaleza. Ello constituía algo penoso pero inevitable...». Introducción.

5 Viena
(del 21 de agosto al 5 de septiembre de 1913)

ACERCA DEL NARCISISMO
(Viena, hacia finales de agosto de 1913)

Extraordinariamente hermosa la llegada a Viena, el trayecto hasta casa con Tausk, la vieja habitación número 28 con sus fragantes flores junto a la ventana; incluso el personal, tan acogedor. Algo indecible sucede con esta ciudad calurosa y vacía de gentes. (Todos los días dedicados rígidamente al trabajo).

Durante nuestros trabajos sobre el narcisismo,[135] dos observaciones de Tausk: «Aunque las determinaciones psicológicas no sean nunca suficientes, por lo menos demasiado pocas, ello se debe más a que son muchas las que actúan, no a la diversidad de sus orígenes: ello es la causa de que el resto resulte opaco».

«Hay que diferenciar de aquel narcisismo los mecanismos intelectuales que lo hacen posible».

135/ En el ya citado ensayo «"Anal" und "Sexual"», y a propósito de la discusión con Jung y Adler, Lou A.-S. había expuesto el concepto de narcisismo en Freud: «Los límites que (las investigaciones de Freud) deben alcanzar, pero no rebasar sino conservar, han sido expuestos de tal manera por Freud que no dejan lugar a ningún malentendido sobre su concepto de narcisismo, elaborado por él de forma tan admirable en estos últimos años, y, que yo sepa, no ha sido todavía discutido ni por Adler ni por Jung. Si, en un principio, narcisismo, término que Freud tomó prestado de Havelock Ellis, significaba autoerotismo y no representaba en Freud más que una etapa construida de forma más exacta e insertada en la marcha hacia la sexualidad genital, más tarde fue también importante en otro sentido: como elemento que permanece a través de todas las etapas de la evolución individual. El narcisismo, considerado "no como una perversión, sino como el complemento libidinal del egoísmo, de la pulsión de autoconservación", contiene "la representación de una inversión libidinal originaria del yo, con una parte que será transmitida posteriormente a los objetos, pero, que en principio permanece...". Para mí, permanece también... la fijación de los límites del campo psicoanalítico dada por Freud, campo que debe procurar no caer en lo biológico ni por otra parte en la especulación filosófica. La diferencia estriba quizá, para mí, en que no es una piedra conmemorativa, fría y muerta, sino que se ha convertido, para mi vida íntima, en un árbol del que recojo los frutos en mi propio jardín».

A mí me parece importante insistir en que el límite del narcisismo (narcisismo entendido conforme a la definición de Freud como un concepto fronterizo) toca prácticamente en el análisis tanto lo infantil de la ausencia de objeto **como** la vanidad de la libido que se orienta nuevamente hacia sí misma tomada como objeto; pero además, el narcisismo se extiende paralelamente a todas las **capas** de nuestra existencia, aún permaneciendo independiente de ellas. Dicho de otro modo: no se trata de una simple inmadurez vital que debe ser superada, sino también de algo renovador, que nos acompaña a lo largo de toda nuestra existencia. Es decir, no es simplemente **la** frontera que no es posible sobrepasar mediante el análisis, sino también **aquella** en que la fusión creadora del yo y de la libido van más allá de lo personal, y **por ello**, precisamente por esta positiva razón, no puede ser empíricamente descompuesta ni ordenada desde un punto de vista lógico.

Ello me parece también insuficientemente explicitado en la definición que Tausk da de la libido, de la cual una parte (según palabras de Freud), permaneciendo con el yo,[136] extendería sus tentáculos hacia los objetos pero podría siempre retraerlos de nuevo hacia sí mismo. A pesar de que Tausk pretende que su explicación interpretaría incluso la creación artística, etc., no por ello deja de limitarse al narcisismo en el sentido de un estadio del desarrollo y de hecho a un estadio que ya habría alcanzado un objeto, pero que no cesa de elegirse **a sí mismo**. (Esto es particularmente cierto, creo yo, en la pubertad, cuando la libido centralizada, puesta nuevamente en su sitio, alcanza de algún modo para proveer no sólo a la pulsión sexual sino también a la pulsión del yo y unirlas así a ambas en una fuerza narcisista creadora, tanto en lo espiritual como en lo genital, a través del estímulo de sus fantasías). Pero el auténtico narcisismo, aquel que se halla en la base de todos los actos profundos de nuestra vida, consiste, casi a la inversa, en la identificación «auto» olvidada con inclusión de todo cuanto es, y justamente por ello, en un renacimiento del yo: algo opuesto en consecuencia a la **auto**contemplación y la **auto**satisfacción.

136/ «Imaginamos de este modo una originaria posesión libidinal del yo, desde la cual es posteriormente consignada a los objetos, pero que, en el fondo, nunca deja de pertenecerle y que se comporta en las investiciones de objeto como el cuerpo de un ser protoplasmático con los pseudópodos que emite». *Einführung des Narzissmus* [Introducción del narcisismo].

VIKTOR TAUSK

Tausk y yo discutimos acerca de la equiparación de alfabetos: él decía que si alguien quería volverle a enseñar las letras en un orden nuevo y distinto (al igual que parecen ordenadas de otro modo cuando aprendemos por primera vez el alfabeto y la lectura de palabras separadas), se sometería a la experiencia. Pero algo así no es posible. Y olvida que tal comparación sólo es válida para las formulaciones lógicas: para lo formulable de este modo no surge ningún nuevo sentido de las letras y ello evidencia que no son más que un medio para la expresión de un significado que tan sólo puede ser interpretado partiendo de ellas, al igual que ocurre con lo formulable lógicamente. La deformación de las letras y del significado es superada por el hombre que acomete su interpretación al igual que ocurre con el dato empírico-lógico aislado y su interpretación dentro del conjunto de lo humano. Del mismo modo que todo lo que está lógicamente orientado sólo puede ser realizado gracias a un grado de afecto que fija fuertemente la atención, así y de forma general todas las experiencias humanas no sólo adivinan subjetivamente los enigmas subyacentes a las cosas, sino que constituyen también los únicos posibles intermediarios objetivos entre lo aisladamente analizable y el significado global. No sólo constituye un material para la investigación psicoanalítica sino la unión real con el universo: el cordón umbilical por medio del cual nos conectamos con el todo; en cierto modo la parte más objetiva dentro de lo más personal y el único hecho objetivo que **ha construido a su alrededor** no a partir de lo secundario, sino **mundo objetal hecho a partir de sí mismo**.

En el psicoanálisis, el pensamiento se dirige claramente y con simultaneidad hacia dos objetivos distintos: por una parte, al solucionar las formaciones patológicas, permite que aflore a la consciencia lo que había quedado relegado al inconsciente, y se apoya para lograrlo en las leyes de la evolución: por otra parte, al constituir un acceso a la psicología normal profunda, nos revela aquellos estados inconscientes que forman el segundo plano permanente de nuestro propio yo consciente y se orienta así hacia las leyes que rigen la existencia. En este segundo caso, donde pueden radicar precisamente sus efectos y descubrimientos más maravillosos, debe hacerse gala de prudencia a fin de evitar que el análisis práctico pueda quedar olvidado tras las síntesis teóricas. Pero esta prudencia puede convertirse también en algo exagerado.

El pensamiento psicoanalítico puede representar un obstáculo para el pensamiento sintético en lugar de ayudar a clarificarlo, si no se deja reposar toda la conexión filosófica al respecto (tal como corresponde y está justificado hacerlo) y se le encierra con los mismos medios psicoanalíticos que ayudaron a liberarlo. El método del pensamiento psicoanalítico contiene en el seno de la psicología sus propias posibilidades de reflexión, y por mucho que pueda encontrar en lo biológico y lo físico una mayor exactitud de carácter unilateral y unívoca, debe admitir, en contrapartida, otros caminos abiertos en la dirección opuesta: la filosófica. El mayor peligro, sin embargo, queda reservado a aquellos psicoanalistas que precisan de su método de forma **práctica**: sólo así puedo comprender que Tausk, una mente filosófica por excelencia, se la haya, por así decirlo, amputado en lugar de utilizarla aunque sólo fuera en días festivos. Cuando piensa sintéticamente, se «autoexamina» *ipso facto* con mala conciencia, ya que, en el fondo, tan sólo piensa su **propio** análisis práctico y por ello no lo hace nunca sintéticamente; pero también por ello su actitud hacia el psicoanálisis es **a la vez** tan acrítica como (por resistencia) exageradamente crítica: culpando entonces a Freud de todo ello. La relación de Tausk con Freud se me presenta así con todo su dramatismo: comprendo que recaerá **constantemente** en los mismos problemas y en idénticos intentos por solucionarlos que aquellos que Freud investiga —esto no es casual, sino resultado del poderoso deseo «de-convertirse-en-su-hijo» y «de-odiar-por-ello-al-padre»—. Como por transmisión del pensamiento, se ocupará siempre de las mismas cosas que Freud, sin dar nunca el paso que, al distanciarlo, le conferiría suficiente espacio. Aunque ello **parezca** descansar en la relación que mantienen, es algo que en última instancia radica en su interior.

Es evidente que los problemas circunstanciales del doctorado y los conflictos domésticos le dejan sin tiempo para leer lo necesario y por tanto orientarse sobre las publicaciones relacionadas con sus problemas: y, sin embargo, me doy cuenta ahora, tras haber trabajado con él, de que detrás de todo se oculta también un segundo plano de carácter personal; lo que **desea**, ciega y sordamente, es «ante-todo-no-forzarse-a-sí-mismo-a-explicarse», ya que sufre terriblemente bajo el peso de su yo. Quizá también lo siguiente: una cierta laguna en lo creativo es rellenada por una identificación con el otro («sintiéndose hijo») que engendra constantemente la sensación de que el puesto ya está ocupado.

Resulta interesante y curioso constatar que alguien puede penetrar, en todos y cada uno de los análisis que realiza (todos constituyen para él un desplazamiento del suyo propio, y su añoranza para con ellos no es más que nostalgia por hacerse analizar) hasta los aspectos más profundos y, no obstante, pasar de largo ante ellos y no apreciar lo que le es más próximo cuando lo halla en su camino. Cuando le hablé de la «maternidad» que existe en su interior, se sintió por un momento como liberado, y luego, en los días siguientes, más atormentado que nunca: la fuerte resistencia que había impedido tal reconocimiento pugnaba por hallar salida a toda costa. Si no hubiera este aspecto patológico, qué hermosa sería en él esta asociación de «sentimiento maternal», es decir, de ternura y ardiente comprensión nacida de la inversión, y de esta gran fuerza que nos podría parecer tan a menudo ingenua y profundamente sana: qué **extraordinariamente** hermoso sería. Cuando se comporta así surgen aquellos gestos tan especiales que le son tan característicos y que hacen que se intuya en él algo que no existe en realidad (quizás algo entre «era» y «será», quizá también nada esencial). Además perviven en él aquellos contrastes no conciliados que constituyen lo que Freud denomina en él «el animal de presa» (y que es lo que más le ayuda, al menos para orientarse en la existencia práctica), y una sensibilidad dolorosa rayana en la autodisolución.

Es tan doloroso asistir a todo esto que uno vuelve la cabeza y quisiera alejarse. Él se equivoca con respecto a mí, fantasea. A fin de cuentas, no podría existir una relación **útil**: no puede existir cuando toda realidad se halla rodeada de primitivas reminiscencias que no han alcanzado su «abre-acción». Ello es causa de que las resonancias no posean un timbre claro, y de que de alguna manera sean ahogadas por un zumbido interior.

Ya desde un principio sentía en Tausk este combate, y es lo que me emocionaba más profundamente: el combate de la criatura humana. Hermano animal, tú.

6 Múnich
(del 6 de septiembre al 3 de octubre de 1913 [con Rilke])

CONGRESO

(Múnich, 7/8 de septiembre de 1913)

Recién llegada de Viena el 6 de septiembre e instalada en el Bayerischen Hof, antes de alojarme —con Rainer— en casa de Gebsattel,[137] encuentro con Freud. Por la tarde con él, Abraham, etc., en el vestíbulo.

En el Congreso,[138] los de Zúrich se sentaron en una mesa aparte,

---

137/   Véase nota 60.

138/   El Congreso de Múnich, el cuarto congreso psicoanalítico, tuvo lugar el 7 y 8 de septiembre de 1913. (Asistieron 87 personas, miembros e invitados). Al haber sido elegido C. G. Jung presidente del Congreso de Weimar dos años antes, dirigió él mismo la discusión. Freud declaró por aquel entonces que «no reconocía las innovaciones de los suizos como una continuación y un desarrollo legítimo del psicoanálisis». A pesar de ello, Jung fue reelegido presidente (con treinta de cincuenta y dos votos) por un período de dos años. No obstante, fue en Múnich donde apareció la señal de ruptura. En el mes de abril de 1914, C. G. Jung se retiró de la Asociación Internacional. En un artículo publicado en un periódico en 1929: «Der Gegensatz Freud und Jung» [La oposición entre Freud y Jung], C. G. Jung señaló: «Lo que Freud afirma del papel de la sexualidad, del placer infantil y de su conflicto con el "principio de realidad", del incesto, etc., es ante todo pura expresión de su psicología personal. Constituye una lograda expresión de adquisiciones subjetivas». *Seelenprobleme der Gegenwar* [Problemas espirituales del presente], 1951. Sería quizá oportuno reproducir aquí la toma de posesión de C. G. Jung respecto a la teoría de Freud en el *Zentraiblatt für Psychotherapie*, vol. 7 (1954), en su artículo introductorio: «Zur gegenwdrtigen Lage der Psychotherapie» [La situación actual de la psicoterapia]: «El inconsciente ario posee un potencial más elevado que el judío; es la ventaja y la desventaja de una juventud no desprovista todavía de toda barbarie. Según mi modo de ver, ha constituido un gran error de la psicología médica el haber aplicado indiscriminadamente hasta ahora categorías judías, que **ni siquiera son aplicables a todos los judíos**, a cristianos, germanos o eslavos. De este modo, ha explicado el preciado secreto del germano, su alma creadora, intuitiva, considerándola un lodazal banal e infantil, en tanto que mi voz profética era sospechosa, durante decenios, de antisemitismo. Esta sospecha provenía de Freud». Freud en la *Geschichte der Bewegung*: «Parecía que —C. G. Jung— quería conservar su amistad conmigo y que, por amor a mí, estaba también

frente a la de Freud. Podemos resumir en pocas palabras lo que caracteriza su comportamiento con respecto a Freud: no es que Jung diverja de él, sino que parece como si precisamente esta divergencia fuera necesaria para salvar a Freud y a su causa. Al reaccionar Freud en contra, se invierte el juego de tal modo que se le acusa de carecer de la más mínima tolerancia científica, de dogmatismo, etc. Una simple ojeada nos hace comprender cuál de los dos es más dogmático, cuál está más sediento de poder. Lo que hace dos años era en Jung risa franca y producía una impresión de vitalidad desbordante y de sana alegría, no halla ahora, en su gravedad, más que agresividad, orgullo y brutalidad espiritual. Nunca me he sentido tan cerca de Freud como en aquellos instantes, y no sólo por la ruptura con el «hijo» que para él representaba Jung, al que él quería, por quien habría desplazado su «causa» hasta Zúrich, sino por la manera en que se producía esta ruptura, como si **Freud** la hubiera llevado a cabo con una rigidez falta de generosidad. Freud estaba como siempre, pero contenía a duras penas la profunda emoción que experimentaba y no hubiera querido sentarme en parte alguna que no estuviese muy cerca de él. Por lo mismo, Tausk se encontraba también junto a él, aunque Freud lo rechazara abiertamente, a pesar de que, como él mismo confesaba, Tausk era el hombre que requerían las nuevas circunstancias («inteligente y peligroso —afirmaba Freud—, sabe ladrar y morder»). En efecto, ahora ya no se podía practicar la misma

---

dispuesto a renunciar a los prejuicios raciales que había tenido hasta entonces». «No conocía el alma germana, del mismo modo que tampoco sus adoradores germanos la conocían. ¿Acaso ha abierto sus ojos la poderosa aparición del nacional-socialismo, hacia el cual alza su sorprendida mirada el mundo entero? ¿Dónde se encontraban esta tensión y esta energía desconocidas antes del surgimiento del nacional-socialismo? Reposaban en el alma germana, en estas profundidades que no tienen nada en común con los montones de desperdicios de deseos infantiles no cumplidos y de sentimientos familiares no resueltos. Un movimiento que abarca a todo un pueblo, ha tenido que madurar en todos sus individuos. Es por ello que digo que el inconsciente germano contiene unas tensiones y unas posibilidades que la psicología médica debe tener en cuenta en la consideración del inconsciente». «La neurosis no es únicamente algo negativo, sino también algo positivo. Únicamente un racionalismo sin alma ha podido ignorar y ha ignorado este hecho al basarse en la estrechez de una concepción del mundo puramente materialista. En realidad, la neurosis contiene el alma del enfermo, o, al menos, una parte sustancial de ella (...) **El enfermo no debe aprender el modo de desembarazarse de una neurosis, sino la manera de sobrellevarla**».

política que durante el invierno: se podía, se debía, se estaba autorizado a armarla. Y así lo entendió Tausk. Tuvo que partir el segundo día por la mañana tras haber llevado a cabo su labor, sólo que Jung le había acortado arbitrariamente el tiempo destinado a nuestra conferencia.[139] Gebsattel y yo le acompañamos, yo hasta el tren, lo cual me impidió asistir a la conferencia de Bjerre[140] (aún sin saberlo). (Curiosamente escogió aquel breve caso de Helsingfors [Helsinki] que nosotros habíamos enfocado **de muy distinto modo**. Sin embargo, obtuvo aquí el apoyo de los de Zúrich para sus consideraciones.) Gebsattel aún pudo oír la conferencia. Se paseaba, neutral entre los partidos del Congreso: el cigarrillo que tenía en los labios parecía constituir un voluntario obstáculo para evitarse comentarios o echarse a reír. Vino a sentarse de todos modos en el rincón de Freud porque yo había llevado allí a Rainer. Había pensado en el encuentro[141] de Rainer y Freud con gran alegría, se agradaron mutuamente y permanecieron juntos por la tarde y hasta bien entrada la noche.

El día siguiente al Congreso (9 de septiembre), con Freud en el Hofgarten. La larga conversación (confidencial) sobre los curiosos casos de transmisión de pensamientos, que le preocupan mucho. Es un tema del que espera no tenerse que ocupar más en toda su vida; ¡yo espero otra cosa!

En uno de los nuevos casos, las cosas se presentan de la forma siguiente: **uno** de los problemas concierne al afecto; la mujer no hubiera debido hablar (máxime al cabo de tanto años) con tanta emoción de la profecía **no realizada** como si se hubiera realizado, únicamente porque (tal como resultó del psicoanálisis) todo se correspondía exactamente con la vida de su madre; es decir, como si la vida de su madre modificara

---

139/   Al parecer, Lou A.-S. debía colaborar en la conferencia de Tausk: «Die Psychologische und pathologische Bedeutung des Narzissismus» [Significación psicológica y patológica del narcisismo]. En *Geschichte der Bewegung*, Freud dice que Jung había dirigido la discusión de modo «poco amable e incorrecto». «Las discusiones anulaban las conferencias». Jung describió las fantasías de la demencia en *Uber die Psychologie der Dementia Praecox* [Acerca de la psicología de la demencia precoz], 1907.

140/   «Bewusstsein kontra Unbewusstsein» [Lo consciente frente a lo inconsciente], publicado en el *Jahrbuch*, tomo V, 2 (1915).

141/   Rilke visitó a Freud en Viena en el mes de diciembre de 1915, durante su servicio militar.

al mismo tiempo la suya, cuyas frustraciones la hacían sufrir conscientemente. El **segundo** problema se refiere al tipo de transmisión con el adivino. Lee en ella no sólo sus deseos conscientes, sino también aquellos que están profundamente enterrados bajo su propia consciencia y que expresa en realizaciones.

Resulta difícil decir si existía algún límite de profundidad.

En **tercer** lugar, está el problema de la persistencia atemporal en nuestro interior. Freud sigue afirmando que, para él, atemporal significa «no abreaccionado» y nada más. Pero esto deja muchas cosas sin explicar; ya las fantasías de la demencia descritas por Jung y que hacen revivir la mitología arcaica, son en su abundancia, que las hace renacer, y al mismo tiempo en su primitivismo, como deseos e imágenes originarias y persistentes. En el caso examinado, la madre **había** «abreaccionado», lo cual produjo en la hija una intensidad tan grande **como si se hubiera tratado de una experiencia propia**, hasta incluso sobrepasarla.

Aquí tropezamos con la frontera «de lo psicológico». Algo muy peligroso, pues Freud debe cuidarse de que no le confundan con un místico. Pero aquí ya no se puede evitar una toma de posición filosófica: vivimos más que somos.

CON FERENCZI
(10/11 de septiembre de 1913)

He trabajado con Ferenczi, que, por esta razón, ha prolongado su estancia en Múnich; desde muy temprano, parte en nuestra casa (Gebsattel), parte en la suya. Sus trabajos le inquietan por motivos totalmente opuestos a los de Tausk: por ser de tipo filosófico (sintético), no se entrecruzan con los de Freud, pero precisamente por ello tampoco son muy bien vistos por éste (que hace poco anotó en su diario: «Otra noche **"filosofando"**, naturalmente seducido a ello por Ferenczi»). Durante su infancia, Ferenczi sufrió porque sus esfuerzos eran escasamente reconocidos y ello afectaba su grado de aplicación, y lo mismo ocurre ahora con sus publicaciones, etc., trabajos que contienen sus vivencias espirituales aunque éstas aparezcan en cierto modo ocultas por falta de «reconocimiento». Resulta interesante ver cómo intenta, incluso en su trabajo, sustraerse a su influencia, aun cuando se ve obligado a seguirlas apasionadamente.

En el fondo, nuestras concepciones son tan opuestas que casi se tocan. Todo aquello de lo que Ferenczi habla, dándole el nombre de «tendencia de muerte»,[142] puede denominarse también «tendencia de vida» sin que nada substancial cambie, como no sea el punto de vista personal. Todo aquello que se oculta tras las únicas estructuras vitales que conocemos puede ser representado como quintaesencia de la vida o como «reposo absoluto» del que únicamente desconoceríamos su inicial impulso de puesta en marcha; todo esto no son más que palabras y opiniones que se limitan a explicar el modo en que nosotros, los seres vivos, apreciamos nuestra vida. Ferenczi, que, entre otras cosas, quisiera comprender diversos hechos biológicos a través de lo psíquico (mientras hasta ahora se empleaba normalmente el procedimiento opuesto), adopta de nuevo, y a grandes rasgos, como fundamento el modelo de explicación física del universo, etc. (aunque se empezara a dudar de su validez incluso en las ciencias naturales al constatar que todas estas hipótesis no son válidas más que para un sistema espacial cerrado). Esta opción se manifiesta ya claramente en el ensayo de Ferenczi titulado *Entusicklungsstujen des Wirklichkeitssinnes* [Estadios de desarrollo del sentido de la realidad]. En él parte del estado original del niño en el seno materno, considerado como un estado de placer correspondiente a un reposo carente de deseos, y que las exigencias de la vida transforman en una vitalidad no deseada (se mantiene muy próximo a la concepción de Freud). Pero a este respecto hay que decir que en esta **identidad** con el seno materno no es posible considerar un estado de placer infantil de un modo independiente de la actividad materna, sino que, por el contrario, ambos forman una sola realidad en la cual, y como consecuencia de múltiples actividades vitales, no puede darse nunca un caso de placer o de deseo, como se dan más tarde en nosotros al enfrentarnos con el mundo exterior. Lo que **nosotros** denominamos «espíritu» presupone una distancia para manifestarse; pero si esa distancia se vuelve particularmente grande, nuestra unidad resulta perturbada en nuestro interior y nos invade la nostalgia de aquel «reposo absoluto» como su-

---

142/ Doctrina que al parecer fue utilizada posteriormente por Freud y según la cual existiría un impulso instintivo hacia la muerte, ya que el estado sin vida precedió al de la vida. «La finalidad de la vida es la muerte». El ensayo de Ferenczi, «Entwicklungsstufen des Wirklichkeitssinnes» [Fases de desarrollo del sentido de realidad] había aparecido en el primer anuario (1915) de la *Internationale Zeitschrift* [Revista Internacional].

peración de tal perturbación, en lugar de que esta identidad viva siga «impulsándonos» mediante la articulación de lo interno con lo externo. No podemos rechazar totalmente la idea de que en la misma «tendencia de muerte» y «de reposo», que Freud considera innata en todo ser vivo como perteneciente a su esencia y que difícilmente puede ser disipada, se oculta también una concepción de la vida un tanto neurótica. La versión totalmente opuesta queda también justificada: todo aquello que ha sido dividido y que ha entrado a formar parte de la existencia constituye una parte del impulso vital originario que se realiza en el ser y del cual no cesa de renacer. El modo en que se entrecruzan las dos posibles concepciones relativas a la sexualidad resulta casi divertida: allí reina únicamente la tendencia al retorno a la identidad indiferenciada y, de algún modo, a la «muerte por amor»; pero allí mismo es precisamente donde el resultado inesperado es más bien multiplicación, fecundidad, vida. De donde resulta esta paradoja: que los predicadores de muerte son, en su mayor parte, antisexuales, predican la abstinencia y de hecho liberan de este modo a la pulsión y al deseo atormentados que tanto deseaban «morir» en ellos mismos. Pero, en la práctica y en todos los terrenos, Freud saca otras consecuencias útiles a la vida: toda inadaptación a lo real constituye para él el error más grande, ya que así no es posible extraer nada de la realidad, y permanecemos anclados en ella, abandonados al mismo tiempo al conocimiento (lo cual significa más exactamente: «resignación») y por ello puede ofrecer la posibilidad de ser **relativamente** feliz.

N. B.: La oscilación entre la tendencia de muerte y la exigencia de vida se asemeja a la impresión de unidad, o bien, en la rapidez de oscilación, al continuo devenir de dicha unidad.

LO OCULTO
(17 de septiembre de 1913)

Por la tarde estuve con el profesor de Freising Staudenmaier,[143] al que también había visitado Ferenczi el año anterior. Durante su estancia con

143/   Ludwig Staudenmaier, profesor de química experimental, había tomado notas precisas sobre sus experiencias patológicas y las había publicado más tarde, *Die Magie als experimentelle Naturwissenschaft* [La magia como ciencia experimental], 1915. Consideraba lo que había observado en él mismo como «partes independizadas de mi subconsciente». A fin de desarrollar en él mismo una serie de propiedades y de

nosotros en casa de Gebsattel descubrí súbitamente que no se trataba de un investigador interesado por los estados de posesión artificialmente provocados, sino de un enfermo mental. Imperceptible cambio en la conducta de todos excepto en Gebsattel (aunque fuera él el primero en dar a las preguntas este nuevo y más interesante giro). Se ganó el aprecio de Staudenmaier por su dominio mundano de la situación.

Por lo que se refiere al interés suscitado por las historias «ocultas»[144] a las que Rainer se dedica ahora de lleno y que Rega Ullmann nos hace sentir más próximas, Gebsattel hizo este verano una observación decisiva: los hechos así comunicados no poseen valor para la ciencia, pues aunque nos lleguen de los mundos más maravillosos, deben acomodarse, en primer lugar, a las reglas que presiden nuestras percepciones interiores y exteriores a fin de no verse falsificados de inmediato en tanto que material. Y ello de modo muy distinto a como ocurre en los sueños y en las ideas delirantes, de los que ya conocemos los mecanismos que nos ocultan y el grado de exactitud que poseen.

Por el contrario, el problema que yo desearía discutir con Ferenczi es el de la psicología de los médiums honrados y cuerdos.

El modo en que se manifiestan en el espiritismo varias personas como una sola, recuerda los ensueños de Fechner sobre los demonios, según los cuales sus diferentes partes penetran en distintas personas de tal manera que resulta necesario reunir a varias de ellas para lograr un «centro demoníaco».

---

facultades como las que presentan los mediums, empezó por entrenarse en la escritura automática, consiguió oír voces y provocar sensaciones ópticas. «Se originaban unas personificaciones formales en que los rostros más importantes aparecían al mismo tiempo que unas representaciones auditivas, de modo que las formas así surgidas empezaron a hablar conmigo». «Me esforcé durante algún tiempo por crear un determinado número de ellas». Se trataba de personajes históricos, príncipes, etc. El conjunto —como escisión de elementos psíquicos—, puede ser considerado como un cuadro esquizofrénico.

144/ Véase la correspondencia con Rilke, notas a las cartas de Lou A.-S. del 10 de septiembre («Precisamente entonces dijo el Dr. Ferenczi: caso de que encontrara algún espiritista para mañana jueves por la tarde, se quedaría aquí»). Y del 9 de junio de 1944. Rega (Regina) Ullmann es la poetisa amiga de Rilke; véase la correspondencia, nota a la carta de Rilke del 29 de diciembre de 1921.

MAX SCHELER[145]
(29 y 50 de septiembre de 1913)

Cuando Gebsattel y yo llegamos a su casa de Tegernsee, la primera conversación resultó muy animada: defendió el principio de la solidaridad en la naturaleza, en el sentido de que, según él, había que considerar la tendencia al combate como una carencia y una transición en relación con el individualizado reparto del medio, de tal modo que no se molestaran mutuamente sino que, por el contrario, contribuyeran recíprocamente en su progreso.

El hecho de que, para él, todo se remonte al amor y al odio es algo que aparentemente lo aproxima mucho a Freud —pero únicamente en apariencia—. («Lo único que podemos constatar son los viejos amores y odios de nuestros antepasados»). Pero los toma como «datos» últimos (según la utilización fenomenológica de las palabras), con independencia de los factores evolutivos. Según él mismo muy bien dice: «Las constantes son siempre los datos sin progreso; únicamente lo inferior "se desarrolla"». Esto me lo dijo con gran convicción. Sólo que él llama objetivo aquello que encontramos de infantil y constante en el individuo; y de nuevo en este punto Freud no insiste lo bastante en la significación de la vida primitiva en el hombre y que ahora denomina como «narcisista»: aquello que, a pesar de cualquier evolución, permanece siempre como propio.

Su diferenciación con el logicismo de Simmel[146] se basa, en principio, en que Simmel llega únicamente a atribuir un valor de conocimiento a la experiencia inmediata y a la experiencia lógica, mientras que para Scheler la búsqueda de un criterio lógico de verdad nos indica ya que no «tenemos» lo esencial. «Tener» significa: «ocupar el centro, representar personalmente» y no «considerarse únicamente a sí mismo

145/   En su correspondencia con Rilke, Lou A.-S. menciona al filósofo Max Scheler (1874-1938) el 20 de septiembre: «Ayer llovía pero fue muy interesante gracias a Scheler». Seguro que hace alusión a la visita al Tegernsee, que tuvo lugar el 19 de septiembre. El libro de Scheler: *Der Formalismus in der Ethik und die materielle Wertethik* [El formalismo en la ética y la ética material de los valores] (dirigido contra la ética «formalista» de Kant) acababa de ser publicado.

146/   El filósofo y sociólogo Georg Simmel (1858-1918) conocía personalmente a Lou A.-S. desde finales de siglo; véase correspondencia con Rilke en la que, en los comentarios a la carta del 19 de octubre de 1904, Lou A.-S. anota las características de la actitud filosófica de Simmel. (En el diario).

con respecto a», «sentirse como si», etc., sino: «estar adherido a la cosa». Con Gebsattel, en el jardín inglés, tuvimos dos citas con Scheler.

Me habló el otro día casi «adlerianamente» de la razón como principio calculador que se alimenta de la **deficiencia**, de la inseguridad orgánica. Pero de un modo infinitamente simpático y altamente no-adleriano, entiende que todos los valores positivos provienen de la **abundancia**. También en lo tocante a la economía política: en el fondo, las necesidades nacen de lo que desarrolla como lujo, de lo superfluo. (Yo preferiría la siguiente imagen: el lujo, basado de nuevo en la **religión**, como el sacrificio compartido con el dios, etc. De algún modo, una reminiscencia de la **propiedad universal**, **convirtiéndose** primero **en propiedad individual** a través de la **comparación**, que entonces se convierte para el neurótico en la **principal**: ya que recorre hacia atrás los estadios sin dirigirse al origen equidistante de cualquier punto).

La última vez muy acertado sobre la teoría del movimiento de los griegos: una especie de ciencia del salto mecanizada por nosotros: el hombre, como piedra; pero sin embargo, casi: la piedra vista como hombre. La riqueza de la mecanización se aproxima nuevamente a los griegos en el sentido en que físicamente el «algo» en movimiento se desintegra hasta el punto de no ser ya físicamente concebible (según Scheler, se convierte casi en «metafísico»). Roux,[147] que insistía antes sobre el aspecto fragmentario de los componentes del organismo, lo hace ahora con respecto a las autorregulaciones.

La desmaterialización aparece aquí como una animación, la vida excluye la inercia.

Scheler habla riendo de la vejez inherente a todo ello: en la medida en que «las posibilidades» disminuyen, el espíritu se convierte «en devenir», se activa. (Pero luego le preocupó «su edad»).

147/ Wilbelm Roux (por entonces director del Instituto Anatómico de la Universidad de Halle) había sido el primero en desarrollar el concepto de la adaptabilidad funcional y de la autorregulación en su libro: *Der Kampf der Teile im Organismus* [La lucha de las partes en el organismo] en 1881. Desarrolló más tarde la idea de la formación de órganos por desgaste funcional y por autorregulación. Todos los seres vivos son cuerpos naturales y conservan su característica incluso al producirse un cierto cambio de las condiciones exteriores por autoactividad y autorregulación. A esta nueva dirección de investigación con una base causal y morfológica le dio el nombre de mecánica evolutiva.

Y la espontaneidad, las interrupciones, el desorden con que brotan las palabras de este conversador notable nos harán conservar la impresión de una forma de expresarse extraordinariamente lógica, que toma como base algo extraordinariamente personal. Pero si **en ello** se distingue precisamente de Simmel, este aspecto personal está singularmente presente en su pensamiento: parece que emana **de una disociación de la personalidad**, lo que acaba incluso por transformarse en una manifestación reactiva. Las interrupciones de esta espontaneidad parecen prestarse de algún modo a la continuidad en un segundo plano psíquico y, en efecto, resulta más fácil seguirle después de haber aceptado esta idea y haberla situado sin error como la base de la diversidad material. Lo **serio** en todo esto alcanza su grandeza precisamente por ello y, no obstante, también determina el humor de Scheler: cuando se pone a reír en medio de un pensamiento, se encuentra casi como un niño atrapado con las manos en la masa —atrapado por sí mismo—, quizá porque utiliza el pensamiento como un medio (conscientemente, ya que inconscientemente lo hacemos todos) para unificarse él mismo. **Busca** esta unificación: no posee la tendencia semítica por alcanzar lo imposible; pero al **buscar** sólo la unificación, al no **poseerla** en su interior, su optimismo resulta a menudo ciertamente valiente pero de poco relieve; la plenitud subjetiva que se esconde allí lo es en detrimento de la profundidad objetiva —al menos alguna vez sucede así—. Su filosofía atrae por su carácter transparente, como autoanálisis y autocuración. Pero es precisamente esto lo que le da ese carácter frágil. El «concepto del valor» que le es esencial, me parece, por lo que he oído decir, como un hierro de madera, como algo inmerso a un tiempo en la metafísica y en el empirismo, por no querer ser ni lo uno ni lo otro. La valoración de los «datos» presupone siempre un cerebro que los registre (y el mismo Scheler dijo, riendo, lo que pasaría con la fenomenología si los cerebros de muchos sastres enumerasen sus datos); por otra parte, hay que mantener el carácter objetivo como un pálido reflejo de las imágenes platónicas iniciales. Disolverlas en lo subjetivo significaría retirar a Scheler el sólido terreno gracias al cual no sólo conserva su optimismo, sino que lo salva; pero teme disolverlos subjetivos en **ellas** —si no metafísicamente, al menos «místicamente» de forma unitaria— porque no quiere, en absoluto, afirmarse como un individuo aislado; **no quiere renunciar a**

sí mismo (falta de seguridad en su propia unidad). Sobre la vergüenza. Sobre el sufrimiento entendido como purificación. Buena observación la de Scheler al hacernos ver que en la escuela freudiana se acepta con demasiada frecuencia lo menos valioso, lo más sencillo como *prius* ontológico, aún cuando pueda tratarse en realidad de lo más corriente y lo mejor conservado.

Gebsattel y Scheler no cesan de echarse en cara sus «éticas» respectivas.

En Gebsattel reposa la decisión en el «o esto o lo otro», cosa que hace que Scheler lo considere como un aristócrata militar que parte de la acción incluso cuando piensa; con más justicia, Gebsattel dice de Scheler: no abandona nunca la valoración a pesar de sus intentos de «contemplación» sin toma de partido; es por ello que los «datos», esto y aquello, permanecen para él aislados y, en consecuencia, lo quiera o no, nuevamente humanos y racionalmente aislados. De ahí que surja el intelectualismo como reacción contra el intelectualismo. Con sus últimos giros, se van al agua sus rígidas puntualizaciones, pero éstas nunca serán más que un ondulante mar de granos, un simple mar de arena.

Qué hermoso es el breve análisis que hace Kant (en *Der Formalismus in die Ethik und die materielle Wertethik*), según el cual el formalismo kantiano se desprende de la desconfianza por lo naturalmente dado. Pero qué cerca se hallaría de ello el autoanálisis que la filosofía de Scheler concibe como síntoma reactivo.

SUPLEMENTO A MAX SCHELER

«El amor y el odio», como «**datos**» fenomenológicos, en lugar de algo explicado —como lo hace Freud— por su «**devenir**», particularmente por la evolución sexual: esto puede representar un progreso; en todo caso, habría que renunciar a la ciencia propiamente investigadora (consciente de sus limitaciones), ya que queda una parte que sólo se puede elaborar mediante lo vivido y, nunca por los caminos schelerianos de la metafísica que casi se avergüenza de sí misma; en el acto inmediato de la existencia la «apreciación» no puede expresarse fenomenológicamente, sino tan sólo místicamente —bien sea porque lo «místico» sea precisamente inexpresable—. Pero lo indispensable de su concepción, según él, se refleja claramente en su hermoso libro sobre los «sentimientos de simpatía».[148] De los tres tipos de simpatía que menciona pretende que únicamente la primera (simple transmisión sentimental) haya servido de base, de algún modo, para todas las teorías sobre la compasión. (1) Compasión por lo que otro debe sufrir por sí mismo. (2) Compasión en tanto que sufrimiento similar al propio prescindiendo de éste en sí mismo. (3) Finalmente también, compasión como la forma más elevada de amor, y que recoge a las dos anteriores en su interior. Las tres se basan, en último término, en una unidad esencial sin la cual no podría haber ni transmisión ni comprensión. A decir verdad, se toma parte en el acontecimiento con una compasión que no se transforma en contagio partiendo de esta base general, sino que lo eleva más allá de su existencia inconsciente (y por ello efectivamente impotente) hasta la consciencia: a partir de aquí se desarrollan, compartiendo tanto la alegría como la tristeza, nuevas experiencias de unión con los seres humanos (y ésta era sin duda también la opinión de metafísicos como los hindúes, Schopenhauer, etc.). El hecho de que Scheler no lo considere proviene de que, tanto en el caso del amor como en el de la compasión, quiere verlos «permanecer el uno al lado del otro» y no unidos, buscando no obstante socorro en una acentuación compensatoria del valor del amor, etc. Pero los más hermosos valores vitales pueden nacer precisamente de esta toma de consciencia de la unión eterna que, prescindiendo del carácter individual que poseemos en lo afectivo, desarrolla una lealtad y calor nuevos (cosa que ya existe, de hecho, en el narcisismo).

RAINER Y SU MADRE
(principios de octubre de 1913)

El sueño de Rainer sobre su madre[149] en el que la denomina *cocon*. Crisálida vacía, mientras él, gracias a su ingenio, mantiene el hilo de

---

148/ *Zur Phänomenologie und Theorie der Sympatriegefühle und von Liebe und Hass* [Acerca de la fenomenología y la teoría de los sentimientos de simpatía, de amor y de odio], 1915 (2.ª edición aumentada: *Wesen und Formen der Sympathie* [Esencia y formas de la simpatía], 1925). La segunda parte del libro («Liebe und Hass») contiene la discusión de las teorías de Freud. El «suplemento a Max Scheler» data de diciembre.
149/ Phia (Sophia) Rilke, cuyo nombre de soltera era Entz, 1851-1951; a propósito de las relaciones de Rilke con su madre, véase en *Lebensrückblick* el capítulo «Mit

seda: así es como yo imagino su relación mutua. Por lo que respecta a la madre **de ella**, a la abuela de Rainer, mucha vitalidad, con una tendencia casi infantil al placer. En ella misma (la madre de Rainer), el mismo rasgo quizás ahogado por un matrimonio sombrío que no le ofreció amor e hizo madurar su histeria. Ahora no halla ya ningún placer en la vida: pero espiritualmente aparece ese mismo rasgo de placentera entrega en forma de vacua exaltación, en fraseología: con relación al **otro** se mantiene hueca, sin llegar nunca a contactar realmente ni sobre una fase práctica pero gozosa en su ánimo. Este aspecto expansivo se relaciona seguramente con fina insistencia con la capacidad lírica de Rainer; quizá sea esto lo que la hace tan terrible para él —y no simplemente molesta—, como ocurre con el aburguesamiento de su padre. De este último no ha tomado más que algo de su pedantería, que maneja igual que lo hace un equilibrista con su barra: a fin de tener ante los ojos, en los momentos de gran incertidumbre, cierta seguridad, algo en orden; he aquí porqué tras todo ello se oculta una cierta salud. Es destacable que la madre no posea dicha capacidad: que sea capaz de permanecer en Praga en viejas y sórdidas habitaciones llenas de recuerdos cuando la intimidad y su *toilette* están en orden, y que eche en falta ese casi inimaginable contacto de Rainer con su mortecino entorno (que él convierte en algo tan lleno de vida); aún cuando en el caso de Rainer no se trate más que de un sucedáneo de seguridad: él siente en su interior todas estas finas ordenaciones y concordancias.

Hace poco, al conocer personalmente a Phia en Múnich, me sorprendió su parecido físico: lo eslavo, aunque en ella se mantenga en la sombra; las partes blandas del rostro. La mirada de Rainer se vuelve amenazante y furiosa cuando ella se expresa con el énfasis vacío de una ama de casa; y ello envenena su facilidad oral que en el hogar sustituye a menudo su capacidad de producir, y para la cual el prójimo no es más que una excusa que le permite manifestarse. Por ello me perdonó de buen grado mi terrible indolencia social y al intentar excusarme dijo: «la más inmaculada concepción de María».

Rainer y yo emprendimos viaje a las montañas vía Dresde.

Rainer» [Con Rainer] y, en la correspondencia, las cartas de Rilke del 15 de abril de 1904 y del 19 de febrero de 1912.

7 Dresde - Hellerau y las Riesengebirge[150]
(del 4 al 16 de octubre de 1913 [con Rilke])

RAINER Y WERFEL
(Dresde y Hellerau, 5-7 de octubre de 1913)

Rainer y yo hemos conocido personalmente aquí a Werfel.[151] Rainer tiene conocimiento de Werfel desde su partida de Gotinga; los primeros poemas de Werfel, sacados de *Wir sind* [Somos], los leí en unas copias manuscritas de Rainer. Resultó hermoso y emocionante verle experimentar esta situación: nostálgico, contento y carente de envidia —al igual que se siente a un «hijo» como heredero—. Lo esencial fue la impresión de trasparente ingenuidad con la que Werfel parecía haber evitado todas las sombrías disociaciones de Rainer —alegre señor de los recuerdos—, cosa que resonaba con claro timbre en la fuerza incólume de sus versos. Sólo dos cosas podían sorprender: lo precoz de su cultura literaria y (a mi juicio) su actitud puramente humanitaria, a saber: su nueva manera de enfocarlo todo desde el punto de vista y el significado humanos, con sufrimiento, sensibilidad y delicadeza (admirable sobre todo en *Damenkapelle*). No me di cuenta de ello hasta el momento en que lo conocí personalmente cuando, en su explicación profundamente sincera e inteligente, aparecía claramente que el escribir versos representaba para él una necesidad, una forma de liberarse de la desesperación y de la contradicción, algo muy opuesto, pues, a una ingenua expansión. Y por ello también algo muy distinto al caso de Rainer (para quien supone liberación **de sí** mismo y no comunicación con los demás); concretamente (según palabras del propio Werfel), es algo promovido por

150/   (N. del T.). Los Montes Gigantes.
151/   Franz Werfel, 1890-1945, véase en la correspondencia los comentarios al pasaje del diario: «Rainer y yo hemos conocido aquí a Werfel». (Werfel sobre Rilke: «Era para mí el poeta por excelencia»). *Wir sind:* Nuevos poemas, 1915. *Damenkapelle:* un poema sacado de este libro. *Der alter Lehrer:* «La voz, en sueño, del viejo profesor». Rilke había copiado estos poemas (así como otros ocho) para Lou A.-S., según la primera edición en *Weise Blätter*, enero de 1914. Más tarde, en *Einander*, 1915.

el «exhibicionismo»; poesía que contrasta con la fe: sucedáneo de la fe; lo positivo nacido de la negación o de la carencia, el espíritu surgido de la polémica. Mientras Werfel nos recitaba sus poemas incluyendo uno nuevo muy hermoso, *Der alter Lehrer* [El viejo maestro], su absoluta sinceridad resultaba algo apasionante, sin rastro de efectismo; pero Rainer encontró convencional su entonación. Ambos se contemplaban sorprendidos y a pesar del frescor, la honradez y gran inteligencia de este joven precoz, no se produjo la esperada revelación filial. «¡No puedo abrazarlo!», dijo Rainer con tristeza.

RAINER

(en los Riesengebirge, 10-16 de octubre de 1913)

La actitud ambivalente de Rainer con su padre[152] ha tomado después de su muerte una orientación marcadamente religiosa: no se trata ya de aquel sentimiento de molestia incomprensible que acompaña toda buena acción; sólo queda una especie de bendición invisible tras de la que se halla el reposo, el lugar donde refugiarse. (Su muerte le dejó, por aquel entonces, más bien frío —quizás en la antesala de sus emociones—, un brusco deseo de huir del horror que le produjo; recuerdo todavía cómo evitó viajar de Berlín a Praga por miedo de hallar todavía con vida al moribundo).

Cuando en verano se rompió el viejo bastón de ébano que había heredado, cuya empuñadura de plata **sobre la que se apoyaba la mano de su padre** había quedado siempre a la altura de los ojos de Rainer durante los paseos de su infancia, se asustó y conmovió tanto como si se hubiera quebrado algo orgánico que hubiera crecido con él y que le insuflara fuerza paterna. Uno de los rasgos más encantadores de la naturaleza de Rainer es que, a pesar de su delicadeza que lo deja indefenso ante el peligro de ser subyugado por una fuerza cualquiera, ésta no consigue hacerle ceder femeninamente, sino que lo hiere. Es precisamente por este aspecto tan absolutamente viril que es preciso evitarle con la mayor sutileza cualquier cosa que pudiera subyugarlo —por ello debemos utilizar nuestra propia fuerza sólo serenamente a fin de brindarle libertad para crear.

152/   Josef Rilke, 1858-1905; véase *René Rilke* de Carl Sicher, 1952.

En Krummhübel (el 11 de octubre) consultamos a Ziegelroth (director de un sanatorio), pero naturalmente Rainer no pudo comunicarse con él satisfactoriamente. Parece ser que las hemorragias carecen de importancia. Pero me parece muy significativo el que estas congestiones se sitúen tanto a nivel de la región rectal como nasal, y que arriba se transformen por completo en desplazamientos sexuales[153,154] lo mismo que podía suceder otras veces abajo; la región rectal constantemente hipersensible mientras que las sensaciones genitales, por el contrario, resultan tan fácilmente repulsivas; por otra parte, todo lo relativo a la voz y a la palabra adquiere suma importancia. Lo que más ha cambiado en este último decenio es la boca, por protrusión de sus labios; y sobre ella se alzan sus grandes ojos llenos de una tristeza infinita. En Rainer, la sexualidad es lo suficientemente importante como para que su parte femenina le impida gozar totalmente en el contacto sexual normal: ésta parece ser la situación que atraviesa actualmente. Por otro lado, la masculinidad no da todo su rendimiento,[155] ya que encuentra su suprema

153/   (N. del T.). Al margen: Pulsión de ver: «mirarse por encima» (al afeitarse), el abrazo «con la mirada», como único placer completo generador de reposo. Importante también el simbolismo bisexual del ojo.

154/   Véase la carta de Rilke del 51 de octubre/8 de diciembre de 1925, y la respuesta de Lou A.-S.; estas dos cartas no han sido todavía publicadas íntegramente. La «posesión diabólica», el «ritmo de la tentación insensata» de las que habla Rilke, sin ningún género de dudas como de algo que parte de un impulso físico y a las que se encuentra expuesto cada vez más desde hace dos años, se originan, según la opinión de Lou A.-S., en este «desplazamiento sexual hacia arriba» del que habla aquí. En su respuesta, explica la propensión de cualquier órgano (superior) «por hacerse sentir patológicamente»; «este tipo de hipocondría puede ser considerado, en lo tocante al órgano de que se trate, como una especie de amor reinvertido sobre sí mismo (narcisista) aunque éste no se siente a sí mismo...». Al añadir: «Ello va unido, a menudo, a daños físicos», Lou A.-S. habla, sin saberlo, de la interrelación de la enfermedad psicógena y de la física, de la leucomielitis.

155/   Compárese con el libro conmemorativo de Rilke *Gendächtnisbuch für Rilke*. Respecto a la posterior observación de Lou A.-S. en su «Tagebuch», recordemos una nota del propio Rilke, como en la carta a Kappus del 12 de agosto de 1904 y en la primera parte de los *Malte Laurids Brigge* (el párrafo que empieza: «Y encima esta enfermedad»), pero sobre todo en su carta a Lou A.-S. del 20 de enero de.1912 y en su carta a Gebsattel del 14 de enero. Es posible, de igual forma, comparar ambas manifestaciones con las comunicaciones de Rilke en sus cartas del 31 de octubre y del 8 de diciembre de 1925.

manifestación en lo productivo y considera la satisfacción sexual con cierto desprecio. Pero el rechazo de la autosatisfacción (existente entre fantasías femeninas normales) aumenta de esta forma lo que hay de fundamentalmente dañoso en la hostilidad que siente hacia su cuerpo, así como su introversión; y sucede lo siguiente: el órgano valorizado de esta forma hace resaltar ante sus propios ojos su cuerpo como algo despreciable; únicamente la **realidad** de una segunda persona posibilita su simbolización en lo que siente el espíritu; de este modo, uno renuncia menos al hombre que al espíritu.

Hablamos acerca de las palabras de Freud:[156] los antiguos glorificaban la pulsión, nosotros la legitimamos únicamente a través del objeto. Para Rainer y para mí, este tipo de romanticismo ha tenido fatales consecuencias ya que no es, al fin y al cabo, más que un sustituto de la aceptación primitiva y profunda, casi religiosa, de la propia pulsión.

La idea de los «himnos fálicos»[157] que está viva en Rainer es magnífica: intenta con ello elevar lo que le resulta tan poco satisfactorio en la relación erótica de objeto; como de costumbre la poesía supone en este caso una transfiguración.

Durante nuestro viaje de regreso de las montañas llevamos a cabo el análisis de un sueño de Rainer en el curso del cual surgieron, entre otros, muchos de sus perdidos recuerdos de infancia. La lavandera de la casa paterna le parecía la figura más importante y poderosa en parte por lo macizo de su cuerpo y por su altura, pero en parte también porque la llamaban para que entrara en las habitaciones cuando se trataba de ejecutar trabajos que requerían fuerza física. Visiblemente frecuentaba sus sueños infantiles con encontrados sentimientos de temor y deleite.

156/ Una nota a las *Drei Abhandlungen* dice: «La diferencia más notable entre la vida amorosa del mundo antiguo y la del nuestro radica en que la antigüedad puso el acento en la propia pulsión, mientras que nosotros lo trasladamos al objeto. Los antiguos festejaban la pulsión y estaban dispuestos a ennoblecer con ella incluso un objeto de poco valor, mientras que nosotros valoramos poco la implicación pulsional y la disculpamos tan sólo a través del mérito del objeto».

157/ Véase la carta de Rilke a Rudolf Bodländer, fechada en Muzot el 25 de marzo de 1922: «Lo terrible es que no tenemos una religión en la cual estas experiencias (sexuales) (al mismo tiempo tan inexpresables e intangibles), puedan ser elevadas hasta el dios, de modo tan directo y palpable, puestas bajo la protección de una divinidad fálica, que será quizá la primera tras la cual aparecerá de nuevo un cortejo de dioses tras una ausencia tan prolongada».

De las primeras erecciones, conserva el recuerdo de la sensación de algo vivo en su interior, pero también como algo externo —por poderoso—: como algo excesivamente grande, gigantesco, que conseguía retener a duras penas y que al mismo tiempo le torturaba —tortura de tener que **participar de ese latido de vida**—. (La expresión de Malte Brigge: «el latido de vida de dos corazones»).

Con la fiebre, este efecto[158] aumentaba terriblemente sin que pudiera hablar de sus angustiosas fantasías sin informar sobre ellas. Parece también clara la aparición de angustias provocadas por viejas prohibiciones relativas al onanismo provenientes de un padre que vigilaba la posición de sus manos en la cama. En ese sentido parece indicar una segunda imagen del horror: ser arrojado al exterior sobre un suelo de piedras, cayendo de espaldas y golpeándose en la nuca. A veces se añade una imagen accesoria en que aparece una sepultura, no para él, pero sí muy próxima y de tal manera que la lápida vertical, mal colocada, bien pudiera caer y herirlo levemente. (De este modo descansaba entre una visión de muerte y sepulcro y otra amenazadora y viva en exceso, que no era capaz de dominar, y a la que tampoco podía unirse sin poder evitar la muerte ni escapar a su poder).

El «deseo-de-no-volver-a-ser-amado-de-nuevo» que encontramos en M. L. Brigge, se ha alzado frente a la glorificación de la capacidad femenina de amar como un intento de «ser amado de ese modo». La mujer que existe en Rainer se siente así subordinada, se identifica con ello, se extenúa: y en estos vericuetos el hombre que en él vive queda reducido por la mujer que contiene —no por **una mujer exterior**—, y es así como surgen los conflictos. Pero por esta misma razón resultan inevitables y no existe más salida que la introversión. En último término, el deseo infantil de ser amado se convierte en una unión lírica con el universo.

SUEÑOS DE RAINER

1. Durante el viaje desde los Riesengebirge a Dresde (16 de octubre). Avanza como un espectador en una plaza con hierba aplastada y mustia, rodeada de

---

158/ Véase la carta de Rilke del 30 de junio de 1905: «Muy lejos, en mi infancia, durante las fuertes fiebres de mis enfermedades, surgían unas angustias indescriptibles, unas angustias como algo excesivamente duro, demasiado próximo...».

jaulas llenas de grandes animales. Pero la acción propiamente dicha, en la que tomó parte y no sólo como espectador, es anterior a todo esto —rápida y totalmente olvidada—; se refería también a los animales de las jaulas entre los que parece haber una serpiente. En el momento de llegar, de entrar en la plaza, ve únicamente un león: *tres pâle*,[159] es decir, «recordado», «reflejado» o «descolorido» (todo esto le viene sugerido en el sueño al mismo tiempo que la expresión francesa). Las jaulas son de madera pintadas recientemente de color verde (como el de un prado en el mes de octubre). En medio, un hombre desnudo (esbozo de un desnudo de Cézanne); sobre la palidez de este desnudo, sombras violetas que en el sueño aparecen bajo la forma de «colores complementarios» del verde de las jaulas. Luz difusa. El hombre adopta la postura de un modelo que espera en actitud de objeto expuesto al mismo nivel que los animales y no como un domador, los miembros relajados.

2. Sueño anterior de Rainer, Gotinga, julio. Se pone delante de un espejo y cree en primer lugar verse a sí mismo reflejado hasta que reconoce que se trata de su padre: un poco más bajo que él, un poco encorvado, algo triste, con la cabeza inclinada hacia un lado. Este sueño acompañado de un fuerte sentimiento de horror y melancolía.

    «El espejo», «el reflejo», su primera impresión infantil de cuando estaba allí, de pie, disfrazado aún de niña (Renée); a menudo también corriendo ante los espejos de las habitaciones que va atravesando disfrazado de cualquier cosa, cubierto de adornos, enmascarado.

    «El espejo» en los fragmentos de las *Elegías*: como si de ellas surgiera, en definitiva, algo que corriera al encuentro de una solución creadora. Llegado a este punto, interrumpí el otro análisis de sueños (¿sueño III?) como si hubiéramos rozado algo que debiera permanecer en la oscuridad. *Il ne faut plus approfondir ça.*[160]

[161]«Me encontraba, hacia el final de este sueño, en una especie de hospital o de hospicio, en un lecho al lado de otras camas; estaba claro que yo tenía en mi poder los documentos que justificaban mi presencia en el lugar y, no obstante, había en mi admisión algo discutible, poco claro. Hizo su aparición un hombre, una especie de vigilante, al cual me dirigí para que examinara precisamente este punto —cosa que hizo, en efecto—. Vino hacia mi cama y tuve tiempo de ver que llevaba un viejo uniforme, que me resultaba particularmente desagradable a causa de su

159/   (N. del T.). En francés en el original («muy pálido»).
160/   (N. del T.). En francés en el original («No hay necesidad de profundizar más en esto»).
161/   (Al margen): De mano del propio Rainer.

cuello (rojo), muy bajo, sucio en sus rebordes y torcido, una impresión que recuerdo haber sentido otras veces como muy desagradable. (Con los carteros, criados, músicos...). Cuando estuvo por fin a los pies de mi cama y le dirigí la mirada, me sorprendió otra singularidad mucho más curiosa. De hecho, sus ojos estaban vacíos y se podía ver, a través de ellos, el interior de su cabeza, casi totalmente redonda, un espacio limitado posteriormente por una segunda frente interior. Crece en mí la curiosidad ante este nuevo hecho, esa "sala vacía" en su cabeza me intriga profundamente, entonces desperté».

Asociaciones: espejo. Cama.

Es, en suma, como si el cadáver del vecino hubiera sido lavado. Como si se tratara del de su padre. Inquietante. Y, no obstante, un alivio respecto de lo sucedido anteriormente y que había olvidado a continuación.

Particularmente significativa la apertura de la puerta y la salida del vigilante.

Recuerdo de la niñez: imposible saber si se trata de una ensoñación: una habitación con una estufa tras la cual aparece un gran agujero por el que se podía mirar en la oscuridad; el agujero, de dimensiones idénticas a la estufa, instalada a su lado.

Esto recuerda los ojos vacíos con la segunda frente posterior y sobre todo la vieja pesadilla infantil de la lápida, al lado de la tumba abierta, cerca de la que se ve a Rainer tendido.

8 Dresde
(del 17 al 21 de octubre de 1913)

SEXUALIDAD

1. Del mismo modo que se mantiene nuestra dependencia de la totalidad, nuestra identidad con ella en torno a nuestra fortalecida consciencia yoica, también ocurre así con aquello que, en el ámbito de nuestro yo, denominamos «voluptuosidad»: aquello que se experimenta como algo distinto, específico, pero que en realidad envuelve a toda la vida que se halla contenida en nuestro interior y en nuestro entorno. El romanticismo y el entusiasmo sensual hipersensual sólo pueden denominar «espiritual» a todo aquello que nos llena con la maravillosa plenitud vital de nuestra propia universalidad, sin dejarse comprimir en la consciencia, ya que el concepto «físico» lo expresaría de forma totalmente insuficiente.

    Quizá sea por ello que, en el amor, los malentendidos son más frecuentes en el terreno sensual que en el espiritual, ya que nos es más fácil expresar espiritualmente de forma directa que cuando debemos traducir previamente al consciente. A esto se añade el drama de ser más sensibles al malentendido espiritual, pues nos confunde lo típico de la expresión.

2. Si reflexionamos acerca del culto fálico de la Prehistoria, descubrimos hasta que punto el falo representaba algo que englobaba a los hombres y al universo desde un punto de vista divino y que quedaba simbolizado por el sexo, a pesar de que no porque ello significaba la propia realidad sin condiciones. La materia era todavía a un tiempo **base** y **misterio** de la existencia: por ello el fundamento de la sexualidad podía representar simultáneamente tanto la desnuda existencia como a Dios. El arte antiguo sabía muy bien que lo espiritual se manifiesta en la materia como obra de arte (denominada entonces obra religiosa), pero también que la materia en sí misma constituye un símbolo. Únicamente por esta razón se desprende de una vaca egipcia cierta sensación de «eternidad», por muy pequeña que sea. Y también por esto se considera el arte realista, aunque sea técnicamente perfecto, como profano e inferior, diferenciándose del arte mayor no sólo por su grado de perfección (como tan brillantemente lo demuestra Worringer).

    Por ello **pudo** el falo tonto y desnudo —en su desnudez física contenedora de toda existencia latente— erigirse en obelisco. Nosotros fuimos los primeros en considerarlo como algo situado entre la risa y el escalofrío, tan alejado de la adoración como de la simplicidad, algo en lo que el niño inmaduro sólo adivina, con temor, la contradicción entre apariencia y significado y que, para el adulto, se convierte en trivialidad o en histeria.

3. Entre otros aspectos, **esto** es lo que confiere importancia a la sexualidad: el que puede alcanzar el dolor a través de un camino más largo que el de la pulsión de autoafirmación; en la medida en que rompe las fronteras de nuestro Yo, el dolor no es ya únicamente perturbador, sino que, bajo determinadas circunstancias, queda impregnado de voluptuosidad. Puesto que la felicidad sólo puede acompañarnos por poco tiempo sin convertirse en exceso, en dolor y superación, es absolutamente necesario aprender, más allá de los rígidos límites del yo, la existencia de esta felicidad asociable a cualquier espíritu por el hecho de hallarse más lejos que sus propios límites personales, y que, siendo aún felicidad, ha alcanzado también el anonimato.

    La mayor parte del tiempo lo subdividimos todo en partes, en dolores y alegrías, y sólo nuestras horas más altas conocen la vitalidad de la vida que brota y se esconde tras ello: cuando ya no nos preguntamos sobre la dulzura o la amargura. En el psicoanálisis descubrimos causas patológicas tras las depresiones —y a veces tras las alegrías—, pero quizá podríamos decir, en realidad, que el ser humano más afectado mentalmente reaccionaría si estuviera sano, de tal modo que, en la medida en que sus males son irrenunciables, **surgiría él mismo** como parte del universo al que ahora representa y que conforma su realidad (como, por ejemplo, el universo de los ciegos, el de los despreciados, o de los odiados, etcétera).

    En ciertos agravamientos de la enfermedad, antes de ciertas agonías, sucede que el ser humano se abandona en tanto que sujeto y se convierte entonces en tercera persona: un cierto tipo de escisión que ofrece una buena réplica a la división patológica, ya que formar una unidad plena consigo mismo significa también poderse **alejar de sí mismo**.

    Tan sólo experimentamos allí donde formamos una unión con lo vivido como en una doble procreación, la de nuestro sujeto y la de la realidad exterior del mundo. Aquello que nos sucede, no **nos ocurre** más que parcialmente, mientras que para el resto **somos** nosotros el acontecimiento que no separamos más que artificialmente de nosotros gracias a nuestra consciencia. En cierto modo, nos pertenece más allá de cualquier afirmación de nuestra consciencia la **creencia** en una vivencia plena y sólo a través de ella es posible una auténtica captación de la **realidad**.

HOMBRE Y MUJER. BISEXUALIDAD

Dado que la mujer está física y psíquicamente más diferenciada, en el plano sexual, que el hombre, se equiparan más fácilmente las propiedades humanas generales con las **masculinas**. No hay que olvidar lo contrario, es decir, que cuando el hombre no actúa según su carácter sexual, o sea, agresivamente, sino que, por ejemplo, se manifiesta de forma civilizada a través de la bondad o de la inteligencia, no puede evitar que entre en juego una parte pasiva de sí mismo, es decir, femenina. Mientras que la mujer ve, por el carácter pasivo de su sexo, cómo se manifiesta en todo lo relativo a su yo, en la inteligencia, en lo cultural, una cierta asexualidad que puede englobar dentro de su naturaleza femenina, el hombre se encuentra en una posición mucho menos favorable desde el punto de vista erótico, pues atraviesa una cierta domesticación, un cierto debilitamiento de aquello que posee de simplemente agresivo.

Según la terminología freudiana, la civilización del hombre debería denominarse homosexualidad elaborada. Con certeza de que tan sólo los hombres que son algo homosexuales pueden ver en la mujer propiedades humanas generales y pueden relacionarse eróticamente con ellas. ([Al margen]: Excepto en el caso de que, como artistas, utilicen su constitución bisexual enteramente para sí mismos). Los que no son en absoluto homosexuales, incluso en las posiciones más importantes y auténticas, se inclinan hacia la mera mujercita —con inclusión de la amistad, etc.—, pero sin que ello constituya seducción erótica.

Aquello que contiene la fusión más sólida de lo masculino y de lo femenino es el **sentimiento maternal**, en el sentido en que la mujer concibe y da a luz, pero también procrea,[162] protege y domina aquello que acaba de nacer. En el hombre se da ello también allí donde domina y determina, pero bajo la forma más **caballeresca** de servidumbre, es decir, en provecho del ser amado.

Además, la parte masculina en la mujer y la femenina en el hombre que todos poseemos, interviene individualmente de forma muy distinta según como sea recibida tal bisexualidad: a unos los emancipa de su sexo, altera su armonía, puede desfeminizar el carácter de la mujer o conferir femineidad al hombre. En otros, en cambio, colorea tanto más con su tonalidad sexual, que también puede ser espiritual, cuanto que se destaca sobre un fondo vacío, descolorido de lo sexual: es como si nos orientáramos por la presencia constante de la pareja en uno mis-

---

162/ Este uso de la palabra procrear (con aplicación no exclusiva al hombre) se encuentra a menudo en la pluma de Lou A.-S., y de forma notable en *Dank an Freud*, en relación con el ángel de Rilke, «el ángel/usurpador de realidad que, concebido y procreado a la vez en el invertido seno materno, contiene en sí mismo el centro del amor».

mo, como para una unidad personal más elevada que, **precisamente por ello**, no se podrá realizar nunca unilateralmente. Seguramente, la bisexualidad sólo es productiva a partir de esta situación; y aquí se separan, por el diámetro de un cabello, el que es creador del que se gusta a sí mismo, incluso en seres humanos no productivos (es decir, sólo autoproductivos).

9 Berlín
(del 22 al 29 de octubre de 1913)

RESISTENCIA. REPRESIÓN
(finales de octubre de 1913)

Algunas horas con Eitingon.[163] Conversando sobre el Congreso de Múnich afirmó que: lo mejor sería que toda la Asociación saltara por los aires; de este modo, los espíritus más afines se encontrarían con autenticidad; y Freud no se vería obligado a protegerse combativamente de ataques provinentes de su propio campo, o a proteger a aquellos que le son fieles sin poderse responsabilizar por entero de su corrección (por ejemplo, discípulos inferiores).

Durante la sesión psicoanalítica en la que el temperamento brilló por su ausencia, me interesó mucho la conferencia de Eitingon, cuyo problema central no fue recogido por nadie. En su caso «optativo», que escogió precisamente por ese carácter, hubiera debido plantearse la pregunta siguiente: dónde radica, en principio, la diferencia entre «incapacidad» (en el sentido de ausencia de manifestación del inconsciente) y «resistencia»,[164] ya que ambos conceptos sólo pueden representar dos

163/ Max Eitington, que sería más tarde el fundador y director de la Psychoanalitische Poliklinik de Berlín, había entrado ya en contacto con las teorías de Freud siendo estudiante en Zúrich; en 1907, fue el primer componente del grupo de Zúrich que acudió a Viena; permaneció allí algún tiempo en 1909, antes de marchar a Berlín; era uno de los amigos más íntimos de Sigmund Freud. Su conferencia se titulaba: «Über psychoanalytische Heilung einer monosymptomatischen Neurose» [Acerca de la curación psicoanalítica de una neurosis monosintomática].

164/ «El deber del psicoanálisis es el mismo en todos los casos, el descubrimiento de complejos que se hallan **reprimidos** como consecuencia de sensaciones displacenteras, y que dan muestras de resistencia al intentar introducirlos en la conciencia». «En el psicoanálisis el enfermo ayuda con sus esfuerzos conscientes contra sus resistencias (y obra, por ejemplo, mediante la asociación de recuerdos), pues puede esperar un beneficio de su examen, la curación». *Tatbestandsdiagnostik und Psychoanalyse*. 1906. De la doctrina de la represión dice Freud en *Geschichte der Bewegung*, que es «la piedra angular sobre la que se asienta el edificio del psicoanálisis». La represión queda

grados distintos de profundidad de la represión, hasta que lo reprimido parece adquirir un cierto carácter de existencia **natural** sobre la cual se edifica totalmente el ser humano. En este sentido, sería posible una línea continua que se extendiera desde la neurosis hasta la psicosis.[165]

Abraham[166] se limitó a compararlo con un maníaco-depresivo; pero esta comparación plantea un problema muy distinto al no poderse apreciar de qué lugar de la constitución proviene una tal envergadura de lo maníaco-depresivo, semejante improductividad estúpida y estable del inconsciente.

Además, la cuestión de la resistencia o del efecto esencial no es sólo interesante desde el punto de vista patológico, sino también desde la perspectiva de lo normal. Pues de hecho, todo aquello que hacemos y somos va acompañado de una resistencia reprimida; su supresión, la ausencia de inhibición, supondría enfermedad y hundimiento. Al igual que ello pertenece al ritmo de lo psíquico, es algo que también podemos observar en la fisiología más primitiva, precisamente en aquella

---

demostrada por la innegable existencia de la resistencia: «Las mismas fuerzas que se oponen hoy como resistencia al acceso a la consciencia de lo olvidado, originaron en su momento el olvido y excluyeron de la consciencia tales vivencias patógenas». El motivo de la represión (como de la resistencia) fue (es) «la incompatibilidad de las correspondientes representaciones con el yo del enfermo»; «las fuerzas represoras fueron las exigencias éticas y otras del individuo». «Über Psychoanalyse». En su relato autobiográfico de 1925 (en *Die Medizin der Gegenwart in Selbstdarstellungen* [La medicina contemporánea expuesta por sí mismo]) dice Freud del proceso o del concepto de represión: «constituía una novedad; nada igual había sido reconocido hasta entonces en la vida psíquica».

165/ Bajo el nombre de psicosis no debe entenderse aquí enfermedad mental en general, sino que se refiere a las llamadas psicosis endógenas, enfermedad maniaco-depresiva y esquizofrenia. Desde el punto de vista psicoanalítico se hallan próximas a las neurosis (psiconeurosis) porque (también) ellas deben remitirse a trastornos de las primeras fases evolutivas. Pueden ser comprendidas etiológicamente, pero no son accesibles a un tratamiento psicoanalítico (posiblemente porque no tuvo lugar una «represión» sino una escisión interior).

166/ Karl Abraham había estudiado, al igual que C. G. Jung (como asistente de Blender) los escritos de Freud desde 1904; en 1907 marchó a Berlín como médico practicante del psicoanálisis; en 1913 visitó a Freud; también era productivo desde un punto de vista teórico. *Traum und Mythos* [Sueño y mito], 1909 (los trabajos de Rank sobre la mitología se vinculaban aquí); *Klinische Beiträge zur Psychoanalyse aus den Jahren 1907-1920* [Aportaciones clínicas al psicoanálisis de los años 1907-1920], 1921.

excitabilidad que presenta la célula protoplasmática más simple a través de la absorción y la defensa, y que nos da así la prueba de su «vitalidad». Freud ha considerado paulatinamente —no en sus primeras obras— la instancia represora como parte integrante del desarrollo orgánico, es decir no únicamente como un factor cultural, producto de influencias exteriores o de la patología. Sin embargo, la línea divisoria entre represión patológica y represión normal es imprecisa. Y no puedo dejar de pensar que el peso se carga excesivamente en la cuenta de lo patológico. Por ejemplo, no me resulta evidente que la amnesia[167] infantil sea real y exclusiva consecuencia de la represión: es muy probable que olvidemos vivencias experimentadas por una inteligencia tan débilmente desarrollada (y por ello, inarticulada por un lado y aislada por otro en exceso en estos detalles fragmentarios). Freud tampoco considera esta amnesia como patológica: pero sí como algo condicionado por experiencias placenteras excesivamente represivas. Una llega a preguntarse si el error no estará precisamente aquí: si la «sexualidad» infantil de Freud, por mucho que se la destaque (víctima de algún modo del rigor de su terminología), no debería ir necesariamente seguida de «represión».

Una de las dificultades que se derivan de ello es aceptar en el mecanismo psíquico del ser humano un contraste tan permanente con su vida pulsional, aún cuando en Freud la pulsión del yo lo haga verosímil. En Jung es un verdadero misterio el modo en que la libido se transforma de nuevo en cultura y, por decirlo de algún modo, se devora «viva». No obstante, desde un punto de vista filosófico, existe ya en la teoría freudiana esta conversión en lo cultural, desensualizante, como consecuencia de la tendencia opuesta del inconsciente con respecto a la consciencia, de tal forma que la represión triunfa en cierto modo mortalmente gracias a la sublimación. Mientras que una más clara distinción entre represión patológica y represión natural, consideradas respectivamente como inhibidora y creadora de vida, no justifica en absoluto un tal pesimismo teórico.

167/   El olvido que afecta, en la mayoría de personas, a los primeros años de su infancia y que muy frecuentemente no se ve libre de él más que en aspectos carentes de interés (como resultado de la represión, en opinión de Freud). Freud denominó a estos restos «recuerdos encubridores»; partiendo de ellos se podría acceder a todo lo olvidado mediante un profundo análisis.

10 Gotinga
(principios de noviembre de 1913)

«DIOS»

En el concepto de «Dios padre» se une para los creyentes el sí mismo y su opuesto como totalidad íntegra de la que provenimos al nacer, ya que no surgimos de la dualidad sino **que penetramos en ella únicamente a partir de la existencia consciente.** Quizás el dios no surgió paulatinamente del padre: **sino que la totalidad divina iluminaba aún al padre** que la representaba como mundo inmediato para nosotros. Podríamos pensar al menos que, en el carácter esencialmente violento de la experiencia consciente de la escisión dualista de lo humano en yo y en universo, el «Dios» constituyó para el hombre primitivo, en cualquiera de sus manifestaciones, la primera y única cosa segura: adoptando de algún modo para él el carácter de un **recuerdo.**

En ese estado básico que nos acompaña a lo largo de toda nuestra vida (y que se evidencia principalmente en cualquier experiencia creadora), es donde nos sentimos doblemente fuertes y, al mismo tiempo, idénticos a los demás; sucede como si el delirio de grandeza y la dependencia absoluta coincidiera: y esto es lo que ha caracterizado la fe de todos los tiempos y de todas las gentes. Antaño, con la formación de las primeras palabras y antes de que estuvieran prácticamente fijadas, cualquiera podía expresar fácilmente lo divino (y en más de una ocasión lo que hoy nos parece fetichista y basto desde un punto de vista religioso, no supone sino eso), pero, cuando todas las palabras alcanzaron su determinación definitiva, fueron ellas mismas las que arrinconaron a la divinidad en la superstición como en un terreno vecino.

No creo, como algunos, que al hombre primitivo le faltase el sentido de la casualidad o la tendencia hacia lo real: creo más bien que ahí está el nacimiento del ser humano. Pero predominó la (tendencia) fantasía que mantiene en Dios la unidad perdida.

CONCLUSIÓN

La forma en que un ser humano es considerado en el psicoanálisis constituye algo que nos sitúa frente a él más allá de cualquier afecto: en algún lugar, en las profundidades, la antipatía y el amor no constituyen más que diferencias graduales.

Se puede conseguir establecer una relación incluso más allá de la propia fidelidad o infidelidad.

Más o menos así: si se ha irrumpido rápida y fuertemente en la pareja hasta el punto en que para propia decepción la hayamos dejado de alguna forma a nuestras espaldas, damos un giro silencioso y extraño —la veremos de espaldas— y nos hallaremos en su proximidad. Y sin embargo, no sólo en la suya, sino en la de todos. Próximos nuevamente a todos, y por ello, a nosotros mismos. Y así los seres humanos del pasado, para con los que pecábamos por olvido, renacen: no, están como eternamente presentes, definidos por la eternidad, silenciosos y pétreos unidos al ser, igual que las esculturas de piedras[168] de Abu Simbel permanecen unidas a las rocas egipcias dominando, empero, con su aspecto humano, el agua y el paisaje

168/   Las estatuas reales egipcias que se hallan a ambos lados de la entrada al templo (excavado) en la roca de Abu Simbel en el valle del Nilo. Las cuatro estatuas, de 20 metros de altura, están esculpidas en las areniscas de la pared de la montaña; el templo rocoso fue construido en tiempos de Ramses II alrededor del 1250 antes de Cristo.

Índice onomástico